交通物流专业学位教学案例库建设理论与实践

孙家庆　计明军　唐丽敏　著

大连海事大学出版社

DALIAN MARITIME UNIVERSITY PRESS

图书在版编目(CIP)数据

交通物流专业学位教学案例库建设理论与实践／孙家庆,计明军,唐丽敏著. — 大连：大连海事大学出版社,2025. 7. — ISBN 978-7-5632-4691-5

Ⅰ. F5;F252.1

中国国家版本馆 CIP 数据核字第 2025RT2001 号

大连海事大学出版社出版

地址:大连市黄浦路523号　邮编:116026　电话:0411-84729665(营销部)　84729480(总编室)

http://press.dlmu.edu.cn　E-mail:dmupress@dlmu.edu.cn

大连天骄彩色印刷有限公司印装　　　　　　大连海事大学出版社发行

2025 年 7 月第 1 版　　　　　　　　　　2025 年 7 月第 1 次印刷

幅面尺寸:184 mm×260 mm　　　　　　　　　　　　印张:14

字数:332 千　　　　　　　　　　　　　　　印数:1~500 册

出版人:余锡荣

责任编辑:王　琴　　　　　　　　　　　　责任校对:任芳芳

封面设计:张爱妮　　　　　　　　　　　　版式设计:张爱妮

ISBN 978-7-5632-4691-5　　　定价:42.00 元

前　言

在交通强国、海洋强国等国家战略与教育部"深化专业学位教育改革"政策双轮驱动下,加快破解我国交通物流专业学位教育面临的"知识模块与能力要素、工程技术与管理科学、课堂教学与产业实践的三重割裂"困局,已成为行业特色高校专业学位研究生教育的重要课题。立足这一现实背景,我们撰写了《交通物流专业学位教学案例库建设理论与实践》一书。本专著以服务国家战略为导向,系统地构建了覆盖交通物流全产业链的专业学位教学案例体系,通过融合工程技术与现代管理理论,创新了教学案例库建设的理论范式,为新时代交通物流专业学位教学案例库的建设提供了助力,同时也为专业学位研究生案例教学提供了优质资源和理论支撑。

1.育人为本,思政引领

本专著以习近平新时代中国特色社会主义思想为指导,围绕"为党育人、为国育才"主线,构建了交通物流专业学位思政案例库建设体系,通过开发设计"大道之行:交通强国战略下的国家担当与职业使命""危局与担当:俄乌冲突下中欧班列的困境与中国的战略选择"等十大思政案例,将交通强国使命、低碳发展理念、职业伦理规范等思政元素有机融入知识传授过程中,既破解了专业教育与思政教育"两张皮"缺乏理论指导的难题,更为培育德才兼备的具有大交通观和物流天下使命感的复合型人才提供了课程思政创新范式和典型案例。

2.创新模式,丰富理论

本专著突破传统专业学位教学案例库建设窠臼,构建了"理论化(Theoretical)–结构化(Structured)–情景化(Situational)–实用化(Pragmatic)"TSSP 教学案例库建设模型,设计了基于成果导向(Outcome-Based Education,OBE)和全生命周期管理理念的 TSSP 教学案例库一体化建设路径与保障体系,进一步丰富了专业学位教学案例库建设理论体系,更为教学案例开发提供了方法论支撑。

3.特色鲜明,重点突出

交通物流专业学位教学案例库的独特性,源于国家战略需求、行业技术变革、企业全球化实战三重优势。本专著以"港航交通物流"为核心,围绕智慧交通物流、绿色交通物流、平安交通物流、综合交通物流、交通物流课程思政,从时间维(历史-现状-趋势)、空间维(规划-设计-运营)、内容维(理论-技术-组织)三个维度,开发设计了34个典型案例,凸显港航交通物流的特色。

4.源于实践,工管融合

本专著充分借鉴了作者团队主持的教育部物流管理与工程教学指导委员会教改教研课题(JZW2024089)、辽宁省普通高等教育本科教学改革研究项目(辽教通〔2022〕166号-364)、辽宁省研究生教育教学改革研究项目(LNYJG2024148、LNYJG2024149)、国家社会科学基金项目(20BGJ027)等多项研究成果,以确保教学案例库建设理论体系的前瞻性、创新性;既反映了专家学者的最新研究成果,又吸收了企业管理实践的经验和体会,凸显理论性和实用性的有机结合;通过"工程硬技能+管理软实力"双模块结构设计,突出工学和管理学的融合特色。

5.成果导向,针对性强

本专著从交通物流专业学位培养方案出发,基于核心专业课程群设计案例库内容,使之与专业培养目标、课程体系相匹配,并尽可能多地关联和应用专业课程中讲授的理论、方法、知识点,以期开发的教学案例能成为培养"懂技术、善管理、有情怀"的高层次应用型人才的核心载体。

本专著由大连海事大学的孙家庆、计明军、唐丽敏、郑建风、李振福、王诺斯、李晓飞、王沛、孙卓、王清斌、李娜、吴迪、刘保利、祝慧灵、郭姝娟、房丽华和广州航海学院的孙倩雯组成的作者团队共同完成。其顺利出版得益于大连海事大学优秀教学成果培育项目(YCG-Z2024002)的资助,得益于大连海事大学研究生院、交通运输工程学院、出版社领导的大力支持与指导,得益于相关专家、学者提供丰富的案例素材,在此致以衷心的感谢!

本专著为交通物流专业学位教学案例库建设的一次有益探索与创新实践,书中开发设计的案例虽经多轮教学实践验证,但仍需持续深化与改进,恳请学界同仁与业界专家不吝指正,共同推动交通物流专业学位研究生教育的发展和进步。

作者团队

目　录

基础篇

第一章

概　述

第一节　建设背景与现状

一、专业学位教学案例库建设背景

(一)契合交通物流高水平人才培养的时代要求

习近平总书记强调,研究生教育要适应党和国家事业发展需要,瞄准科技前沿和关键领域,完善人才培养体系,加快培养国家急需的高层次人才。《关于加快新时代研究生教育改革发展的意见》《专业学位研究生教育发展方案(2020—2025)》要求以产教融合为特征,面向国家重大战略,培养应用型未来领军人才。交通物流是国民经济的基础性、先导性、战略性产业,随着"一带一路"倡议、交通强国等国家战略的实施,加快培养满足国家战略需求的交通物流人才已经迫在眉睫。

(二)为行业特色高校交通物流专业学位教学案例库建设起到引领示范作用

大连海事大学依托学校交通运输工程"双一流"学科,开设了交通运输专业学位研究生培养方向,包括:交通运输规划与管理、物流工程、物流工程与管理(归属于工程管理专业学位)。基于此,创新交通物流专业学位教学案例库建设模式,设计规范系统的案例库和应用范式,可为行业特色高校起到引领示范作用。

（三）促进学生学习、教师发展和学校管理

1.教学案例库是学生学习发展的"支持"

一是实践能力培养。通过真实行业案例，学生可以更好地理解复杂问题场景，提升分析、决策的能力。教学案例库采取虚实结合的方式，尽力与实践现场实现技术同步、环境相近，突出案例的交互性、真实性和实践性，使得教学案例库的作业程序、处理步骤、操作方法与实际作业程序、作业标准、作业规范标准一致。

二是理论应用转化。通过多种形式的教学案例展现，学生可以深入解读和阐释课程讲授的要义，建立完整的知识体系架构，满足从基础技能训练到综合技能训练、从专业基础实训到实习实践的需求。文字、图片、视频、手机智能终端资源等表现形式所呈现出的实际教学案例，可帮助学生将抽象理论转化为具体情境，促进学生进行知识迁移。

2.教学案例库是教师专业发展的"支架"

教学案例库，既丰富了教学工具，为教师提供了标准化教学资源，降低了备课成本，也作为科研转化平台，便于教师将科研成果转化为教学案例，实现教研融合。可见，一方面作为教学案例库的使用主体，教师能够充分利用教学案例库，并在对已有资源进行反思、加工和完善的过程中，提升自身的课程组织和实施能力；另一方面作为教学案例库的建设主体，教师通过对优质的课程资源和科研成果进行整合、开发和收集，在丰富教学案例库的同时，能不断地提升自身的专业能力。

3.教学案例库是学校管理的"支点"

学校学院相关领导者可通过教学案例库对专业学位课程进行系统回顾和整体反思，既能审视和厘清专业学位课程设计的宏观架构，又能分析和打磨课程的微观资源，从而有效指导校园课程建设；同时，依托教学案例库，通过凝聚共识、提供支持性条件、分享个人实践等策略促进教师形成专业成长共同体，以建设教学案例库为抓手，实现教师、领导一体化发展。

二、专业学位案例库建设现状与发展方向

（一）建设现状

当前国内外专业学位案例库建设已形成较完善的理论框架，并已开发出许多专业学位教学案例库。

1.国外建设现状

国外已建成美国哈佛大学商学院案例库（Harvard Business Publishing）、加拿大毅伟商学院案例库（Ivey Publishing）、欧洲案例交流中心（ECCH）3 大案例库。其中，哈佛商学院案例库、欧洲案例交流中心（ECCH）等平台覆盖全球 80% 的商学院案例需求，形成成熟案例库体系。此外，国外案例库普遍采用 AI 技术实现案例智能推荐，并开发交互式多媒体案例，实现技术深度融合。

2.国内建设现状

国内以中国专业学位案例中心（China Professional-degree Case Center，简称案例中心/CPCC）为基础，已初步形成专业学位案例教学服务平台网络。但在交通运输与物流领域仍存在以下不足：一是案例质量参差不齐，真实性不足、行业特色缺失、案例的深度和广度有待提升；二是技术应用浅层化，数字化水平低、技术融合不足；三是校企协同机制薄弱，企业参与案例开发的积极性不高，案例更新滞后于行业发展；四是评价体系不健全，缺乏统一标准、教学效果反馈缺失。

（二）发展方向

交通运输与物流行业具有强实践性、技术密集性和跨学科性，其案例库建设需紧密结合行业特点，突出以下方向：

1.强化行业特色案例开发

迫切需要开发覆盖"规划—运营—政策"全链条的交通物流案例，通过典型场景聚焦、数据驱动、政策与标准嵌入，提高案例开发水平。

2.深化技术融合

充分应用新兴技术和数字化工具整合，构建"案例库+虚拟仿真平台"的立体化资源体系，提升案例交互性与动态性。

3.完善协同机制

推动政府、高校、企业共建案例库联盟，通过利益共享激励企业深度参与案例开发，案例成果又可以反哺行业，实现资源动态共享。

第二节　国内外研究现状综述

一、案例教学研究进展

案例教学（Case Teaching）始于 20 世纪 20 年代，最初由哈佛大学商学院提出（Kimball，1995），并推广至公共管理、教育领域（Careaga 等，2017；Foster 等，2010）；20 世纪 80 年代，案例教学被引入国内；1999 年全国工商管理专业学位研究生教育指导委员会推进案例教学（陈立群等，2003）；2008 年《管理案例研究与评论》期刊设立；2015 年教育部发文建议高校开展案例教学，进一步推进了案例教学的应用。

（一）案例教学研究

案例教学研究是近年来教育领域的热点，国内外学者从不同角度对其进行了探讨。研究主要集中在案例教学的理论基础、设计方法、实施效果及改进策略等方面。相关研究体现出如下特点：

（1）案例教学从教育学、管理学等逐渐拓展至计算机等学科，多样化趋势明显（郑晓齐等，2021）。

（2）研究内容多集中在实施方法、教学效果和案例撰写等方面（高楠等，2021）。

（3）研究方法主要以质化研究为主，较少进行量化研究（欧阳桃花，2004）。

（二）交通物流专业学位案例教学研究

在交通物流领域，专业学位教学案例研究具有鲜明的行业特点，主要集中在案例的行业适应性、技术融合性及实践导向性等方面。

1.行业适应性

交通运输和物流领域的专业学位案例教学注重行业特点，强调案例与实际业务的紧密结合。Smith（2016）指出，物流管理案例应涵盖供应链优化、仓储管理、运输调度等核心问题。国内学者如陈刚（2020）通过对物流工程专业学位案例的研究，提出案例设计应结合行业发展趋势，如智慧物流和绿色物流。

2.技术融合性

随着信息技术的发展，交通运输和物流领域的专业学位案例教学逐渐融入大数据、人工智能等技术元素。Johnson（2019）研究了基于大数据分析的物流案例教学，认为技术融合能够提升案例的实用性和前瞻性。国内学者如王磊（2022）提出，交通运输领域的案例教学应结合智能交通系统（ITS）和自动驾驶技术，以增强学生的技术应用能力。

3.实践导向性

交通运输和物流领域的专业学位案例教学强调实践导向，注重培养学生的实际操作能力。Brown（2017）通过对物流管理专业学位案例的研究，提出案例教学应模拟真实业务场景，如物流园区规划和运输路线优化。国内学者如李强（2021）则强调，案例教学应与企业合作，引入真实项目，提升学生的实践能力。

二、教学案例库研究进展

我国案例库建设已初具规模，在理论认知、推进过程、实践方式等方面初见成效（张新平，2020）。相关研究体现出如下特点：

（1）案例库开发模型（钱明辉等，2018；陈学军，2023）和建设模式（孙建渊等，2016；张新平，2023）已引发学者关注，但尚未发现与交通物流专业相关的文献。

（2）入库案例数量逐年增多，且以经管类专业学位为主。以中国专业学位案例中心为例，截至2023年3月，该中心开通了法律、教育、公共管理、会计等17个专业学位案例库。其中，会计（1 502个）、公共管理（1 300个）、教育（921个）、工商管理（287个）、法律（234个），合计占总入库数量的83%。

（3）工程类案例库建设涉及材料类（孙建春等，2019）、土木水利（郑德乾等，2023；宋克志等，2024）、航空智能制造（胡俊山等，2023）、机械工程（王家忠等，2022）、车辆工程（郑玲，2019）等，但只有少量文献，针对具体交通课程，如交通运输规划理论与方法（赵鲁华等，

2020)、交通系统仿真(吐尔逊·买买提等,2022),缺乏针对交通物流专业的研究文献。

总之,现有相关研究成果日渐丰富,但缺乏基于国家战略需求和交通运输专业学位特点的教学案例库一体化建设模式的研究文献,这虽增加了本项目的研究难度,但也进一步证明了推进本项目研究的迫切性。

三、课程思政研究进展

有关交通物流专业课程思政研究成果可分为两类:

1. 从物流人才、物流专业视角展开研究

从物流人才、物流专业视角展开的研究包括:基于"三进一融"育人模式的新时代物流人才培育路径探索(崔博文等,2021)、"三全育人"视域下高职院校物流管理专业人才培养质量提升路径探索(轩慧慧,2021)、基于 PDCA 的物流本科人才立德树人培养模式设计(周永明,2021)、系统思维下高校跨境电商物流人才思政建设路径探索(夏天娇,2021)、数字化时代物流专业大学生思政教育工作的困境与路径探讨(李涛,2021)、物流专业课程思政的探索与实践(李彦松,2021)、物流管理专业教学融入课程思政的有效途径研究(王金妍等,2021)、"新时代"背景下高职院校物流管理专业课程思政实施策略(张子文,2020)、物流管理本科专业课程建设与创新研究(许湘津,2021)。

2. 从具体物流课程视角展开研究

从具体物流课程视角展开的研究包括:"物流基础实务"课程思政探索与实践(金玉清等,2022)、基于课程思政的"冷链物流管理"课程教学改革与探索(李华,2021)、物流管理专业课程思政建设与实践——以"供应链管理"课程为例(王承娜,2021)、"物流信息技术"课程思政探索与实践(李红卫等,2020)。

通过以上分析,不难看出,现有交通物流课程思政的研究成果数量较少、理论深度不够、实践应用不强、示范效果较差,而且课程思政研究成果大多局限于课堂教学环节,缺少从教学大纲设计直至理论教学、实践教学等全过程、全方位视角开展专业课程思政教学体系建设与实践的成果。

第二章

交通物流专业学位教学案例库建设原理

第一节　交通物流专业学位教学案例库及其建设概述

一、专业学位教学案例库概述

(一)教学案例库的概念与特点

1.概念

教学案例库是指用于教育和教学活动中的案例资源集合,通常以数字化形式存储和管理。它是教学案例的集中存放地,旨在为教师和学生提供丰富的实践性学习资源。

在实践中,应注意教学案例库与其他资源的区别:

(1)与教材的区别:教材侧重于理论知识的系统传授,而教学案例库侧重于实践性学习。

(2)与题库的区别:题库主要用于测试学生对知识的掌握情况,而教学案例库更注重培养学生分析和解决问题的能力。

2.特点

(1)系统性:案例库中的案例经过精心设计和整理,通常按照学科领域、知识点或教学目标进行分类。

(2)实用性:案例库贴近实际教学需求,能够帮助学生理解和应用理论知识。

(3)动态性:案例库会不断更新,加入新的案例并淘汰过时的内容。

(二)教学案例与教学案例库的关系

1.单元与系统的构成关系

(1)教学案例是独立的知识载体单元,聚焦特定教学场景,呈现"情境—问题—决策—反思"的完整学习闭环。教学案例与教学案例库是"个体"与"系统"的关系,两者在教育教学中相辅相成,共同构成支持教学创新的资源生态体系。

(2)教学案例库是案例的系统化聚合体,通过分类、关联、结构化形成知识网络,具备"1+1>2"的协同效应。

可见,教学案例库管理者,通过制定相关政策及给予资金支持,为教师开发高质量的教学案例提供十分重要的规范和指导支持。同时,不同的教学案例库有着不同的定位,进而形成不同的特色,这必然对教学案例的开发起着重要的导向与约束作用,由此形成独具特色的教学案例。

2.静态资源与动态生态的演进关系

(1)教学案例:作为静态资源,体现知识点的具象化表达。

(2)教学案例库:作为动态生态,通过版本迭代、智能推荐、用户共创持续进化。可见,教学案例库本身也是技术的体现:区块链技术记录案例修改痕迹,AI算法预测案例生命周期。

3.经验沉淀与知识管理的转化关系

(1)教学案例:承载教师个体的实践经验(隐性知识)。

(2)教学案例库:通过标准化、结构化实现组织知识管理(显性知识)。

可见,经验沉淀与知识管理之间存在转化机制:采用SECI模型(社会化→外显化→组合化→内隐化)可实现知识的螺旋上升。

(三)教学案例库的类型

1.按学科领域分

(1)通用型案例库(如管理学、工程学案例)。

(2)行业特色型案例库(如交通运输、物流管理案例)。

交通物流涉及的范围很广,其案例库涉及物流专业的主要专业课程中的主要理论、方法和知识点,主要围绕四个维度展开。一是体现需求目标:智慧交通、绿色交通、平安交通、综合交通、交通思政;二是涉及不同管理层次:规划层面、建设层面、运营层面;三是涉及不同管理范围:企业内物流、企业间物流、供应链物流、区域物流、国际物流、社会物流、逆向物流等;四是体现特色:行业特色(港口、航运、综合运输、多式联运、国际物流等)、工管结合特色(体现工程技术、经济、管理、法律等交叉融合)等。

2.按案例形式分

(1)文字案例:传统文本描述。

(2)多媒体案例:结合视频、音频、三维模型。

(3)交互式案例:嵌入仿真操作或决策模拟(如物流路径规划系统)。

3.按使用目的分

(1)教学案例库:服务于课堂授课与讨论。

(2)科研案例库:支持学术研究与技术创新。

(3)企业培训案例库:用于员工技能提升。

二、专业学位教学案例库建设概述

(一)教学案例库建设的概念与内涵

1.概念

教学案例库建设是指围绕教学目标和学科特点,系统性地开发、整理、遴选和管理教学案例资源的过程。

2.内涵

教学案例库建设的内涵解构是其核心价值的深层体现,涉及从知识管理到教育实践的多维特性,其本质是教育智慧的数字化沉淀,具有资源聚合、经验传承、方法创新三重属性。

交通物流教学案例库除了具备上述内涵外,还具有以下的特点:

(1)动态复杂性强化

①实时数据流整合:接入交通流量传感器、物流 GPS 轨迹、港口吞吐量等实时数据源,构建动态案例基座。

②多主体协同模拟:在供应链案例中嵌入制造商、承运商、零售商的多方博弈模型(如 Stackelberg 博弈)。

(2)系统优化导向

①运筹学思维显性化:在案例中突出线性规划、整数规划等建模过程(如车辆路径优化案例的 LINGO 模型展示)。

②失败案例库建设:专门收集配送网络崩溃、库存积压等负面案例,强化风险管理能力培养。

(二)教学案例库建设的内容

1.案例资源体系

(1)基础案例:覆盖行业核心问题的标准化案例。

(2)专题案例:聚焦前沿领域(如自动驾驶、跨境物流)的深度案例。

(3)扩展素材:配套数据、图表、政策文件等辅助材料。

此外,案例资源体系也可按以下分类:

(1)核心层:典型教学案例(含背景描述、问题矩阵、解决方案)。

(2)支持层:教学指南(含教学目标、实施建议、评价标准)。

(3)扩展层:配套资源(含多媒体素材、参考文献、延伸阅读)。

(4)元数据层:标签体系(含学科分类、难度系数、适用对象)。

案例库建设通常以课程为单位,范围包括相关专业学位研究生现有培养方案课程体系中适宜采用案例教学的专业课程(含专业课、专业基础课和专业选修课)。一般每个案例库中至少应包含 10 个案例,改编、引进或购买的案例可进入案例库。

2.技术支持平台

(1)案例数据库(支持多维度检索)。

(2)虚拟仿真工具(如物流仓储 VR 系统)。

(3)数据分析模块(如交通流量可视化工具)。

3.管理机制

(1)案例评审标准(真实性、教学适用性、创新性)。

(2)知识产权保护规则。

(3)用户反馈与案例更新流程。

(三)教学案例库建设的基本要求与质量标准

1.基本要求

(1)案例库建设应遵循学术研究的基本规范,恪守学术道德,维护学术尊严。

(2)建设过程真实可靠,不得以任何方式抄袭、剽窃或侵占他人学术成果,杜绝伪注、伪造、篡改文献和数据等学术不端行为。

(3)数据可靠,成果真实,不重复发表研究成果;维护社会公共利益,不以项目名义谋取不当利益。

(4)凡因项目内容、成果或建设过程引发的关于法律、学术、产权或经费使用问题的一切纠纷,责任由负责人承担。

2.质量标准

(1)选题的本土化、典型性和代表性。

(2)谋篇布局的合理性。

(3)决策点的恰当性。

(4)相关材料的翔实、客观程度。

(5)案例的可读性。

(6)写作的规范性。

(7)教学目标设定的合理性。

(8)思考讨论题与教学目标的紧密程度。

(9)理论知识点分析的深刻、清晰程度。

(10)课堂计划的合理性。

(四)教学案例库建设的依据

教学案例库建设并非凭空设计,而是基于教育理论、政策导向、行业需求及技术发展等多维度依据的系统性工程。

1.教育理论与教学规律

(1)建构主义学习理论:强调通过真实情景中的主动探索构建知识体系。案例库通过

提供真实场景,帮助学生在实践中学习。

(2)情境认知理论:知识需在具体情境中应用才能有效内化。案例库模拟行业场景,促进理论与实践的结合。

(3)能力本位教育(CBE):专业学位教育注重应用能力培养,案例库是能力训练的核心资源载体。

示例:通过"港口多式联运调度优化"案例,学生需综合运用运筹学、政策法规等知识,解决真实场景中的效率问题。

2.政策文件与教育标准

(1)国家政策。比如,《教育部关于加强专业学位研究生案例教学和联合培养基地建设的意见》明确提出"加强案例教学,改革教学方式",案例库的整合、共享机制及国家级平台建设要求,为案例资源的系统化、标准化发展提供了政策依据。

(2)学科标准。比如,交通运输工程专业学位培养方案中强调"解决复杂工程问题的能力",案例库需匹配这一目标。

3.行业需求与职业能力要求

(1)企业用人需求。企业对人才的要求从"知识储备"转向"问题解决能力",案例库需反映行业真实挑战。

(2)交通物流领域。企业要求毕业生能处理智慧物流系统故障、设计低碳运输方案等。

(3)职业资格认证。比如,物流职业经理(CILT)认证要求掌握供应链优化技能,案例库需包含对应实训内容。

4.技术发展与数字化转型

(1)数字化工具支持。大数据、虚拟仿真(VR/AR)、人工智能等技术为案例库的交互性与动态性提供支撑。

(2)资源共享平台需求。云存储与区块链技术推动案例库的跨区域共享与版权保护。

(五)教学案例库建设的原则与理念

1.建设原则

(1)科学性原则:案例开发须符合教育规律,内容逻辑严谨、数据真实。

(2)实践导向原则:案例需贴近行业实际,突出应用场景与问题解决导向。

(3)用户中心原则:以学生和教师需求为核心,优化检索功能与使用体验。

(4)开放共享原则:通过联盟机制打破资源壁垒,推动校际、校企资源共享。

(5)动态更新原则:建立案例淘汰与补充机制,保持案例库的时效性。

2.建设理念

图 2-1 显示了基于 OBE 和全生命周期管理理念的 TSSP 教学案例库一体化建设模式的框架结构。

该模式注重体现以下三大理念:

(1)成果导向(Outcome-Based Education,OBE)。服务"一带一路"倡议,以及交通强国、海洋强国等国家战略和社会经济需求,深入理解新时代我国交通物流高级人才培养的特征

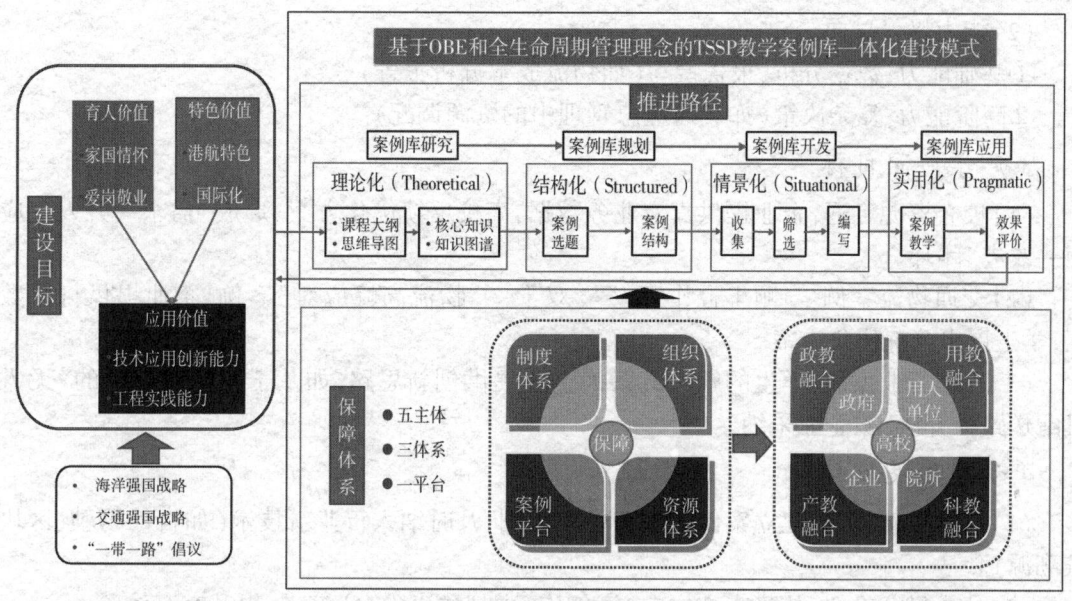

图 2-1　基于 OBE 和全生命周期管理理念的 TSSP 教学案例库一体化建设模式

和规律,充分挖掘专业学位教学案例库建设的内涵与需求,依托大连海事大学在交通物流领域的优势和交通物流专业学位的培养目标,明确案例库建设标准。

（2）全生命周期管理（Life Circle Management,LCM）。以教学案例库的研究、规划、开发、应用"四贯通"为导向,构建"理论化（Theoretical）—结构化（Structured）—情景化（Situational）—实用化（Pragmatic）"TSSP 教学案例库建设模型,形成基于全生命周期的交通物流专业学位案例库一体化建设的整体架构。通过整合"政产学研用"案例资源,将案例库建设融入专业培养目标设计、教学大纲修订、教材编审选用、教案课件编写各方面,贯穿于课堂授课、教学研讨、实验实训、作业、论文等各个环节。

（3）产教融合。以产教融合为导向,以高校为核心,形成"政产学研用"共同体,高质量地推进专业学位教学案例库建设。

（六）教学案例库建设的目标

教学案例库建设的核心目标是构建"资源—教学—评价"一体化的生态系统,具体可分为以下层次：

1.资源整合目标

（1）结构化存储:将分散的案例资源（文字、视频、数据）系统化分类存储,形成可检索的数据库。

（2）行业覆盖:覆盖行业核心领域（如交通物流中的"智慧港口""城市配送"）。

（3）示例:建设"绿色交通案例库",涵盖新能源车辆调度、碳排放测算、政策合规性分析等主题。

2.教学支持目标

（1）标准化教学工具:提供案例使用指南、课堂讨论模板、评估量表等,降低教师备课成本。

（2）能力培养导向：

①基础能力：数据分析、报告撰写（如物流成本分析报告）。

②高阶能力：复杂决策（如交通应急管理中的资源调配）。

3.产学协同目标

（1）校企资源互通：企业提供真实业务数据，高校反馈优化方案，形成"需求—开发—应用—改进"闭环。

（2）交通物流案例：与顺丰合作开发"'双十一'物流高峰应对"案例，企业提供订单数据，学生提出分拣优化方案。

（3）反哺行业发展：学生的解决方案为企业提供创新思路，如基于案例库分析的"无人机配送路径算法"被企业采纳。

4.动态发展目标

（1）持续更新机制：建立案例淘汰与补充规则，及时纳入行业新技术（如自动驾驶、区块链溯源）。

（2）技术融合升级：从静态文本向"案例库+虚拟仿真平台"演进，提升交互体验。

5.共享与公平目标

（1）跨区域共享：通过云平台向中西部院校开放教学案例库，缩小教育资源差距。

（2）开源协作：鼓励教师、企业、学生共同参与案例开发（如 Wiki 式协作编辑）。

6.特色目标

（1）技术赋能目标：

①建设"智能交通案例库"，集成车路协同、自动驾驶仿真场景。

②开发"物流大数据案例"，学生可调用真实订单数据训练预测模型。

（2）政策响应目标：

①设计"'双碳'目标下的运输优化"案例，引导学生分析新能源车辆替换策略。

②开发"'一带一路'跨境物流"案例，涵盖海关政策、多式联运等知识点。

7.课程目标

教学案例库的上述目标，最终传导至教学案例的开发，必然要求以"培养能力"为核心目标，紧密对接课程大纲与行业痛点。

（1）课程目标映射

①知识目标：案例需嵌入关键知识点（如物流网络优化算法、交通政策法规）。

②能力目标：聚焦行业核心能力（如复杂问题解决、跨学科整合、应急决策）。

③素养目标：融入职业道德（如供应链伦理）、社会责任（如碳中和意识）。

［实例］

①案例主题：某港口多式联运效率优化。

②目标拆解：

a.知识：多式联运协同模型、路径规划算法。

b.能力：数据驱动决策、多方利益协调。

c.素养:绿色物流理念、国际规则遵守。

(2)行业需求牵引

①基于企业调研提炼真实问题(如"'双十一'物流高峰应对""跨境冷链合规风险")。

②案例成果反哺行业(学生方案优化企业运营流程)。

(七)教学案例库建设的流程

1.需求分析

(1)调研交通物流专业教学需求(如交通规划课程需求的案例类型)。

(2)分析行业发展趋势(如物流行业对智慧仓配技术的需求)。

2.资源整合

(1)校企合作获取真实业务数据。

(2)教师团队开发教学案例。

(3)引入国内外成熟的教学案例库资源。

3.技术开发

(1)搭建数字化教学案例库平台(支持在线访问、交互操作)。

(2)嵌入智能工具(如 AI 案例推荐系统)。

4.质量评审

(1)组织行业专家、教育学者进行案例审核。

(2)建立案例分级制度(初级、中级、高级)。

5.试点应用

(1)在部分院校或课程中试用教学案例库。

(2)收集学生和教师的反馈意见。

6.优化推广

(1)根据反馈调整案例内容与平台功能。

(2)通过联盟机制扩大资源共享范围。

第二节　交通物流专业学位教学案例库建设路径设计

一、专业学位教学案例库建设路径框架体系构建与逻辑关系分析

基于交通物流专业学位教学案例库建设需要,构建了以"产教融合"为核心,包含"宏观—微观"协同互动的双层循环建设路径框架体系。

1.第一层循环(案例库层)

聚焦案例库的"规划—开发—评价",解决资源整合与生态设计问题。

2.第二层循环(教学案例层)

聚焦单个案例的"研究—开发—应用—评价",解决知识生产与实践应用问题。

3.产教融合协同链:多主体共生逻辑

企业、高校、政府、协会全程参与,形成"需求—资源—成果—反馈"的共享生态:企业提供需求与数据,高校输出人才与方案,政府引导政策适配,协会促进标准统一。

(1)教育提质:案例紧贴行业需求,培养"技术+管理+合规"交通运输与物流复合型专业人才。

(2)产业增效:推动企业技术升级与流程优化。

(3)生态共建:多方主体共享资源,形成可持续发展创新网络。

二、第一层:专业学位教学案例库案例库层建设路径设计

(一)案例库规划:需求锚定与生态设计

1.目标定位与战略方向

(1)核心目标

①教育目标:支撑专业学位教育,培养"技术应用+管理决策+政策合规"的复合型人才。

②产业目标:服务企业技术升级与流程优化,推动行业标准制定与创新实践。

③社会目标:响应国家战略(如"双碳"目标、智慧交通战略),提升社会效益(如降低物流成本、缓解交通拥堵)。

(2)战略定位

①特色定位:聚焦行业垂直领域(如跨境物流、智能交通系统)。

②差异化优势:强调"工管交叉",整合工程技术与政策管理知识。

③服务范围:覆盖高校教学、企业培训、政府决策支持。

2.需求分析与优先级排序

(1)需求来源

①教育需求:课程体系匹配(如"物流系统优化"需求路径规划案例);学生能力短板(如缺乏政策合规分析能力)。

②行业需求:企业痛点(如跨境物流通关效率低、仓储自动化不足);技术趋势(如区块链溯源、氢能源运输)。

③政策需求:国家战略导向(如交通强国战略和"一带一路"倡议);地方政策要求(如城市交通拥堵治理)。

(2)优先级排序

①紧急度:行业急需解决的问题优先(如"'双十一'物流高峰应对")。

②覆盖面:选择影响广泛的共性痛点(如供应链韧性不足)。

③可行性:结合现有资源(如企业数据可获取性、技术工具成熟度)。

3.案例分类与资源整合

(1)分类体系设计

①按领域:智能交通(如车路协同、自动驾驶);绿色物流(如碳排放测算、新能源车调度);跨境供应链(如海关合规、多式联运)。

②按功能:

教学型案例:用于课堂讨论与模拟决策。

研究型案例:提供原始数据支持学术探索。

培训型案例:针对企业员工技能提升(如 DHL 应急物流培训)。

(2)资源整合路径

①校企合作:企业提供真实场景与数据(如顺丰订单峰值记录)。

②校际共享:加入"中国专业学位案例中心"联盟,交换优质案例。

③技术工具:引入 FlexSim 仿真软件、Python 数据分析模板。

4.技术架构与平台设计

(1)技术架构

构建包括数据层、工具层、应用层在内的案例库技术架构。

(2)平台设计

构建包括前端、后端、仿真模块等在内的案例库平台。

5.管理机制与协作模式

(1)组织架构

①指导委员会:由高校、企业、政府代表组成,制定战略方向。

②开发团队:教师(教学设计)+工程师(技术实现)+学生(试点测试)。

③评审小组:行业专家+教育学者,负责案例质量审核。

(2)协作机制

①知识产权共享:校企联合开发、案例版权共享,收益按比例分配。

②动态更新规则:每年更新 20%案例,淘汰过时内容。

③反馈通道:设立在线反馈入口,收集教师、学生、企业的意见。

6.实施路径与资源保障

(1)阶段化实施

①短期(1 年内):完成核心案例开发(如跨境物流、智能仓储)。

②中期(2~3 年):拓展技术工具(如 VR 仿真)、建立校企协作网络。

③长期(5 年):形成行业影响力,参与国际标准制定。

(2)资源保障

①资金:政府产教融合专项拨款、企业赞助、高校配套经费。

②人力:组建跨学科团队(交通工程、管理学、计算机科学)。

③政策:争取政府支持(如数据开放许可、税收优惠)。

（二）案例库开发：协同共创与技术赋能

1.案例设计

按"背景—问题—数据—决策"结构开发案例，嵌入行业真实场景（如港口拥堵优化）。

①场景真实性：基于企业真实业务（如京东物流开放"亚洲一号"智能仓分拣流程）。

②问题复杂性：嵌入多目标冲突（如成本—时效—环保平衡）。

③决策开放性：设计无标准答案的决策点（如是否引入氢能源货车）。

2.技术实现

融合虚拟仿真、大数据分析工具，开发交互式案例（如学生实时调整物流路径参数）。

①工具融合：FlexSim 模拟仓储布局、Tableau 可视化决策效果。

②动态交互：VR 构建港口数字孪生，学生可实时调整设备参数。

3.质量控制

校企联合评审案例的真实性、典型性、教学适配性与技术可行性。

（三）案例库评价：多维反馈与动态优化

案例库评价，旨在通过对案例库建设效果进行科学评价，以便持续优化案例内容或开发新案例。有关具体内容，将在本章第三节予以介绍。

三、第二层：专业学位教学案例库教学案例层建设路径设计

（一）案例研究：理论锚定与需求洞察

案例研究（Case Study）作为社会科学的主要研究方法之一，是一种实证研究方法，最适用于回答"how"和"why"的问题，适用于无法控制的研究对象和事件，便于对当前现象进行解释或对某一社会现象进行深入分析，有利于全面了解复杂的社会现象和过程。与调查法、实验法、历史研究法等研究方法相比，案例研究的特征表现为着重于对典型事件的研究，研究内容深入全面，具有灵活、多样和综合的性质。

案例研究与教学案例虽目标迥异，但通过"理论—实践"双向赋能，可构建良性互动生态：对教育者，案例研究为教学注入前沿性与严谨性，避免案例脱离实际；对研究者，教学实践反馈可优化研究方向，提升成果应用价值。未来，一方面，依托数字化工具，AI 辅助平台得以开发，自动提取案例研究关键内容生成教学案例框架；另一方面，跨界协作能够推动高校、企业、研究机构共建"案例开发—研究—应用"联盟。

1.案例研究转化为教学案例的策略

（1）简化复杂性：剔除学术研究中的冗余细节（如计量模型推导），保留核心逻辑。

（2）设计教学目标：明确案例对应的知识点（如成本效益分析、技术经济学）。

（3）增强互动性：将研究结论转化为可操作的决策点（如设定 AGV 覆盖率阈值）。

2.案例研究转化为教学案例的注意事项

（1）版权与伦理：需获得案例研究作者授权，遵守数据保密协议。

（2）平衡深度与广度：避免教学案例过度学术化，丧失启发性。

（3）动态更新：随案例研究进展迭代教学案例（如新增氢能源运输模块）。

（二）案例开发：资源整合与协同共创

1.明确开发目标与需求

（1）锚定教学需求

①匹配课程目标（如"供应链管理"需训练学生解决"物流断链"问题的能力）。

②针对学生能力短板（如缺乏跨学科整合能力、政策敏感性）。

（2）对接行业痛点

①通过企业调研提炼真实问题（如"'双十一'物流高峰应对""跨境冷链合规风险"）。

②结合政策导向（如"双碳"目标、智慧交通战略），确定案例前沿性。

（3）设定能力培养目标

①技术能力：如路径规划算法应用、仿真工具操作。

②管理能力：如成本—效率权衡、多主体协同决策。

③素养目标：如合规意识、社会责任（绿色物流理念）。

2.案例主题和场景选择

在行业数据收集与理论研究支撑的基础上，科学地选择专业学位教学案例主题与场景。

3.案例结构设计

案例结构主要包括案例基础信息（案例标题、摘要、关键词）、案例主体内容（案例背景、案例描述、实施成效）、教学开发模块（启示与教训、讨论问题设计等）、拓展资源等。同时在设计案例结构时应注意撰写规范。

4.案例内容设计

实践中，基于教学案例类型不同，案例内容略有差别。但总体上，案例内容包括背景介绍、案例描述、分析问题、解决方法、总结反思、讨论与练习、扩展资源七部分，因而，应掌握其设计要点与应避免的误区。

5.质量控制与评审

（1）校企联合评审

①真实性：企业专家验证数据来源与场景合理性。

②教学适配性：教师评估案例与课程目标的匹配度。

③技术可行性：工程师测试工具流畅性与数据接口稳定性。

（2）试点测试与反馈

①小范围课堂试用，收集学生的操作体验（如仿真工具易用性）。

②企业导师评估方案落地潜力（如成本节约率预测）。

［示例］：某"跨境物流通关优化"案例经企业评审后：补充 RCEP 协定关税细则；简化 FlexSim 仿真操作界面，降低学生的使用门槛。

6.案例配套资源开发

案例配套资源开发主要包括教学指南、技术工具包、延伸阅读材料等。

7.案例入库与管理

(1)分类存储:根据案例的主题、难度、行业领域等进行分类,便于检索和使用。

(2)平台管理:建立案例管理平台,支持案例的上传、下载、评价和更新。

(三)案例教学:实践应用与价值转化

案例教学,应以"课前准备—课中实施—课后延伸"为主线,实施全生命周期管理。

1.课前阶段:精准化设计与资源准备

(1)案例匹配:根据课程目标选择适配案例,比如,根据"物流系统优化"课程目标,选择"'双十一'仓配压力测试"作为适配案例。

(2)学情分析:通过问卷、前置测试评估学生基础,比如,Python编程能力、运筹学知识等。

(3)技术准备:配置工具,比如,FlexSim仿真软件、在线讨论平台等。

(4)预习任务:发放案例背景资料与引导性问题,比如,预测订单峰值的方法有哪些?

2.课中阶段:互动化实施与深度参与

课中阶段的主要内容包括案例导入、问题聚焦、小组讨论、教师引导、技术互动等环节及活动设计。

3.课后阶段:延伸化巩固与动态反馈

(1)成果固化

①个人报告,比如,港口优化方案可行性分析。

②小组项目,比如,中欧班列运输方案设计。

(2)评价反思

①学生自评/互评(如决策逻辑清晰度、团队贡献度)。

②教师点评(突出技术应用短板与改进方向)。

(3)反馈收集

①学生满意度调查(案例难度、工具易用性)。

②企业导师评价(方案行业适配性)。

(4)案例迭代

①根据反馈更新数据(如补充新能源货车续航参数)。

②开发衍生案例(如"极端天气下的应急物流")。

(四)案例教学评价:动态反馈与持续优化

评价的目的在于多维反馈与动态改进,即通过闭环反馈驱动案例库持续优化,保持与行业发展的同步性。

1.评价范围

（1）过程性评价

过程性评价主要是通过对学生参与情况、教学过程的记录、行为学观察等进行评价、反馈，具体包括课前预习、课堂讨论、课后总结等三大环节，每个环节均应有明确的评价标准和方法。其评价内容包括两个方面：一是互动质量评估，即可通过课堂互动频率、资源使用率等指标衡量教学效果，比如，利用 Interact 软件分析互动特征等；二是学生参与度，即可采用观察、测试、学习日志等形式跟踪学习进展。

（2）总结性评价

总结性评价主要是进行目标达成度分析。其可通过表格量化考核、学生撰写心得体会、多元回归分析、满意度调查等验证案例教学目标的实现程度。

2.评价机制

（1）多主体评价机制

多主体评价需引入学生自评/互评、第三方专家评审等，以确保评价的客观性。

（2）多样化评价机制

多样化评价包括即时评价、结课评价、毕业评价、听课评价、督导评价及巡课评价等。比如，在基于 OBE 的多维形成性评价系统中，评价方式灵活多样，既能评估学术水平，也能帮助学生发现其与学习目标的差距，调整学习态度和策略。

（3）多维度评价机制

多维度评价包括知识、能力、态度等多个维度，贯穿学生学习全过程，同时结合课程学习目标进行综合评价，涵盖教学态度、教学方法、教学内容、学习收获、教学能力、课堂管理、教师行为、学生状态等指标中的部分指标。具体而言，多维度评价应包括案例教学目标、案例教学内容、案例教学方法、案例教学手段、教学水平效果、学生表现六大一级指标，还应在此基础上选择可观察、可记录、可量化的要素作为二级评价指标。

（4）动态反馈机制

一是实时反馈。学生在案例讨论中标记理解困难点，触发知识点补充提醒。教师根据课堂表现动态调整后续案例难度。二是周期性复盘。定期召开"案例教学复盘会"，分析案例使用数据，比如，学生参与度、企业采纳率。

3.动态更新与扩展

（1）持续改进：根据反馈不断优化案例内容和教学设计。

（2）行业动态：结合物流与交通行业的最新发展，更新案例内容。

（3）案例扩展：开发更多主题的案例，丰富案例库资源。

第三节 交通物流专业学位教学案例库建设保障体系设计

一、专业学位教学案例库保障体系的构建与逻辑关系分析

实践中,专业学位教学案例库建设面临诸多挑战(见表2-1),因此,多维协同的保障体系亟待构建,设计了政策制度、资源建设、技术工具、师资能力、校企协同、评价反馈六大保障体系。

表 2-1　案例教学对教师的核心能力要求

能力维度	具体要求	交通物流领域示例
案例开发能力	能够识别行业痛点、收集真实数据、设计开放性问题与决策场景	开发"港口多式联运优化"案例时,需整合吞吐量数据、政策文件与调度算法模板
教学引导能力	熟练运用讨论引导技术(如苏格拉底问答法),平衡课堂节奏,引导学生深度思考	在"无人机配送路径优化"案例中,引导学生从技术可行性、成本控制、政策合规性等方面多角度进行辩论
跨学科整合能力	融合工程、管理、政策等多学科知识,设计综合性案例	设计"绿色物流碳排放测算"案例时,需整合运输工程、环境科学、经济学知识
技术应用能力	掌握数据分析工具(Python、Tableau)、仿真软件(FlexSim)、虚拟现实(VR)等数字化教学工具	使用交通物流仿真软件模拟城市交通信号优化方案,实时验证学生决策效果
评价反思能力	制定多维评价标准(如技术可行性、管理逻辑性、政策合规性),并通过教学反馈优化案例与教学方法	对"跨境物流通关"案例的学生方案,从成本、时效、法律风险三方面评分,并据此调整案例的复杂度

六大保障体系,可合并为三大类,其逻辑关系如下:

1.政策制度保障

通过顶层设计,提供方向与规范,保证教学案例库建设规范发展。

2.资源与技术保障

进一步夯实教学基础。其中,通过资源建设,构建动态案例生态系统;通过数字化技术工具,赋能教学全流程。

3.师资能力、校企协同与评价反馈保障

进一步激活实践价值。其中,师资能力保障,推动教师从"讲授者"到"引导者"转型。校企协同则进一步保障构建产教融合生态体系;评价反馈保障,则闭环驱动持续优化。

通过完善六大保障体系,可以实现"政策引导资源投入—技术赋能教学过程—校企反

哺生态优化"的闭环。

二、专业学位教学案例库保障体系的内容设计

(一)政策制度保障

1.政策引导

(1)教育主要部门可发布《案例教学推广指导意见》,明确专业学位课程中案例教学占比(如不低于 30%);交通运输主管部门也可发布相关政策,建议相关高校在交通物流课程中嵌入企业真实数据案例。

(2)地方政府可设立产教融合专项资金,支持校企联合开发行业特色案例库。

2.制度规范

(1)建立案例教学工作量认定标准,如一个高质量案例等同于若干课时。

(2)完善知识产权保护机制,明确校企案例成果归属与收益分配规则。

3.激励机制

(1)将案例开发与教学成果纳入教师职称评审指标。

(2)设立"优秀教学案例奖",奖励企业参与人员(如授予"产教融合先锋企业"称号)。

(二)资源建设保障

1.专业案例库开发

(1)依托国家级案例中心(比如中国专业学位案例中心),打造行业特色库,比如,"一带一路"跨境物流案例库、绿色交通政策案例库等。

(2)共建资源共享平台,比如,开发开源协作平台(如 GitHub 教育版),鼓励教师共建共享案例资源。

2.动态更新机制

(1)企业定期提供行业数据(如顺丰"'双十一'物流高峰应对"),更新案例内容。比如,依托京东物流开放"亚洲一号"智能仓数据,相关高校据此开发动态案例,每年根据新数据迭代。

(2)AI 自动抓取政策变动(如海关新规),生成案例补充材料。

3.数据分析支持

(1)接入行业数据库(如国家交通流量监测平台),动态生成案例背景。

(2)开发教学效果追踪系统(如学习行为分析仪表盘),精准定位教学短板。

(三)技术工具保障

1.智能开发工具

(1)AI 辅助生成案例,比如,ChatGPT 自动提取企业年报关键数据生成案例框架,NLP

技术分析行业报告并识别潜在案例主体。

（2）低代码平台快速搭建仿真模型,比如,拖拽式物流路径规划工具。

（3）相关技术工具包,比如,配套仿真软件(AnyLogic)、数据分析模板(Python 代码库)。

2.互动教学平台

（1）虚拟仿真实验室,比如,港口数字孪生系统,支持动态场景构建、支持学生实时调整参数。

（2）在线协作工具(如 Miro 白板),实现跨地域小组讨论与方案共创。

（3）数据可视化工具(Tableau),一键生成决策对比图表。

（四）师资能力保障

案例教学作为理论与实践结合的核心教学方法,对教师能力提出了更高的要求(见表 2-1),授课教师将面临更大的挑战(见表 2-2)。教师角色已超越传统教学,应从传统的"知识传授者"转型为"案例开发者"(连接产业需求与理论框架)、"技术整合者"(驾驭数字化工具增强教学效果)与"生态协调者"(联动企业、学校、政府构建产教融合网络)。

表 2-2　案例教学对教师的挑战与对策

挑战	对策
时间精力不足	减少非教学行政负担,设立"案例教学专项津贴",激励教师投入
校企合作松散	政府牵头成立产教融合基金,对深度合作企业给予税收减免
技术应用门槛高	开发教育专用简化版工具(如轻量化物流仿真软件),降低操作难度
跨学科知识储备不足	建立"双导师制"(工程+管理导师),支持教师团队协作开发案例

1.校企联动:以真实场景驱动能力提升

（1）企业实践嵌入

①教师赴企业挂职(如物流公司运营部),参与真实项目(如"'双十一'物流高峰应对"),积累行业经验。

②校企联合开发案例,企业提供数据与场景,教师负责教学设计(如顺丰与高校共建"智慧仓配优化"案例库)。

（2）案例反哺机制

教师指导学生完成的企业解决方案(如港口 AGV 调度算法)被采纳后,纳入教学案例库,形成"实践—教学—再实践"循环。

2.分层培训:针对性提升核心能力

（1）基础能力培训

①案例设计工作坊:学习哈佛案例开发框架,掌握"背景—问题—数据—决策"四要素。

②技术工具使用速成班:短期集训 FlexSim、Python 数据分析等工具使用。

（2）高阶能力培养

①跨学科研修项目:参与"交通+管理+政策"复合型课程开发(如"智能交通系统与城市治理")。

②教学法创新研究:探索 AI 驱动的个性化案例推荐策略,或元宇宙场景下的沉浸式教学。

（3）能力认证标准

①制定《案例教学教师资格认证标准》，从案例开发、课堂引导、技术应用等维度分级考核。

②引入第三方评估（如企业专家评分、学生满意度调查）。

3.技术赋能：数字化工具重塑教学方式

（1）虚拟仿真实验室

①教师通过VR设备模拟港口调度指挥，掌握虚实结合的教学方法。

②利用数字孪生技术构建动态案例场景（如实时交通流量变化）。

（2）智能辅助工具

①AI自动生成案例讨论摘要，帮助教师快速定位学生思维盲区。

②区块链技术保障企业数据安全，降低教师使用敏感数据的风险。

4.共同体建设：共享资源与经验

（1）校际案例共享联盟

①加入"中国专业学位案例中心"等平台，获取跨校案例资源与评审反馈。

②组织跨区域教学观摩（如大连海事大学"港航物流案例教学"公开课）。

（2）行业导师合作机制

①聘请企业导师进课堂。企业高管、工程师作为兼职导师，参与案例设计与课堂点评（如DHL供应链总监指导跨境物流案例教学）。

②教师赴企业（如中国远洋海运集团有限公司港口运营部）挂职，参与实际项目。

③建立教师—企业导师"结对子"制度，定期交流行业动态。

（3）教学共同体建设

①召开"案例教学研究会"，定期举办工作坊与教学竞赛。

②搭建教师互助平台（如在线论坛），分享行业前沿案例与教学心得。

③设立教学案例研究中心，教师与企业高管、工程师共同开发交通物流系列案例。

（五）校企协同保障

1.合作机制创新

（1）案例众包模式。企业发布真实问题（如"跨境物流通关效率提升""冷链物流断链风险应对"），师生团队竞标。将中标方案纳入企业知识库，给予中标团队资金或设备奖励。

（2）利益共享机制。企业优先录用优秀学生，学校为企业提供定制化培训。

2.实验室实践基地共建

（1）融合实验室。在高校建设"交通物流产教融合实验室"，企业提供设备（如自动驾驶测试车）与技术支持。

（2）在企业设立"教学案例采编站"，教师定期驻点收集场景与数据。

（3）教师带领学生参与企业研发项目，比如，港口数字孪生系统开发。

3.成果转化与反哺

（1）教师、学生方案经企业验证后，申请专利或纳入企业知识库，如"无人机配送路径优化算法"被菜鸟网络采用。

（2）高校技术转移中心推动案例成果产业化，推动科研成果商业化。

（3）企业将落地成果转化为教学案例。比如，顺丰将学生设计的"无人机配送山区方案"应用于实际业务，案例进入课堂后新增"地形适应算法"模块。

（4）设立"产教融合奖学金"，激励教师、学生参与案例开发。

（六）评价反馈保障

在实践中，对案例库建设成果进行评价，通常会面临诸多挑战，比如，如何收集真实有效的数据，如何将主观和客观评价相结合，以及如何确保评价的持续性和动态性。可见，为了系统地评估案例库的建设效果并持续优化，迫切需要构建一个结构化的评价框架，包含具体的指标、数据来源、评价方法，以及改进策略。

1.评价的价值

多维评价可验证案例库的教学适配性、行业价值性、技术先进性，驱动案例库动态优化与可持续发展。可见，通过科学评价与动态优化，案例库建设可真正实现"教以促产、产以哺教、评以提质"的闭环价值，为交通物流等领域输送高质量应用型人才。

（1）教育端。确保案例与教学目标的精准匹配，提升人才培养质量。

（2）产业端。通过价值量化吸引企业深度参与，形成"教育—产业"共生关系。

（3）技术端。推动工具创新与数据融合，构建智能化案例生态。

2.评价原则

（1）科学性原则。量化与质性评价结合，避免主观偏差。

（2）系统性原则。覆盖开发、应用、管理全生命周期。

（3）动态性原则。建立持续监测与反馈机制，支持迭代升级。

3.评价维度与指标体系

基于实际需要，可从内容质量、技术支撑、用户反馈、产业价值、伦理审查五个维度，建立多维评价指标体系，具体见表2-3。其中，评价指标体系中增加了伦理审查评价指标，以适应未来发展需要。

表2-3　多维评价指标体系

维度	一级指标	二级指标	评价方法
内容质量	真实性	案例数据来源可追溯性（如企业授权文件）	文档审查、企业访谈
	典型性	反映行业共性痛点（如物流断链、交通拥堵）	行业报告对比、专家评分
	教学适配性	与课程目标匹配度、难度分层合理性（初级/中级/高级）	课程大纲对照、学生能力测评
技术支撑	工具易用性	仿真软件操作流畅性、数据接口稳定性	用户操作日志分析、满意度调查
	交互体验	多媒体（VR/AR）沉浸感、实时反馈响应速度	实验测试、用户行为追踪
	动态更新能力	案例年更新率、技术工具同步行业进展	版本历史分析、技术供应商合作记录

续表

维度	一级指标	二级指标	评价方法
用户反馈	学生参与度	课堂讨论活跃度、课后作业提交率	教学平台数据分析、课堂观察记录
	教师满意度	案例备课效率提升度、教学资源丰富度	教师问卷调查、深度访谈
	企业认可度	学生方案采纳率、企业合作持续性	企业反馈报告、合作协议续签率
产业价值	经济效益	成本节约率(如物流成本降低)、效率提升率(如分拣速度加快)	企业财务报表分析、运营数据对比
	社会效益	合规性改善(如碳排放减少)、行业标准贡献度(如参与制定国家标准)	第三方认证报告、政策文件引用量
	创新价值	技术专利数量、成果转化率(如算法商业化应用)	知识产权数据库检索、技术转让合同统计
伦理审查	社会责任	碳足迹追踪等	第三方认证报告
	技术伦理	自动驾驶责任界定等	第三方认证报告

4. 评价方法与数据来源

(1)量化评价

①数据分析:分析教学平台日志统计案例使用频次、互动时长、工具调用率。

②实验测试:对比案例应用前后学生能力的提升(如决策速度、方案创新性)。

③企业数据:量化学生方案对运营成本、效率的实际影响(如某港口案例优化后吞吐量提升15%)。

(2)质性评价

①专家评审:邀请行业专家、教育学者对案例典型性、技术先进性评分。

②用户访谈:深度访谈教师、学生、企业导师,挖掘案例优缺点与改进建议。

③案例研讨论证:组织跨校案例教学公开课,通过同行评议优化案例设计。

(3)第三方认证

①行业协会认证:如中国物流学会对案例库进行"行业适配性"星级评定。

②国际标准对标:参照欧洲管理发展基金会(EFMD)案例认证标准,提升全球适用性。

5. 评价结果应用与优化策略

(1)正向结果强化

①优质案例推广:将评分前10%的案例纳入"精品案例库",开放校际共享。

②成功模式复制:总结高产业价值案例的开发路径(如"企业需求—技术嵌入—政策适配"),推广至其他领域。

(2)问题驱动改进

①内容质量不足:数据真实性低→与企业签订数据授权协议,建立脱敏处理流程;教学适配性差→按课程目标重构案例框架,增设难度分级标签。

②技术支撑薄弱:工具操作复杂→开发教学专用简化版软件,配套视频教程;交互体验差→引入元宇宙技术,构建3D沉浸式场景。

③用户反馈不佳:学生参与度低→增加游戏化元素(如积分奖励、排行榜);企业认可度低→设立"产教融合实验室",确保方案落地可行性。

(3)动态迭代机制

①版本管理:每学期末发布案例库更新报告,明确新增、淘汰、优化案例清单;保留历史版本供教学回溯(如"传统物流 vs 智慧物流"教学)。

②敏捷开发:针对突发行业事件,快速开发应急物流案例;建立"案例快速响应小组",两周内完成需求分析—开发—试用全流程。

思政篇

第三章

交通物流专业学位课程
思政教学案例库建设原理

第一节　交通物流专业学位课程思政
教学案例库建设理念与目标

一、专业学位课程思政教学案例库建设理念

交通物流专业学位课程思政教学案例库建设理念可概括为"一核心、两贯穿、四抓手、六协同"(见图 3-1)。

(一)一核心

一核心即以交通强国战略为核心。

交通是兴国之要、强国之基。要以交通强国战略作为交通物流专业学位课程思政库建设的核心思想,仔细研究中央有关交通强国政策指示,将其重要内容融入交通物流专业学位课程教学过程中,以具体案例进行展示,避免"喊口号""假大空"式的思政教学,向"又广又深""专业性与广泛性兼具"的方向努力。以交通强国战略作为交通运输领域课程思政的核心思想,可以帮助学生增强认识问题、分析问题与解决问题的能力,正确认识自己的人生与祖国复兴之间的联系,有助于学生形成正确的人生观和价值观。

(二)两贯穿

两贯穿即贯穿爱国主义精神和五大发展理念。

经济发展,交通先行。在以经济建设为中心的时代大背景下,谋求经济发展就必须重

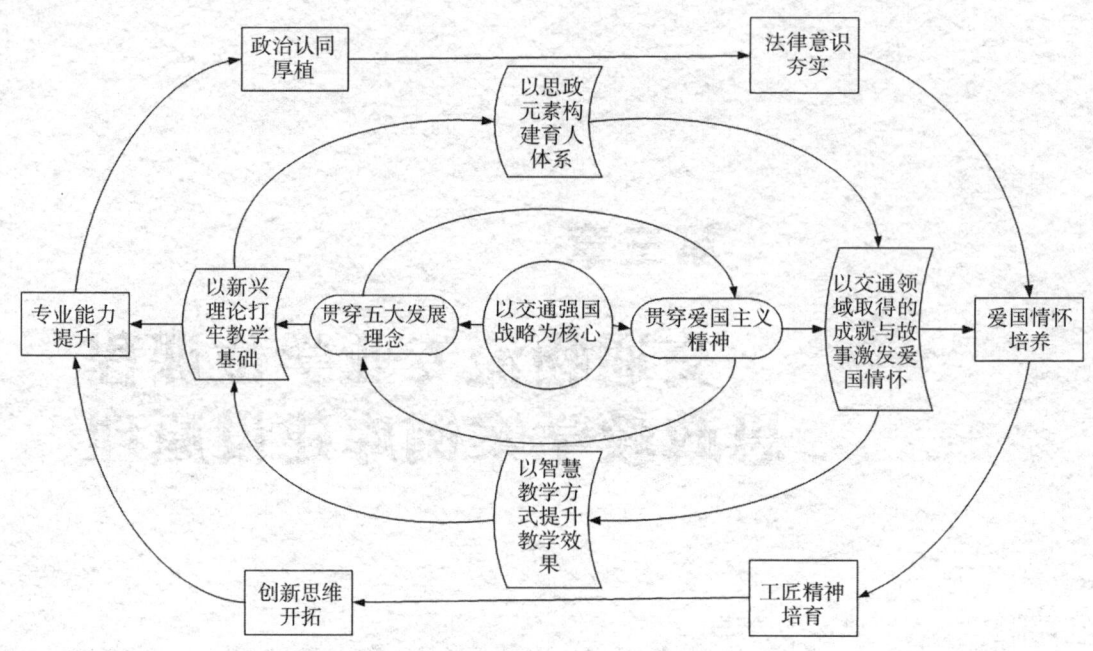

图 3-1　交通物流专业学位课程思政教学案例库建设理念基本框架

视交通运输领域建设,要坚持将爱国主义精神与五大发展理念贯穿于交通物流专业学位课程思政库建设的全过程,加强学生的爱国主义情怀,增强学生的主人公意识,让学生在将来积极投身于交通领域各项工作之中。贯穿爱国主义精神,增强学生爱国主义情怀,在政治上保持高度自觉,使学生在日常生活中养成自觉关注国家交通事业发展现状的好习惯,关心交通,热爱交通,并能以五大发展理念为标准,审视交通事业的发展。

(三)四抓手

四抓手即以新兴理论打牢教学基础、以思政元素构建育人体系、以交通领域取得的成就与故事激发爱国情怀、以智慧教学方式提升教学效果。

1.以新兴理论打牢教学基础

研究目前国内、国外交通物流专业学位的新兴理论以及教学方法,为此专业课教师需要对相关理论及方法进行筛选与整合,打牢教学基础,提升学生的学习兴趣。

2.以思政元素构建育人体系

思政元素的获取是实现课程思政目标的前提。思政元素的寻找要以教学内容为突破点。例如,讲授我国交通运输建设部分,思政元素突出交通强国、民族自豪感;绿色交通方面,思政元素突出可持续发展理念,"双碳"目标;交通管理方面,思政元素突出国家安全观、以人为本的核心价值观。以思政元素构建育人体系,将思政元素融入教学内容里,可以全方位提升学生的思想道德修养。

3.以交通领域取得的成就与故事激发爱国情怀

为增强交通物流专业学位课程思政的感染力,让学生产生共鸣,可以引用交通领域取得的成就与故事来开展课程思政。专业教师需要挖掘社会热点、经典案例背后的故事来进行讲授,达到润物无声的育人效果。

4.以智慧教学方式提升教学效果

近年来,随着5G、大数据、物联网、云计算等技术的兴起,推进新兴技术与课程思政的融合成为深化交通运输工程学课改革的应有之义。交通运输工程学课应通过线上线下多种方式进行授课,包括翻转课堂、小组展示、智慧教学相结合等方式,增强思政育人效果。

(四)六协同

六协同即专业能力提升、政治认同厚植、法律意识夯实、爱国情怀培养、工匠精神培育、创新思维开拓。

二、专业学位课程思政教学案例库建设目标

确定课程思政教学案例库建设目标有助于课程思政内容的选择和组织,同时可作为课程思政实施的依据和课程思政评价的准则。课程思政教学案例库建设目标的设计要以落实立德树人根本任务为出发点,以促进学生全面发展为基本原则,在专业人才培养方案的指导下,充分考虑学生身心发展的需要、社会发展的需求和学科发展的要求,有机融合专业教学目标与思政育人目标,为课程思政的有效实施提供方向。

课程思政教学案例库建设目标应以习近平新时代中国特色社会主义思想为指导,坚持知识传授与价值引领相结合,运用可以培养学生理想信念、价值取向、政治信仰、社会责任的题材与内容,将"价值引领(社会主义核心价值观)、知识传授(交通物流系统工程相关知识)、能力培养(创新能力、终身学习能力和国际交流与交往能力)"融为一体,全面提高大学生缘事析理、明辨是非的能力,引导学生善思和奉献,让学生成为社会主义核心价值观引领的海大特色物流工程专业人才。

(一)特色价值——工管结合、国际化、海运特色鲜明

打造以大连海事大学"N—TIME 流动思政"为品牌的"三圈层"课程思政育人体系(见图3-2)。

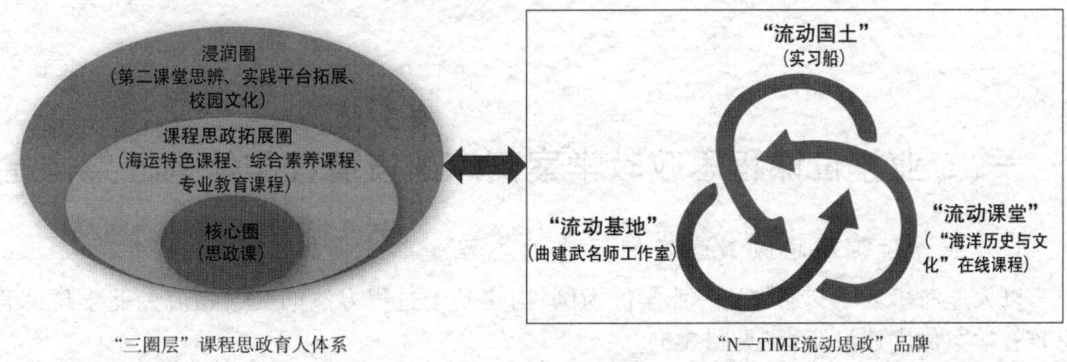

图 3-2　以大连海事大学"N—TIME 流动思政"为品牌的"三圈层"课程思政育人体系

(1)建立以思政课为核心圈,海运特色课程、综合素养课程、专业教育课程多层次互补

的"课程思政"拓展圈,以第二课堂思辨、实践平台拓展、校园文化为浸润圈的"三圈层"课程思政育人体系。

(2)形成"流动国土"(实习船)、"流动基地"(曲建武名师工作室)、"流动课堂"("海洋历史与文化"在线课程)等在内的"N—TIME 流动思政"品牌。

(二)应用价值——知识传授和能力培养

1.知识传授

积极挖掘课程中的思政元素,对知识体系进行重新构建,既要重视物流工程专业知识的教学,又要兼顾思政理念的教育,便于学生在掌握专业知识的同时,达到思政育人的目的。

2.能力培养

培养学生的科学思维方式、创新能力以及独立思考的能力,能够运用基本理论、技术与方法,指导物流工程实践以及对实际工程问题进行识别与分析,寻找解决复杂物流工程问题的设计方案,培养学生的技术应用创新能力和工程实践能力。

(三)育人价值——价值观塑造

学生经历了大学的学习生活,价值观、人生观初步形成。一部分学生不满足于本科阶段的学习选择读研,也有的学生因为就业难等原因选择继续深造。这就导致有些学生出现利己主义的思想,缺乏社会责任感;有些学生出现学术不端行为;更有甚者出现了严重的心理障碍。因此,为培育社会主义核心价值观引领的海大特色物流专业人才,应通过价值观的塑造改变学生对物流工程专业价值上的认识,并将新时代海洋强国、交通强国建设目标与个人价值进行衔接,开展思想政治教育与专业学位教育有效融合的交通物流专业学位课程思政改革活动,培育交通物流专业人才。

第二节 交通物流专业学位课程思政教学案例库建设体系

一、专业学位课程思政教学案例库建设流程与体系框架构建

1.专业学位课程思政教学案例库建设流程

以大连海事大学交通物流专业学位为例,构建基于过程方法的交通物流专业学位课程思政教学案例库建设流程(见图3-3)。

(1)明确交通物流专业学位课程思政的建设依据。

(2)明确交通物流专业学位课程思政的理念与目标设计。

(3)明确交通物流专业学位课程思政的内容设计与实施。

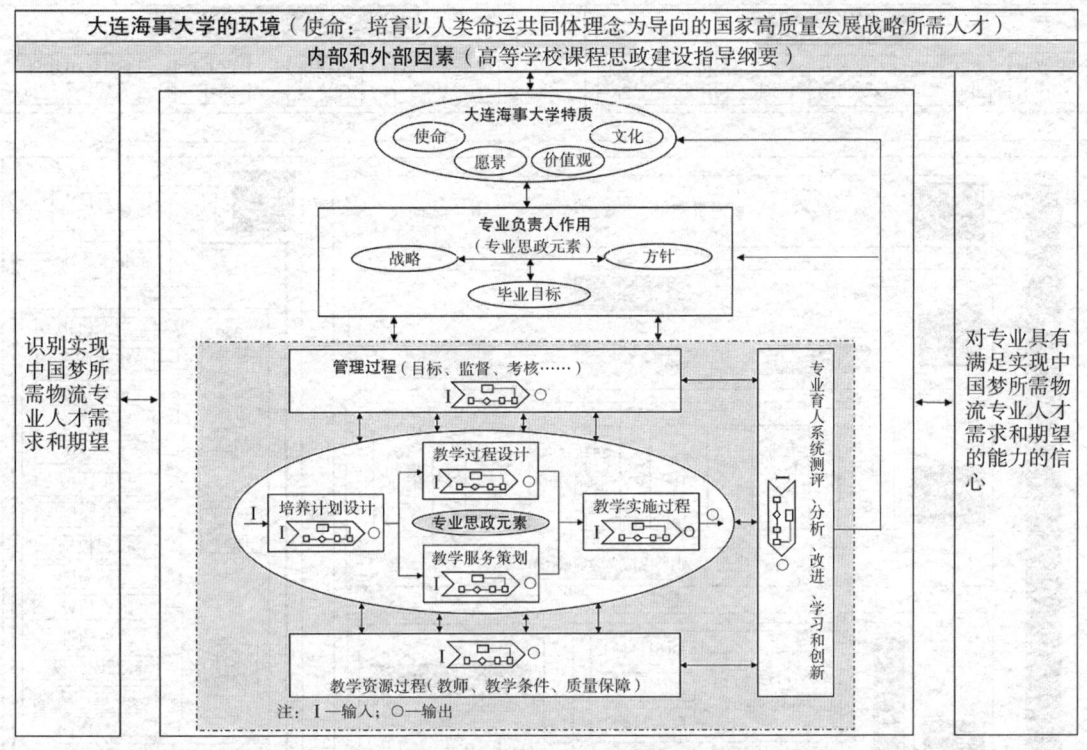

图 3-3 基于过程方法的交通物流专业学位课程思政教学案例库建设流程图

2.专业学位课程思政教学案例库体系框架构建

以大连海事大学交通物流专业学位为例,其课程思政教学案例库体系框架由思政建设依据以及思政理念体系、目标体系、课程体系、教学体系、保障体系五大体系组成(见图3-4),目的在于探索社会主义核心价值观引领的"学、教、用"多方互动可持续学习的物流专业育人模式。

在此基础上,可依据上述体系框架和 ISO 9001 质量管理体系标准,形成基于过程方法的课程思政案例教学体系框架(见图3-5)。

二、专业学位课程思政教学内容设计

1.课程思政元素凝练

通常采用两步法,进行课程思政元素的凝练(见图3-6)。

首先,从国家(宏观)、社会(中观)、个人(微观) 3 个维度细化思政"元素",进而再围绕政治认同、国际视野、国家大势、民族情怀、历史使命、时代责任、法治意识、科学精神、区域规划、行业动态、专业素养、职业发展形成 12 条思政元素融合路径。

这12 种融合路径,可以单独使用或综合使用,同时也不必受限于名称与方法,关键要聚焦课程思政"立德树人"目标。为此,结合大连海事大学物流工程专业的特色,通过进一步凝练,形成了以世界观方法论引领、国家价值引领、交通行业特色引领、海大精神引领、学生关切引领等"五引领"为导向的思政元素凝练方案。

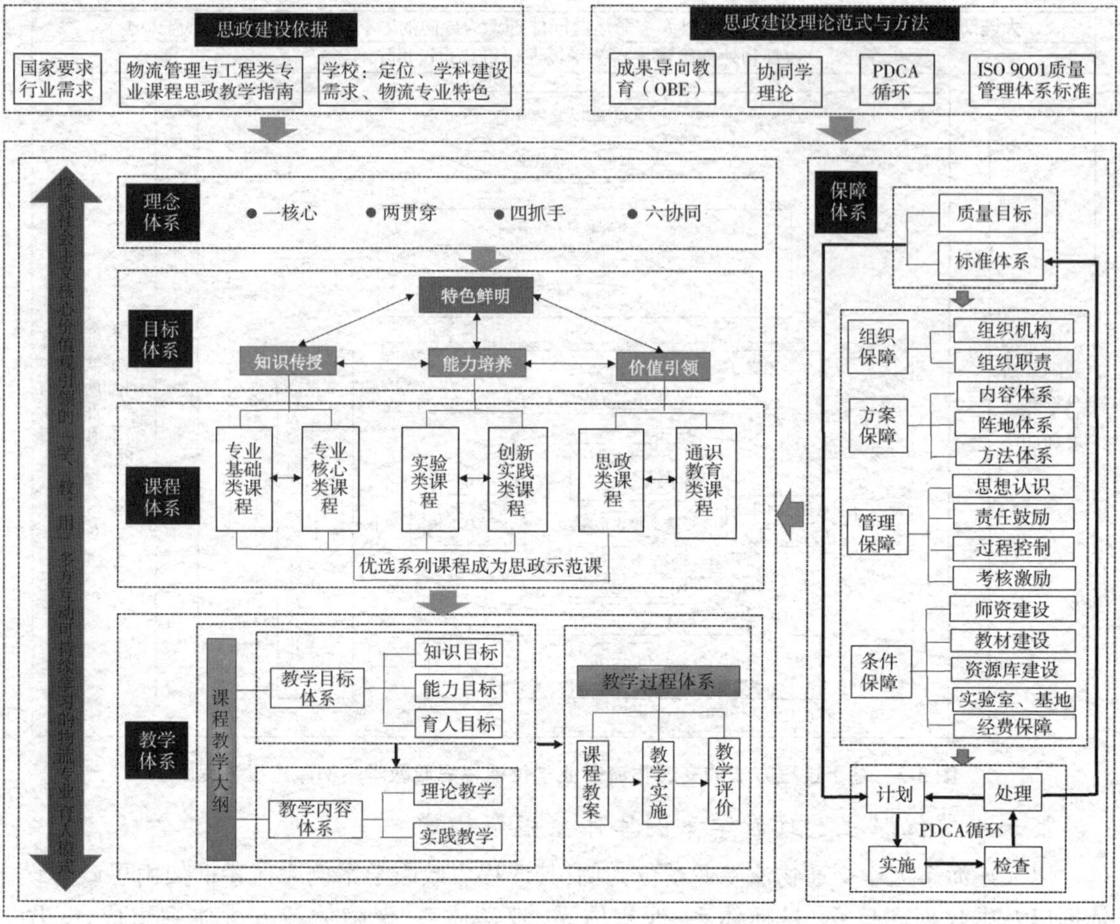

思政建设依据
国家要求
行业需求
物流管理与工程类专业课程思政教学指南
学校：定位、学科建设需求、物流专业特色
思政建设理论范式与方法
成果导向教育（OBE）
协同学理论
PDCA循环
ISO 9001质量管理体系标准
理念体系
● 一核心
● 两贯穿
● 四抓手
● 六协同
目标体系
特色鲜明
知识传授
能力培养
价值引领
课程体系
专业基础类课程
专业核心类课程
实验类课程
创新实践类课程
思政类课程
通识教育类课程
优选系列课程成为思政示范课
教学体系
课程教学大纲
教学目标体系
知识目标
能力目标
育人目标
教学内容体系
理论教学
实践教学
教学过程体系
课程教案
教学实施
教学评价
保障体系
质量目标
标准体系
组织保障
组织机构
组织职责
方案保障
内容体系
阵地体系
方法体系
管理保障
思想认识
责任鼓励
过程控制
考核激励
条件保障
师资建设
教材建设
资源库建设
实验室、基地
经费保障
计划
处理
PDCA循环
实施
检查

图 3-4　交通物流专业学位课程思政教学案例库体系框架

教学设计(关注课程思政元素)
开发以复用
复用来开发
教学实施（关注课程思政元素）
★社会主义核心价值观
● 服务产品约束
● 教学过程约束
输入
● 教学过程策略
● 现有资源清单
教学核心资源库开发
教材、案例、实验软件管理
课程需求
需求工程
教学大纲
设计
教材/案例/软件
实现
评价结果
评价
输出
● 教学对象范围
● 教学资源
● 教学计划
★社会主义核心价值观
● 教学特定需求
输入
教学需求
需求工程
课表/课件/日历
设计
教学过程
实现
评价结果
评价
个性化教学服务产品开发
● 教学服务产品
输出
● 新的核心资源
● 服务产品约束
扩充范围
新的需求
定制
通用需求（共性）
可变点
个性
7
2
1
反馈

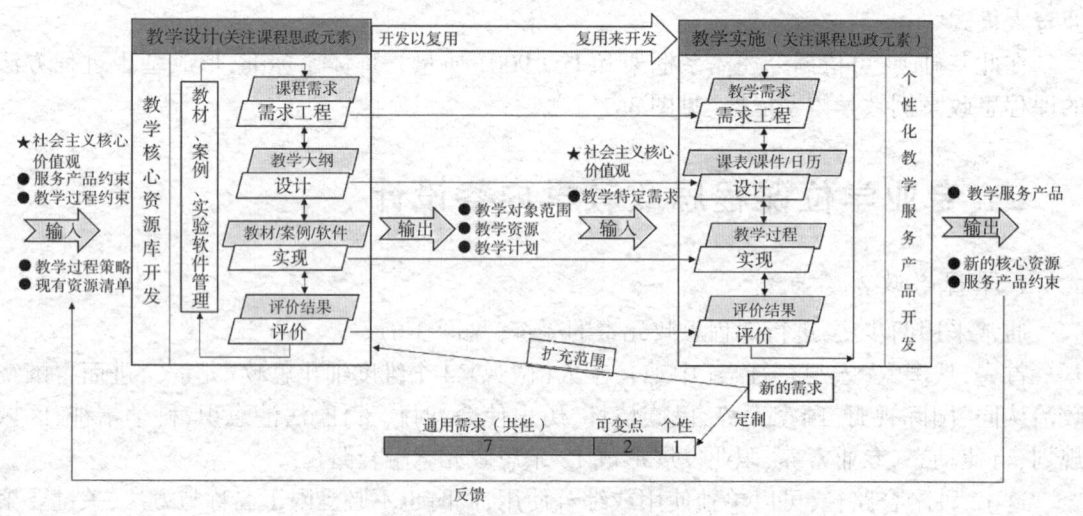

图 3-5　基于过程方法的课程思政案例教学体系框架图

(1)以世界观方法论为引领,将辩证唯物主义方法论、认识论等融入知识体系教育中,

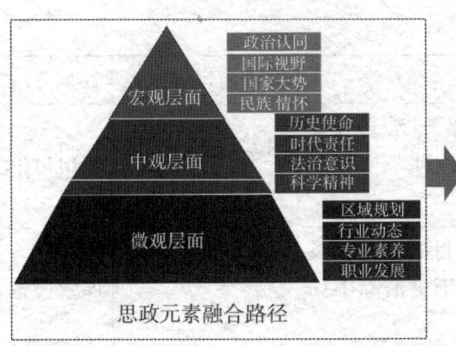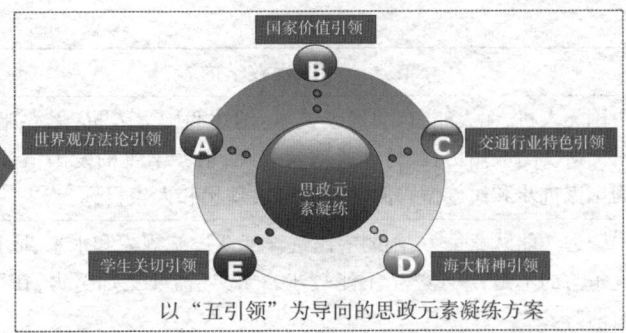

图 3-6　交通物流专业学位课程思政元素凝练思路图

着力培养学生的科学思维、实践思维、创新思维、批判思维和底线思维。

（2）以国家价值为引领，挖掘物流工程专业课程相关的典型人物和事件案例，涵养学生的理想信念、家国情怀。

（3）聚焦交通行业特色引领，以海洋强国、交通强国创新发展为主线，构建交通行业思政共享案例库，传播交通运输企业文化和工匠精神。

（4）传承海大精神引领，以身边人讲述身边事的口吻，用大连海事大学老一辈科学家、专家的创新精神、爱校情怀，用大连海事大学百年积淀的办学理念和文化底蕴感召学生、鼓舞学生。

（5）突出学生关切引领，以学生需求为导向，梳理学生思想困惑，通过专业教师的巧妙设计，答疑解惑，提高课程育人的针对性和实效性，真正实现"传道、授业、解惑"相统一。

2.课程思政教学内容典型设计

课程思政内容的重构要以课程思政教学目标为基本方向，同时需要在深入分析课程特点和课程知识体系的基础上，抓住能够渗透思想政治教育的课程内容作为思政融入点，最终完成这门课程的课程思政教学内容的设计，包括思政内容、思政融入点等。

表 3-1 所示为"集装箱多式联运"课程思政内容典型设计。

表 3-1　"集装箱多式联运"课程思政内容典型设计

课程教学内容	思政内容融入点	教学方法
集装箱多式联运发展历程：可在向学生展示中国交通速度和中国力量的同时，让学生认识到发展中的不足	历史观	课堂讨论
"一带一路"倡议下集装箱多式联运建设：基于我国"一带一路"倡议的演变，阐述集装箱多式联运发展状况及相关问题，有助于学生了解"一带一路"倡议及国际多式联运对于国家利益、发展的重要性，明确所面临的挑战，从而树立为国家进步和民族振兴而学习的远大理想和人生目标	国家观——"一带一路"倡议与对外开放新战略	调查问卷
物联网、5G 技术与智慧港口建设：基于助力智慧港口的物联网和 5G 技术分析，阐明中国在全民创新宏观政策引导下，5G 技术已经赶超发达国家，取得了领先优势，培养学生的爱国意识和社会责任感	交通强国、社会观	参观体验
创新、绿色发展理念与港口建设、管理：通过绿色生态港口建设案例，剖析如何把"创新、协调、绿色、开放、共享"五大发展理念贯彻落实到港口建设、管理发展的全方位、全过程中	国家观——五大发展理念、可持续发展	参观体验

续表

课程教学内容	思政内容融入点	教学方法
中国无人机、无人船、自动驾驶技术:阐述我国无人机、无人船、自动驾驶技术的研发与应用历程、辉煌成就及差距,培养学生的爱国情怀,使学生树立为国家进步和民族振兴而学习的远大理想和人生目标	国家观——交通强国、中国制造	小组讨论
中国远洋船队竞争力:阐明中国远洋船队设施规模和水平、取得的成就以及竞争力的不足,警示学生不能故步自封,还需要更加努力,在历史浪潮中扬帆前行	历史观、国家安全观	课堂讨论
各国集装箱多式联运管理模式比较:阐述中国与欧美国家多式联运行业管理模式的差异,并着重分析我国多式联运行业管理模式的演变过程与根源,让学生增强制度自信以及认识到多式联运管理模式和交通强国战略与时俱进的必然性	历史观与课堂讨论国家观	课堂讨论
新冠疫情下的集装箱多式联运组织:分析新冠疫情下多式联运组织的特点、目标与优化设计,在知识传授中融入价值引领,在多式联运组织优化决策中,让学生体会到疫情管控的艰难和医护人员任务的艰巨,以及面对灾难时多式联运大有用武之地	国家安全观、"以人为本"的核心价值观	课堂讨论

第四章

交通物流专业学位课程
思政教学案例

第一节　交通运输类课程思政教学案例

一、交通强国战略下的国家担当与职业使命

大道之行：交通强国战略下的国家担当与职业使命

摘　要：本案例以交通强国战略为背景，聚焦智慧交通、绿色转型、国际合作等核心领域，探讨中国在高铁、港口、物流网络建设中的技术创新与责任实践。通过分析智能高铁运维、零碳港口建设、跨境交通协同等场景，结合政策支持与基层劳动者故事，提出技术突破、制度优化与全球治理的综合解决方案。本案例旨在引导学生理解交通强国战略的民生价值与全球意义，培养"科技报国、服务人民"的职业使命感，深化社会主义核心价值观的实践认知。

关键词：交通强国；课程思政；智慧交通；绿色低碳；国际合作

（一）背景介绍

截至 2024 年年底，中国高铁运营里程突破 4.5 万千米，高速公路网覆盖 98% 的 20 万人口以上的城市，港口货物吞吐量连续 18 年居全球首位。然而，核心技术"卡脖子"（如高端轴承、芯片依赖进口）、区域交通发展不平衡（西部铁路密度仅为东部的 1/3）等问题仍制约着交通体系的高质量发展。党的二十大报告强调要加快建设交通强国，要求构建安全、便捷、高效、绿色的现代化综合交通体系，为课程思政提供了理论与实践深度融合的场景。

交通强国战略是中国迈向现代化的重要支撑,也是应对大国博弈、维护国家利益的关键举措。面对复杂多变的国际形势和国内发展需求,国家需要以科技创新为引领,深化改革为动力,绿色发展为目标,全面提升交通体系的国际竞争力和可持续发展能力。同时,每一位从业者都应以国家担当为己任,在岗位上践行职业使命,为实现交通强国目标贡献力量。

(二)案例基本情况

1.交通强国战略提出的背景

(1)全球化与经济结构转型

全球化进程加速推动了国际贸易和人员流动的需求增长,同时中国经济正从高速增长转向高质量发展,交通运输业作为基础性、先导性产业,已成为支撑经济转型的关键领域。

(2)区域协调发展需求

中国区域经济发展不平衡问题突出,交通强国战略旨在通过完善交通网络,促进区域间要素流动和资源优化配置,助力乡村振兴和区域协调发展。

(3)应对气候变化与可持续发展

随着全球气候变化加剧,绿色低碳发展成为国际共识。交通强国战略强调发展绿色交通体系,推动节能减排和可持续发展。

(4)科技革命与产业变革

新一轮科技革命和产业变革正在重塑全球交通格局,智能交通、自动驾驶、无人机等新兴技术的应用为交通强国建设提供了新机遇。

2.交通强国战略的主要内容

(1)构建现代化综合立体交通网络

加强铁路、公路、航空、水运等多方式协同,形成覆盖全国、连通全球的立体化交通网络。

(2)提升交通运输服务品质

推动客运便捷化、货运高效化,打造"门到门"的综合运输服务体系,满足人民群众多样化需求。

(3)推动科技创新与智慧交通发展

加大对人工智能、大数据、物联网等技术的研发和应用力度,推动智慧交通建设,提升交通系统智能化水平。

(4)促进绿色低碳发展

推广新能源交通工具,优化运输结构,降低碳排放强度,助力实现"双碳"目标。

(5)深化交通领域改革开放

完善交通投融资机制,鼓励社会资本参与交通基础设施建设;积极参与全球交通治理,推动国际交通合作。

3.交通强国战略的进展

(1)交通网络建设:数量与质量稳固提升

①高铁网络数量,位居全球第一,形成了"八纵八横"高速铁路网。

②公路网密度显著提升,全国公路总里程突破 500 万千米,高速公路通车里程超过 16 万千米,位居世界前列。

③民航发展取得新突破,中国已成为全球第二大航空市场,多个枢纽机场完成改扩建,航空物流网络不断完善。

④港航建设成果显著,多个世界级港口群建成投用,海运船队规模位居世界前列,国际航运中心竞争力不断提高。

⑤邮政快递网络覆盖城乡,快递业务量连续多年位居全球第一,农村寄递物流体系逐步完善。

(2)智慧交通:技术突破与民生服务

①智能高铁:京张高铁应用北斗导航与 5G 技术,实现时速 350 千米的自动驾驶,北京冬奥会期间累计运送旅客超 200 万人次,准点率达 99.8%。

②城市大脑:杭州"交通小脑"系统实时优化信号灯配时,高峰拥堵指数下降 15%,日均减少碳排放 50 吨。

(3)绿色转型:零碳实践与生态责任

①绿色港口:宁波舟山港推广岸电系统与氢能集卡,年减排二氧化碳超 10 万吨,获评全球首个零碳港口试点。

②新能源物流:深圳全市 1.2 万辆物流车电动化,充电桩覆盖率达 90%,日均减少燃油消耗 300 吨。

(4)国际合作:标准输出与责任共担

①中老铁路:中国技术标准输出东南亚,万象至昆明运输时效提升 400%,带动老挝 GDP 增长 1.5%。

②蒙内铁路:建设期保护动物迁徙通道,培训肯尼亚技术工人 5 000 名,获联合国"全球可持续发展标杆项目"称号。

(三)问题分析:中美大国博弈下的挑战

1.核心技术受制于人

在当前全球化竞争加剧和科技革命快速发展的背景下,核心技术瓶颈成为制约交通强国建设的关键问题。无论是高铁、航空、智能交通,还是新能源交通工具,核心技术的自主可控是实现交通强国目标的核心支撑。

(1)高端装备依赖进口

在高端轨道交通装备(如高速列车轴承、信号系统)、航空发动机、大型邮轮制造等领域,核心技术仍依赖进口,存在"卡脖子"风险。

(2)关键材料与零部件受限

高性能材料(如高强度铝合金、碳纤维复合材料)、精密制造工艺等核心技术尚未完全掌握,导致部分关键零部件依赖外部供应。

（3）智能交通系统技术短板

在智能驾驶、智慧港口、无人机物流等新兴领域，核心算法、传感器技术和数据处理能力仍需突破。

（4）新能源技术推广障碍

新能源交通工具（如电动船舶、氢燃料电池汽车）的技术成熟度和商业化应用仍面临技术瓶颈，充电/加氢基础设施建设也相对滞后。

（5）国际标准话语权不足

对于国际交通技术标准的制定，中国的话语权有限，部分技术标准仍被发达国家主导。

2.国际竞争与规则博弈

在中美博弈加剧的背景下，国际航运通道安全面临威胁，部分国家对中国的港口投资和技术合作设置壁垒。比如，美欧通过《全球基础设施伙伴关系》遏制"一带一路"交通项目，中欧班列面临关税壁垒。在国际海运碳税规则的制定过程中，中国的参与度和影响力仍有待提高，绿色转型成本压力加剧。

3.区域发展不平衡问题突出

中西部地区与东部沿海地区的交通基础设施差距较大，比如，西部地区交通投资占比仅为25%，西藏部分乡镇仍未通硬化路，制约了乡村振兴。城乡物流成本差异大，农产品进城"最后一公里"成本占比超30%。偏远地区养路工人年均收入不足5万元，职业保障体系不完善，人才流失严重。

4.可持续发展压力大

随着交通需求增长，能源消耗和碳排放压力加剧，绿色转型任务艰巨。

（四）解决方案：体现国家担当与职业使命

1."揭榜挂帅"攻关

核心技术的突破不仅是交通强国建设的关键，也是实现国家科技自立自强的重要体现。未来，中国需要以更加开放的姿态拥抱全球科技合作，同时坚定不移地走自主创新道路。通过政策引导、资金支持、人才培养等多措并举，逐步实现核心技术的自主可控，为交通强国建设提供坚实的技术支撑。

（1）加强基础研究与关键技术攻关。一是聚焦重点领域：围绕高速铁路、航空发动机、智能交通等重点领域，集中力量攻克核心技术和关键材料；二是设立专项研发计划：通过国家科技重大专项、重点研发计划等方式，支持企业和科研机构开展联合攻关；三是推动产学研深度融合：建立高校、科研院所与企业的协同创新机制，加快科技成果转化。

（2）推动国产替代与自主可控。一是加强供应链本土化：鼓励企业优先采购国产零部件和材料，提升供应链的自主可控能力；二是培育本土龙头企业：支持国内企业在细分领域做大做强，形成具有国际竞争力的优势产业集群；三是建立技术储备体系：针对潜在"卡脖子"技术，提前布局技术研发和储备。

2.制度优化：公平与效率并重

（1）动态补贴机制。对西部交通项目给予20%的额外财政补贴，强制央企对口支援边疆路网建设。

（2）绿色金融支持。发行"碳中和交通债"，定向支持新能源港口、智慧物流园区建设。

（3）补齐中西部交通短板。加大对中西部地区铁路、公路等基础设施的投资力度。

（4）优化城乡交通资源配置。推动农村交通基础设施建设和城市交通拥堵治理。

3.国际合作:规则引领与民心相通

（1）标准输出。积极参与国际交通技术标准的制定和修订,推动中国高铁、智能交通标准纳入 ISO 国际体系,争取更多话语权。

（2）民生项目。在非洲援建"幸福路"工程,培训 10 万名本地技术工人,增强"一带一路"软实力。

（3）推动"一带一路"交通合作。在交通基础设施建设和技术输出中深化国际合作,提升中国技术的全球影响力。

4.职业伦理与人才培育

（1）校企协同。与中国铁路工程集团有限公司、中国远洋运输有限公司共建产业学院,开设"智慧交通伦理"课程,将绿色实践纳入学分考核。

（2）弘扬工匠精神。鼓励交通从业者精益求精,推动行业高质量发展。

（3）劳模课堂。比如,邀请青藏铁路养护工人王永福讲述"天路守护"故事,强化"坚守奉献"精神。

（4）加强人才培养与引进。一是培养高端人才。支持高校设立交通科技相关专业,培养一批具有国际视野的顶尖科技人才。二是引进海外人才。通过优惠政策吸引海外高层次人才回国创新创业;推动校企联合培养:建立订单式人才培养模式,满足行业对专业技能人才的需求。

（五）核心启示与思政融入点

1.核心启示

（1）技术自立是强国之基。核心技术瓶颈是交通强国建设道路上的"拦路虎",但并非不可逾越。通过加大研发投入、深化国际合作、完善政策支持等多维度努力,中国有望在关键领域实现技术突破。这不仅是国家的责任,也是每一位从业者的职业使命。唯有坚持将自主创新与开放合作相结合,才能真正实现从交通大国向交通强国的跨越。一是高铁技术的突破。中国通过引进消化吸收再创新,成功掌握了高铁核心技术,并实现了从"跟跑"到"领跑"的跨越。这一经验表明,通过系统性攻关和持续投入,核心技术瓶颈是可以被突破的。二是 C919 大型客机的研发。C919 的成功研发体现了中国在航空领域的技术积累和创新能力。尽管部分核心技术仍需突破,但这一项目为后续自主研发奠定了基础。三是智能驾驶技术的快速发展。

（2）绿色即责任。比如,宁波舟山港的零碳实践为全球港口转型提供了"中国方案"。

2.思政融入点

（1）通过中老铁路"友谊之路"案例,诠释"人类命运共同体"的实践内涵。

（2）对比美欧技术封锁与中国自主创新,深化学生对"科技自立自强"的战略认知。

（六）教学讨论与拓展

（1）若你是西部某县交通局局长，你将如何在有限预算的情况下平衡公路建设与生态保护？

（2）从"智慧交通数据安全"出发，讨论如何平衡效率与隐私保护？

（3）中国如何通过交通项目提升国际规则制定话语权？

（七）教学目标

1.知识整合

（1）学生能够准确阐述交通强国战略的基本内涵和主要内容，包括交通基础设施建设、运输服务水平、科技创新能力等方面的关键要素。

（2）深入了解我国交通发展的历史进程、现状以及在国际上的地位，明确交通强国战略对国家经济社会发展的重要意义。

（3）掌握与交通领域相关的专业知识和技能，如不同运输方式的特点、交通规划与管理的基本方法等，能够运用所学知识分析和解决交通实际问题。

2.实践能力提升

（1）通过案例分析、实地调研、小组讨论等多种教学方法，培养学生收集、整理和分析交通信息的能力，提高学生的自主学习和合作探究能力。

（2）引导学生运用综合思维方法，分析交通强国战略与其他国家战略之间的相互关系，以及交通发展对区域经济、社会、环境等方面的影响，提升学生的综合分析和解决问题的能力。

（3）鼓励学生参与交通实践活动，如交通志愿者服务、交通科技创新竞赛等，培养学生的实践操作能力和创新精神，使学生能够将理论知识与实践相结合。

3.价值观塑造

（1）激发学生对交通事业的兴趣和热爱，培养学生的社会责任感和使命感，使学生认识到自己在交通强国建设中的责任和义务。

（2）增强学生的民族自豪感和自信心，让学生通过了解我国交通领域取得的伟大成就，感受中国特色社会主义制度的优越性，坚定为实现中华民族伟大复兴的中国梦而努力奋斗的信念。

（3）培养学生的全球视野和开放意识，让学生了解国际交通发展的趋势和前沿动态，认识到交通在促进国际交流与合作中的重要作用，树立全球交通互联互通的理念。

资料来源：《交通强国建设纲要》政策解读，中老铁路国际合作案例以及京张高铁、宁波舟山港技术实践等。

二、从"四好农村路"看以人民为中心的发展思想

从"四好农村路"看以人民为中心的发展思想:乡村振兴中的民生工程实践

摘　要:本案例以"四好农村路"("四好"为建好、管好、护好、运营好)建设为切入点,剖析其在乡村振兴战略中如何践行以人民为中心的发展思想。通过分析农村公路建设的背景、推进过程与成效,探讨其对改善民生、促进城乡协调发展的意义,并结合思政教育视角,提炼基层治理、科技创新、群众参与等思政融入点,引导学生在专业学习中深化对党的宗旨和社会主义制度优越性的理解,培养"扎根基层、服务'三农'"的职业使命感,践行社会主义核心价值观。

关键词:"四好农村路";以人民为中心;乡村振兴;思政教育;民生工程

(一)背景介绍

"四好农村路"是国家乡村振兴战略的重要抓手。随着我国城镇化进程加快,农村地区长期面临交通基础设施薄弱、城乡发展不平衡等问题。2014年以来,国家提出"四好农村路"建设目标,旨在通过完善农村公路网络,突破"出行难"瓶颈,推动农村经济、生态、社会协同发展。截至2024年,全国农村公路总里程达460万千米,覆盖99.8%的建制村,但部分地区仍存在设计标准低、养护资金不足、运营效率不高等问题。党的二十大提出"建设宜居宜业和美乡村",农村公路作为连接城乡的"毛细血管",其质量直接关系农产品流通、农民增收与公共服务均等化。例如,江西安远县通过"四好农村路"建设,带动了脐橙产业年增收超10亿元,成为全国高质量发展典型案例。

(二)案例基本情况

1."四好农村路"建设背景

(1)政策驱动。2014年国务院提出"四好农村路"建设要求,将其纳入脱贫攻坚和乡村振兴统筹规划。

(2)现实需求。农村公路曾是制约乡村发展的短板,如西藏墨脱县过去因交通闭塞,村民进城需徒步一天,农产品难以外销。

2."四好农村路"建设意义

(1)经济价值。比如,河北邯郸市通过农村公路串联旅游景点,带动了种植、养殖、电商等产业发展,农民年收入增长超30%。

(2)社会效益。比如,贵州遵义花茂村道路升级后,乡村旅游人数翻倍,成为"百姓富、生态美"的典范。

(3)生态价值。比如,安徽黄山市利用智能巡检系统实现公路养护低碳化,减少了资源浪费。

3."四好农村路"建设推进过程

(1)政策阶段(2014—2018年)。以"村村通"为目标,重点解决通达问题。

（2）提质阶段（2019—2022 年）。推进"新三通"（自然村通硬化路、建制村通等级路、乡镇通三级公路），提升路网质量。

（3）智慧阶段（2023 年至今）。推广数字化管理，如河北邯郸市搭建智慧公路平台，实现全域路况实时监控。

4."四好农村路"建设中的人民主体性体现

"四好农村路"作为一项以人民为中心的民生工程，其核心在于通过全过程、多层次的群众参与，保障农民在基础设施建设中的主体地位。"四好农村路"的人民主体性体现在：需求由群众提出、方案由群众参与、建设由群众出力、成果由群众共享。通过制度化的参与机制和利益联结，将农民从"被动受益者"转化为"主动建设者"，真正践行了以人民为中心的发展思想。这一模式不仅提升了基础设施的适用性，还增强了基层治理的凝聚力，为乡村振兴提供了可持续动力。

（1）建设阶段：群众参与决策与实施

一是需求导向的规划机制。在道路规划阶段，通过"村党支部提议、村两委商议、村民大会决议"的"三议"制度，确保农村公路建设符合村民实际需求。例如，泸定县结合各村资源禀赋，围绕产业布局调整路网规划，由村民自主决定建设优先级。二是"敞门议事、全民决策"，将道路建设与群众利益直接挂钩，避免"政府主导、群众旁观"的脱节现象。三是投工投劳与资金共担。比如，泸定县通过"群众投工投劳+社会捐资"模式，发动村民直接参与道路建设，群众自筹资金 500 余万元、投工投劳参与施工，实现了"自己的道路自己建"。

（2）管理阶段：村民监督与共治共享

一是透明化监督机制。比如，泸定县对每条公路均公示项目信息（如里程、标准、举报电话），并邀请村民代表作为义务监督员，经培训后挂牌上岗，形成"社会监督合力"。阳春市人大代表通过集中视察、现场督办，推动道路建设信息公开，确保群众对工程质量的知情权和监督权。二是管护责任下沉至基层。多地建立"县—乡—村"三级管护体系，例如泸定县实行"县道有路政员、乡道有监管员、村道有养护员"，将日常养护责任落实到村民，形成长效管理机制。再比如，石鼓镇人大代表推动建立"周巡查、月考核"制度，将养护质量与村民利益挂钩，激发群众参与积极性。

（3）运营阶段：服务民生与共享发展成果

一是交通红利普惠于民。通过完善农村客运网络和物流体系，实现"建制村通公交比例达 85%"（蚌埠市目标），解决群众出行"最后一公里"问题。例如，泸定县同步推进农村客运和快递服务，覆盖城乡的运输网络直接惠及村民生活；农村公路与产业深度融合，如江西婺源依托"四好农村路"发展"乡村赏花游"，将生态"颜值"转化为经济"产值"，直接增加农民收入。二是创造就业与增收机会。道路建设带动本地就业，例如泸定县在施工中优先雇用当地劳动力，村民通过参与工程建设获得收入；道路运营后衍生的物流、旅游等产业为村民提供创业和就业机会，如石鼓镇通过路衍经济培育特色产业，助力乡村振兴。

（4）制度设计：保障群众话语权与利益

一是政策制定中的民意吸纳。比如，蚌埠市通过"共建共治共享"机制确保政策贴近民生需求。阳春市通过人大视察和群众座谈会，将村民关于道路亮化、美化的建议纳入建设方案。二是利益协调与矛盾化解。比如，泸定县在土地征占、林木补偿等敏感问题上，由村民自主协商解决,避免政府"一刀切"干预,维护群众权益。

(三)问题分析

"四好农村路"建设中人民主体性问题的核心在于决策、建设、管护、受益等环节未充分尊重和调动群众参与,导致部分工程流于形式化、政绩化。

1.规划决策中群众参与不足

(1)问题表现:部分地区在道路规划时未充分征求村民意见,存在"自上而下"决策现象。例如,部分道路因规划脱离实际需求,建成后利用率极低(如某些村内道路因未覆盖核心聚居区而长期闲置)。

(2)根源分析:决策流程未建立有效的村民参与机制,基层干部与群众沟通不足,导致道路建设与村民实际出行需求、产业发展需求脱节。

2.建设与管护环节群众监督缺位

(1)问题表现:部分道路存在偷工减料、质量不达标等问题,但村民缺乏监督渠道。例如,部分农村公路因缺乏安防设施(如临河路段无护栏)导致安全隐患。

(2)根源分析:村民对工程质量的监督权未充分落实,信息公开透明度不足,村民难以参与建设过程的监管和验收。

3.管护责任未有效下沉至基层群众

(1)问题表现:部分道路重建轻管,日常养护依赖政府资金,村民未形成主动管护意识。例如,村内道路杂草丛生、路面破损后长期无人修复,甚至出现"村外路况好、村内路况差"的对比。

(2)根源分析:管护责任未明确到村集体或村民个体,缺乏激励机制调动群众参与管护的积极性。

4.利益共享机制不完善

(1)问题表现:道路建设与村民增收结合不足,部分项目未带动本地就业。例如,以工代赈等政策执行不到位,未能优先吸纳当地劳动力参与建设。

(2)根源分析:项目设计中未充分体现"群众受益"导向,未将道路建设与农村产业发展、农民就业增收深度绑定。

5.信息反馈与诉求表达渠道不畅

(1)问题表现:村民对道路问题的投诉和建议缺乏有效响应机制。例如,部分道路因设计缺陷导致通行困难,但长期未得到整改。

(2)根源分析:基层政府与村民沟通平台缺失,村民诉求难以纳入政策调整范围,导致"便民路不便民"现象长期存在。

(四)解决方案

1.完善参与式决策机制

(1)建立"村民议事会"制度:在道路规划阶段,组织村民代表参与路线选址、宽度设计等关键环节讨论,通过"一事一议"达成共识。参考骆驼城镇经验,将群众意见纳入工程可行性研究报告。

（2）推行"需求清单"模式：通过入户调研、线上问卷等方式收集村民对道路功能（如错车道设置、产业衔接）的需求，确保建设方案与农业生产、生活需求匹配。

2.优化筹资与利益共享机制

（1）创新"以工代赈+公益捐赠"模式：鼓励村民通过投工投劳折算资金入股，工程盈利后按比例分红。同时设立"乡贤基金"，吸引民间资本定向支持。

（2）建立资金公示平台：通过村级公告栏、微信小程序实时公开工程预算、支出明细，确保村民对资金使用的知情权。

3.构建全民管护责任体系

（1）推广"路长+农户"分段承包制：将道路养护责任划分到户，每户负责300~500米路段保洁、边沟清理，政府按季度考核并发放补贴（如盐井镇公益性岗位结合模式）。

（2）设立"道路管护积分超市"：村民参与养护可积累积分，兑换农资产品或抵扣合作医疗费用，激发参与积极性。

4.强化能力建设与信息赋能

（1）开展"路网课堂"培训：组织交通部门专家下乡讲解道路建设标准、养护技术，培养村民代表作为技术监督员。

（2）开发"智慧护路"APP：开通病害上报、建议反馈等功能，村民可随时拍照上传路面破损、违规占道等问题，政府48小时内响应。

5.深化利益联结机制

（1）推行"道路经济"共享计划：对因道路建设增值的沿线土地（如新建农家乐、采摘园），从中提取部分收益设立村级道路维护基金。

（2）建立"路产融合"示范项目：优先支持村民合作社利用农村路发展物流运输、乡村旅游等产业，如方山镇将道路建设与特色种植基地捆绑开发。

通过以上对策，可实现从"政府包办"到"群众共治"的转变，真正体现"人民道路人民建、人民道路为人民"的主体性价值。

（五）核心启示与思政融入点

1.核心启示

（1）人民主体性：比如，云南独龙江公路贯通后，独龙族群众告别"与世隔绝"，这印证了"发展为了人民"的宗旨。

（2）基层治理创新：比如，邯郸市发动群众参与公路建设，体现"共建共治共享"的治理理念。

（3）科技赋能民生：智能交通技术的应用，彰显"创新驱动发展"的战略思维。

2.思政融入点：价值观引领

（1）规范意识培养：通过相关课程案例，剖析违规施工导致的桥梁垮塌事故，强化"安全重于效率"的职业伦理。

（2）民生情怀教育：组织学生参与乡村道路调研，撰写《农村公路对留守儿童上学的影响报告》，培养学生的社会责任感。

（六）教学讨论与拓展

1.问题设计

（1）如何理解"四好农村路"建设中以人民为中心的发展思想的具体实践？

（2）结合"四好农村路"建设案例，分析党和政府如何通过改善农村交通条件提升农民生活水平，培养学生树立以人民为中心的价值观。

（3）农村公路如何与乡村旅游、电商物流等产业深度融合？请提出"交通+"创新方案。

2.实践任务

（1）模拟设计：分组扮演政府、企业、村民代表，制定《某村道路建设与管护方案》。

（2）调研报告：走访本地农村公路，分析技术缺陷与社会效益，提出优化建议。

（七）教学目标

"四好农村路"建设既是技术工程，更是民心工程。通过课程思政的深度融入，学生将深刻理解"修路架桥"背后的国家战略与民生责任，在未来的职业实践中，能以匠心守护乡村"致富路"，以情怀筑牢乡村振兴基石。

1.知识整合

（1）专业知识融合价值观：使学生深入理解"四好农村路"建设的专业知识，包括道路规划、施工技术、管理模式、养护方法和运营策略等。在学习过程中，引导学生认识到这些知识背后所蕴含的服务农村、促进城乡均衡发展的价值导向，将专业知识学习与社会责任感培养相结合。

（2）政策法规与责任意识：让学生熟悉与农村公路建设相关的政策法规和行业标准，明白遵守规则是保障项目质量和可持续发展的基础。通过学习，培养学生的法治观念和责任意识，使其在未来工作中能够严格自律，确保每一个工程环节都符合规范要求。

2.实践技能提升

（1）培养科学思维与创新精神：在课程学习过程中，培养学生运用科学思维方法解决实际问题的能力，鼓励学生在"四好农村路"建设中勇于创新。引导学生关注行业前沿动态，结合农村实际情况，探索适合农村公路建设、管理、养护和运营的新模式、新技术、新方法，为农村交通事业的发展注入新活力。

（2）团队协作与沟通能力：通过项目实践、小组讨论等教学活动，提高学生的团队协作和沟通能力。让学生明白，"四好农村路"建设是一个系统工程，需要不同专业、不同部门之间的密切配合。培养学生的集体意识和团队精神，使其能够在团队中充分发挥自己的优势，同时尊重他人的意见和建议，共同为实现项目目标而努力。

3.价值观塑造

（1）厚植服务"三农"的情怀：激发学生对农村地区的关注和热爱，厚植学生服务"三农"的情怀。让学生深刻认识到"四好农村路"建设对于推动农村经济发展、改善农民生活条件、促进乡村振兴的重要意义，引导学生将个人的职业发展与国家的农村发展战略相结合，让其愿意为农村交通事业贡献自己的力量。

（2）强化环保与可持续发展意识：在课程教学中，渗透环保和可持续发展理念，让学生了解农村公路建设对生态环境的影响。培养学生在项目规划和实施过程中，充分考虑生态保护和资源节约的意识，推动农村公路建设与生态环境协调发展，实现经济效益、社会效益和环境效益的统一。

资料来源：河北省政府关于"四好农村路"建设的政策文件、邯郸市"四好农村路"助力乡村振兴的实践案例、河北省农村公路绿色发展与智能化管理经验、交通运输部推动"四好农村路"高质量发展的政策解读等。

三、俄乌冲突下中欧班列的困境与中国的战略选择

危局与担当：俄乌冲突下中欧班列的困境与中国的战略选择

摘　要：本案例以俄乌冲突对中欧班列的冲击为切入点，探讨全球化背景下国际物流安全、国家责任与企业伦理的复杂互动。通过分析中欧班列面临的货运受阻、地缘政治风险及供应链重构等挑战，提出技术赋能、制度优化与国际协作的解决方案，强调在危机中践行"人类命运共同体"理念的重要性。本案例旨在引导学生理解国家战略的全局性思维，培养其应对国际风险的责任意识与创新精神。

关键词：中欧班列；俄乌冲突；"一带一路"；国际责任；供应链安全

（一）背景介绍

中欧班列自2011年开通以来，已成为连接中国与欧洲的"钢铁驼队"，2021年运输货值达749亿美元，占中欧贸易总额的8%。然而，2022年俄乌冲突爆发后，地缘政治风险激增，俄罗斯海关加大货物查扣力度，欧盟制裁限制过境俄罗斯的货物，导致中欧班列核心线路受阻，货运量有了结构性调整（如中欧货量下降、中俄货量上升）。这一危机不仅考验了国际物流韧性，更凸显了中国在全球供应链中的战略角色与责任。

（二）案例基本情况

1.冲突影响的多维体现

（1）货运受阻与替代路线困境

俄罗斯海关以"军民两用物资"为由查扣中欧班列货物，部分集装箱滞留时间从10天延长至2个月。

欧盟制裁导致外资物流公司停用俄罗斯过境线路，迫使中欧班列转向"中间走廊"（跨里海路线），但因多国中转、基础设施薄弱，运输时间从12天增至38天，成本增加50%。

（2）供应链结构性变化

2023年前8个月，中欧班列货运量同比名义货运量增长23%，但实际运往欧洲的货物占比从2021年的42.3%降至11.8%。

中俄班列货运量激增(前 5 个月同比增长 28.9%),木材、能源等货物占比提升,但市场长期稳定性存疑。

2.企业应对于国家战略调整

(1)中国加速推进中吉乌铁路建设,缩短运输距离 900 千米,旨在降低对俄罗斯路线的依赖。

(2)重庆、西安等城市调整线路,避开俄乌冲突区域,并通过保险机制、多式联运稳定客户。

(三)问题分析

1.地缘政治与治理赤字

(1)俄罗斯与欧盟的相互制裁导致中欧班列成为"夹缝中的通道",凸显国际治理体系碎片化。

(2)波兰马拉舍维奇枢纽货运量减少 50%,暴露出关键节点对区域冲突的高度敏感。

2.企业伦理与风险防控

(1)部分企业因缺乏物流控制权,导致敏感货物(如无人机组件)被俄罗斯查扣,暴露供应链管理漏洞。

(2)部分企业因受地缘政治压力,参与执行相关国家制裁指令,加剧全球供应链混乱。

3.技术依赖与自主性矛盾

中欧班列过度依赖俄罗斯铁路网络,而"中间走廊"因存在技术标准不一、港口拥堵等问题而难以替代,反映基础设施自主权的短板。

(四)解决方法

1.技术创新:构建韧性物流网络

(1)智能监管系统:推广区块链技术实现货物全程追溯,减少查扣争议(如中国远洋海运集团有限公司电子标签系统)。

(2)多式联运优化:整合铁路、海运与公路资源,开发"中吉乌铁路+跨里海航运"组合路线,降低单一通道风险。

2.制度协同:推动国际规则重构

(1)建立风险共担基金:由中国、欧盟、中亚国家共同出资,补贴绕行路线的额外成本,缓解企业压力。

(2)强化海关互认机制:推动中俄欧三方签署《过境货物便利化协议》,减少重复查验与政治化扣留。

3.战略自主:深化"一带一路"布局

(1)加快中吉乌铁路建设:2023 年启动可行性研究,2025 年完成关键段施工,形成与西伯利亚铁路互补的"双通道"格局。

(2)培育本土物流企业:支持中资企业掌握国际货运主导权,减少对外资代理的依赖,提升供应链控制力。

（五）核心启示与思政融入点

1.核心启示

（1）安全与发展的辩证统一：中欧班列的困境表明，全球化需以自主可控的供应链为基础，避免"过度依赖"陷阱。

（2）责任与利益的平衡：中国通过中吉乌铁路等举措，既维护了国家利益，又承担了区域稳定责任，体现了大国担当。

2.思政融入点

（1）通过中欧班列"逆势开行"案例，诠释"一带一路"倡议的"共商共建共享"原则，强调中国对全球公共产品的贡献。

（2）对比外资企业"政治化断链"与中资企业"稳链保供"，引导学生思考市场经济中的国家责任与企业伦理边界。

（六）讨论与任务设计

1.问题设计

（1）若你是中欧班列运营负责人，你将如何在俄罗斯查扣风险与欧洲客户需求间权衡？需考虑哪些伦理与法律因素？

（2）中吉乌铁路的推进是否意味着中俄关系出现裂痕？如何理解国际合作中的竞争与互补？

（3）从"中间走廊"的低效性出发，讨论技术创新（如无人港口、智能调度）对地缘政治风险的化解作用。

2.实践任务

（1）模拟联合国安理会辩论：围绕"国际运输通道的中立性与安全性"起草多边协议。

（2）撰写《中欧班列企业社会责任指南》，提出冲突背景下国际运输供应链透明度与合规性方案。

（七）教学目标

1.知识整合目标

（1）帮助学生将国际政治（俄乌冲突的地缘政治影响）、国际贸易（中欧班列货运受阻对贸易的冲击）、物流管理（国际物流安全、供应链重构）等多学科知识进行有机整合。例如，让学生明白俄乌冲突这一政治事件是如何通过影响地缘政治环境，进而波及中欧班列的物流运输，最终对国际贸易产生连锁反应的，让学生深刻理解不同学科知识之间的内在联系和相互作用。

（2）引导学生理解国家在全球化背景下制定战略的依据和考量。分析中国针对中欧班列困境所做出的战略选择，如技术赋能、制度优化与国际协作等，使学生了解国家如何从全局出发，综合考虑国际形势、自身利益和国际责任，制定出符合长远发展的战略决策，培养学生的全局性战略思维的。

2.实践技能提升目标

（1）问题分析能力：培养学生运用所学知识分析复杂国际问题的能力。以俄乌冲突下中欧班列面临的困境为案例，让学生学会剖析问题产生的根源，如货运受阻背后的地缘政治风险、供应链重构的经济和政治因素等，提高学生从多个角度分析问题、把握问题本质的能力。

（2）方案制定能力：提升学生针对实际问题提出有效解决方案的能力。在分析中欧班列困境的基础上，引导学生思考并提出类似技术赋能、制度优化与国际协作等解决方案，培养学生的创新思维和实践操作能力，使学生能够将理论知识应用到实际问题的解决中。

（3）风险应对能力：增强学生应对国际风险的能力。让学生通过学习中国在应对中欧班列困境时的战略选择，了解国家在面对国际风险时的应对策略和方法，培养学生的责任意识和风险意识，使学生在未来的学习和工作中能够具备应对复杂国际风险的能力。

3.价值观塑造目标

（1）国家责任意识：强化学生的国家责任意识。让学生认识到在全球化背景下，国家不仅要考虑自身的利益，还要承担起相应的国际责任。中国在中欧班列困境中积极践行"人类命运共同体"理念，通过各种战略选择来保障国际物流安全和供应链稳定，引导学生树立正确的国家观和责任感，培养学生为国家和社会发展贡献力量的意识。

（2）国际合作精神：培养学生的国际合作精神。让学生通过分析国际合作在解决中欧班列困境中的重要性，明白在全球化时代，各国之间相互依存、相互影响，只有通过国际合作才能共同应对全球性挑战。引导学生树立开放、包容的国际合作理念，增强学生与不同国家和文化背景的人合作交流的意愿和能力。

（3）"人类命运共同体"理念：引导学生深刻理解和认同"人类命运共同体"理念。让学生认识到在面对全球性危机时，各国人民的命运紧密相连，只有携手合作、共同应对，才能实现共同发展和繁荣。让学生通过学习中国在俄乌冲突下的战略选择，明白中国积极推动构建"人类命运共同体"的实践意义和价值，培养学生的全球视野和人文关怀精神。

资料来源：中欧班列货运量数据与结构调整分析、俄罗斯海关查扣事件与替代路线困境、中吉乌铁路战略意义与建设进展。

四、中老铁路成功运营中的国际合作与责任担当

跨越山河的使命：中老铁路成功运营中的国际合作与责任担当

摘　要：本案例以中老铁路开通运营以来的实践为背景，通过分析其建设运营中的技术协作、人才培养、文化融合与责任担当，探讨"一带一路"倡议下国际合作的思政内涵。本案例聚焦铁路建设者与运营团队的奉献精神、中老两国的技术传承与跨文化协作，以及铁路对区域经济的带动作用，旨在引导学生理解国家战略的全球意义，培养学生的"人类命运

共同体"意识与职业责任感。

关键词：中老铁路；"一带一路"；国际合作；职业伦理；人类命运共同体

(一)背景介绍

老挝是东南亚唯一的内陆国家，交通基础设施相对落后，经济发展受到一定限制。中老铁路作为"一带一路"倡议与老挝"变陆锁国为陆联国"战略对接的重要项目，承载着中老两国人民的友谊与发展梦想。中老铁路不仅是一项重大的基础设施工程，更是国际合作在新时代的生动实践，为区域经济一体化和构建人类命运共同体提供了有力支撑。

中老铁路是"一带一路"倡议的标志性工程，自 2021 年 12 月开通以来，累计发送旅客 4 500 万人次，运输货物 5 070 万吨，其中跨境货物 1 169 万吨，成为连接中国与东南亚的"黄金大通道"。铁路全长 1 035 千米，北起中国昆明，南至老挝万象，穿越复杂地质带与多民族聚居区，是中国铁路技术、标准与管理经验"走出去"的典范。党的二十大报告提出"推动共建'一带一路'高质量发展"，中老铁路的成功运营既是技术突破的成果，更是国际合作与责任担当的生动实践，为课程思政提供了丰富的教育素材。

(二)案例基本情况

中老铁路在建设运营过程中，面临着复杂的地质条件、文化差异等挑战。中老两国建设者和运营团队紧密合作，在技术协作方面，中国将先进的铁路建设技术和管理经验传授给老挝，同时吸纳老挝的本土智慧；在人才培养方面，中国开展了多层次的培训项目，为老挝培养了一批铁路专业人才；在文化融合方面，两国建设者尊重彼此文化差异，增进了两国人民的相互了解和友谊。

1.技术协作与安全守护

(1)技术攻坚：面对老挝段高坡、多弯、电压不稳等难题，中国技术团队与老挝员工共同研制科学操纵规范，保障列车安全运行。例如，中国工程师周昆维带领团队制定《老挝段机车操纵手册》，将轨道质量指数(TQI 值)稳定在 3 毫米以内，提高了运输效率。

(2)安全维护：磨憨列检作业场工长吴学峰团队 3 年检修货车 80 余万辆，确保跨境货物列车安全，被称为"国门戍边人"。

2.人才培养与跨文化融合

(1)四代师徒传承：中国工程师文斌、樊鹏与老挝徒弟米可、田东凯形成四代师徒链，共同攻克机车检修难题，培养老挝籍技术人才超 1 000 人，定职比例达 90%。

(2)双语协作：开设"双语夜校"与"5 分钟随堂讲"培训模式，解决语言与技术术语障碍，如周昆维用汽车刹车比喻"制动"原理，帮助老挝徒弟刘银能理解专业术语。

3.经济带动与文化交融

(1)年货运输：2025 年春运期间，中老铁路均开行"澜湄快线"冷链班列，泰国龙眼、老挝香蕉等"年货水果"26 小时直达昆明，年货运量从 2022 年的 110 车增至 2024 年的 7 078 车。

(2)文化互通：跨国列车春晚、中老员工共包饺子等活动，促进了文化认同。老挝货运员阿列在中国同事的影响下学习了春节习俗，感慨"铁路让我读懂了中国"。

(三)问题分析

1.跨文化协作的挑战

(1)语言障碍与技术标准差异导致初期沟通困难(如老挝员工混淆"解"与"结"的操作术语)。

(2)老挝民众铁路安全意识淡薄,沿线居民常违规进入铁路区域,增加了安全风险。

2.技术转移的伦理责任

(1)中国团队需平衡技术输出的效率与本土适应性,避免"单向灌输"引发文化冲突。

(2)部分设备维护依赖中方人员,老挝自主运维能力仍需长期培养。

3.经济利益与社会责任的平衡

(1)货运量激增导致磨憨站列检时间压缩至 35 分钟,检验质量面临压力。

(2)国际物流竞争加剧,需通过技术创新(如区块链溯源)提高效率,同时保障劳工权益。

(四)解决方案

1.制度优化与技术赋能

(1)智能运维:推广北斗导航与物联网监测系统,实时追踪 2.4 万个危险品集装箱,降低安全风险。

(2)标准化协作:建立"1+39"老挝铁路技术标准体系,涵盖行车组织、设备管理等 80 余项制度。

2.人才培养与伦理教育

(1)师带徒机制:通过技术大赛、岗位练兵检验培训成果,如米可获老挝段机车检修一等奖。

(2)双语教材开发:编写中老双语技术手册,结合实物演示(如用绳子模拟"解结"操作),让手册更易被理解。

3.文化互鉴与社会共治

(1)社区共建:联合中老铁路部门开展安全宣传,通过漫画、广播向沿线居民普及铁路安全知识。

(2)绿色通道:设立跨境货物"优先查验"机制,保障生鲜食品时效,同时推动泰国海鲜公铁联运,缩短运输周期 14 天。

(五)核心启示与思政融入点

1.核心启示

中老铁路的成功运营表明,国际合作是实现共同发展的有效途径。通过技术协作、人才培养和文化融合,中老两国实现了优势互补,共同克服了困难,取得了良好的经济效益和社会效益。

（1）合作共赢是基石：中老铁路通过技术共享与人才共育，打破"援助—依赖"传统模式，实现平等协作。

（2）责任重于利益：中国团队坚守国门、老挝员工扎根一线，诠释了"一带一路"倡议的奉献精神。

2.思政融入点

（1）国际合作意识：引导学生理解"一带一路"倡议的重大意义，认识到"一带一路"倡议对推动全球发展的重要作用，增强对"一带一路"倡议的认同感和自豪感。

（2）人类命运共同体意识：强调中老铁路建设运营体现的合作共赢理念，培养学生的全球视野和"人类命运共同体"意识，使学生认识到各国相互依存、休戚与共的关系。

（3）以"四代师徒情"诠释"传帮带"精神，引导学生理解技术传承中的责任接力，激励学生树立正确的职业价值观，培养学生的职业责任感和使命感。

（4）通过"跨国列车春晚"案例，引导学生探讨文化交流如何促进"民心相通"，使学生深化对人类命运共同体理念的认识。

（六）教学讨论与拓展

1.问题设计

（1）若你是中老铁路培训师，你如何设计既传授技术又传递中国工匠精神的课程？

（2）在中老铁路年货运输中，如何平衡效率与食品安全？

（3）从"师徒四代"案例出发，讨论国际合作中技术转移的边界与责任。

2.实践任务

（1）角色模拟：分组扮演中老铁路运营团队，围绕"突发设备故障"设计跨文化应急方案。

（2）调研报告：分析中老铁路对老挝 GDP 增长的贡献，撰写《"一带一路"倡议下的经济赋能路径》。

（七）教学目标

1.知识整合目标

（1）理解中老铁路的国际合作框架与技术标准。一是理解中老铁路作为共建"一带一路"标志性工程的战略定位，分析其全线采用中国技术标准、设备与中国铁路网直连的核心特征。二是整合国际铁路合作机制，包括中老经济走廊建设、政策规则"软联通"与基础设施"硬联通"的协同模式。

（2）探索区域经济与生态协同发展模式。一是分析中老铁路如何通过缩短物流时间（如"澜湄快线"26 小时直达）、降低贸易成本，推动东盟与中国产业链深度融合。二是学习在热带雨林与生态敏感区的施工技术（如避让亚洲象栖息地、盐岩隧道地质攻坚），理解环保理念在工程中的实践。

2.实践技能提升目标

（1）跨学科案例分析能力。一是通过盐岩隧道地质攻坚、无人机勘查等案例，训练学生运用工程学、无人机知识解决复杂问题。二是模拟国际物流管理场景,如跨境货物运输(果蔬、工业品)的时效优化与多国海关协作流程。

(2)国际项目管理与沟通能力。一是提供中老铁路建设中的多语言服务(老挝语标识、翻译机配备)、本土化用工策略(聘用老挝工人、培养技术人才),提升跨文化协作技能。二是设计应急预案,如中老铁路"大通关"环境下的物资调度与突发事件响应。

3.价值观塑造目标

(1)强化全球责任与命运共同体意识。一是通过铁路带动老挝"陆锁国变陆联国"的案例,帮助学生理解中国"共商共建共享"理念对发展中国家的赋能意义。二是通过讨论铁路建设对当地文化(如保护琅勃拉邦古城)、民生的尊重,培养学生可持续发展价值观。

(2)培养科技报国与工匠精神。一是以中老铁路研发的15项科研成果(如隧道智能作业平台)为切入点,激发学生对自主创新的认同感。二是结合建设者"逢山开路、遇水架桥"的奋斗故事,深化学生的职业责任感与工程伦理认知。

资料来源:中国国家铁路集团有限公司发布的中老铁路相关报告和数据、中老铁路春运保障与年货运输实践、"四代师徒"技术传承案例、"一带一路"倡议与运输经济学课程思政融合路径等。

五、高铁时代下绿皮火车的坚守与价值

速度与温度:高铁时代下绿皮火车的坚守与价值

摘　要:本案例以中国高铁高速发展为背景,聚焦绿皮火车在现代化铁路体系中的持续运营现象,探讨效率与公平、科技与人文、发展与传承之间的辩证关系。通过分析绿皮火车在公益服务、极端环境应对、文化记忆承载中的独特价值,结合高铁的技术优势与国家战略意义,本案例提出"多元互补、协调发展"的铁路治理路径。本案例旨在引导学生理解中国特色社会主义发展理念中"以人为本"的核心内涵,培养学生的全局思维与社会责任意识。

关键词:高铁;绿皮火车;社会责任;公平正义;课程思政

(一)背景介绍

截至2024年年底,中国高铁总里程突破4.8万千米,覆盖95%的百万人口城市,成为"中国速度"的象征。然而,全国仍有81对公益性"慢火车"在偏远地区运行,年均服务超1 200万人次,票价最低仅3元。绿皮火车与高铁的共存,既体现了中国交通体系的包容性,也折射出发展不平衡不充分的现实矛盾。党的二十大报告提出"促进共同富裕",构建优势互补的区域发展格局,绿皮火车的存续正是这一理念的生动实践,为探讨"效率与公平""技术与人本"提供了鲜活样本。

(二)案例基本情况

1.技术互补:极端环境下的韧性担当

(1)冰雪考验:2024 年北方暴雪期间,高铁因电力依赖性强被迫降速停运,绿皮火车凭借机械传动与独立供电系统保持运行,承担了 80%的应急物资运输。

(2)山区穿行:兴隆县—承德的 6433 次绿皮火车穿行燕山腹地 37 年,经停 102 个村庄,帮助果农运输水果,形成百千米产业带,年助农增收超千万元。

2.公益属性:普惠交通的社会责任

(1)惠民专列:长三角最后一班非空调绿皮火车 K8525 次(合肥—芜湖),票价全程22.5 元,服务进城务工人员、学生及农民,日均运输农产品超 10 吨。

(2)生命通道:2023 年北京暴雨期间,绿皮火车成为唯一能抵达灾区的交通工具,运送救援物资 300 余吨,转移受灾群众 1 500 人。

3.文化价值:时代记忆的情感载体

(1)工业遗产活化:大连科技学院将退役绿皮火车改造为"时空隧道车厢",通过 VR 技术再现铁路发展史,年接待思政实践学生超 2 万人次。

(2)乡土情怀纽带:K8525 次列车员与乘客建立微信群,分享农产品市场信息,形成"移动的乡村共同体"。

(三)问题分析

1.效率与公平的张力

(1)高铁单千米造价超 1.5 亿元,而绿皮火车年均亏损需财政补贴 3.8 亿元,引发"资源错配"争议。

(2)算法驱动的现代交通体系加剧数字鸿沟,老年人、低收入群体更依赖绿皮火车。

2.技术替代的伦理困境

(1)高铁智能化趋势下,绿皮火车被视为"落后产能",但其机械结构在灾害应对中展现出不可替代性。

(2)过度追求高铁覆盖率可能导致偏远地区"被遗忘",违背交通强国普惠性目标。

3.文化传承的现实挑战

(1)绿皮火车承载的集体记忆面临消逝风险,年轻一代更青睐高铁的舒适便捷。

(2)工业遗产保护与城市更新存在冲突,如上海老北站绿皮火车陈列馆因地块开发被迫迁移。

(四)解决方案

1.制度优化:构建分层交通体系

(1)差异化补贴:对公益性绿皮火车按服务人次、扶贫成效进行动态财政补偿,如云南"慢火车"每千米补贴 0.12 元。

（2）需求响应机制：在春运、灾备期动态增开绿皮火车，如2025年春运加开"红眼高铁"410列，同步保留绿皮应急线路。

2.技术赋能：推动混合动力创新

（1）绿色改造：研发"光伏＋柴油"双动力绿皮火车，如青藏铁路试验列车减排30％，兼顾环保与稳定性。

（2）智慧升级：安装北斗定位与物联网传感器，实现绿皮火车安全预警、货运需求智能匹配。

3.文化培育：激活铁路精神遗产

（1）记忆工程：建立"绿皮火车博物馆网络"，收录车厢编号、行车日志等实物档案，开发沉浸式铁路主题研学路线。

（2）IP化运营：打造"铁路文化IP"，如6433次列车推出"助农直播车厢"，吸引年轻群体参与乡村振兴。

（五）核心启示与思政融入点

1.核心启示

（1）发展须有温度：高铁代表国家硬实力，绿皮火车彰显社会软关怀，两者共同构成"中国式现代化"的交通叙事。

（2）技术不可替代人性：列车员赵李阳能叫出每位乘客的名字，这种"人的连接"是算法无法复制的价值。

2.思政融入点

（1）通过绿皮火车"慢服务"与高铁"快效率"的对比，阐释以人民为中心的发展思想。

（2）从承德果农"五元车票改变生计"的案例，深化学生对"共同富裕"战略的实践认知。

（六）教学讨论与拓展

1.问题设计

（1）若你是交通规划师，你会如何论证保留亏损绿皮火车的必要性？需考虑哪些伦理与经济指标？

（2）对比美媒"高铁空座论"与中国铁路实际数据，分析西方话语体系下的认知偏差根源。

（3）绿皮火车文化IP开发中，如何平衡商业价值与原真性保护？

2.实践任务

（1）模拟听证会：分组扮演政府、高铁企业、乡村代表、文化学者，围绕"绿皮火车存废"展开政策辩论。

（2）田野调查：走访当地火车站，撰写《绿皮火车服务群体画像与社会价值评估报告》。

（七）教学目标

本案例通过绿皮火车与高铁的共生关系，引导学生跳出"非此即彼"的思维定式，理解社会主义市场经济的多元包容性。本案例融合交通工程、公共政策、文化传播等多学科视角,实现专业知识与"国之大者"价值观的深度融合。

1.知识整合

(1)掌握基础概念:使学生了解高铁时代的特征、高铁的技术优势以及国家大力发展高铁的战略意义。同时,让学生明确绿皮火车的基本概念,知晓其在不同历史时期的角色与定位。

(2)理解辩证关系:帮助学生深入理解效率与公平、科技与人文、发展与传承之间的辩证关系。通过对比高铁与绿皮火车的特点,让学生明白在铁路发展中,不能只追求效率和科技进步,还需兼顾公平、人文关怀以及传承。

(3)把握治理路径:引导学生掌握"多元互补、协调发展"的铁路治理路径,理解在现代化铁路体系中,高铁和绿皮火车各自的优势和作用,以及如何通过两者的协同发展来满足不同人群的需求和国家的发展需要。

2.实践技能提升

(1)案例分析能力:通过对"高铁时代下绿皮火车的坚守与价值"这一案例的分析,培养学生从复杂的现实情况中提取关键信息、分析问题本质的能力;让学生学会运用所学的知识和理论,对实际案例进行深入剖析,找出其中存在的问题及解决办法。

(2)逻辑思维能力:在探讨辩证关系和提出治理路径的过程中,锻炼学生的逻辑思维能力;使学生能够清晰地表达自己的观点,合理地组织论据,进行有条理的论证,从而提高其思维的严谨性和逻辑性。

(3)问题解决能力:引导学生运用所学知识和分析方法,思考如何在实际中实现铁路的"多元互补、协调发展",培养学生解决实际问题的能力;让学生学会从不同角度看待问题,提出创新性的解决方案,并评估方案的可行性和有效性。

3.价值观塑造

(1)树立"以人为本"理念:通过案例教学,让学生深刻理解中国特色社会主义发展理念中"以人为本"的核心内涵。无论是高铁的快速发展还是绿皮火车的坚守,都是为了满足人民群众的不同需求,保障人民的根本利益。

(2)培养全局思维:引导学生从国家发展的全局角度看待铁路建设和发展,培养学生的全局思维能力。让学生明白在追求经济发展和科技进步的同时,要综合考虑社会公平、文化传承等多方面的因素,实现整体的协调发展。

(3)增强社会责任意识:通过分析绿皮火车在公益服务、极端环境应对等方面的作用,让学生认识到个人对社会的责任和义务,培养学生关注社会、关爱他人的意识,鼓励学生在未来的学习和工作中,积极为社会做出贡献。

资料来源:长三角绿皮火车 K8525 次运营数据、兴隆县—承德 6433 次助农列车社会效益评估、高铁与绿皮火车在极端环境下的技术对比等。

第二节　物流类课程思政教学案例

一、海运物流产业链供应链韧性建设中的国家担当与全球责任

蓝海韧链:海运物流产业链供应链韧性建设中的国家担当与全球责任

摘　要:本案例以全球海运物流产业链为背景,聚焦供应链韧性建设中的地缘政治风险、技术创新瓶颈与绿色转型挑战。通过分析红海危机、中美贸易摩擦等现实情境以及中国企业应对供应链中断的实践的背后伦理困境与社会责任,引导学生理解海运物流对国家经济安全的战略意义,培养学生"科技报国、开放包容"的使命感,深化学生对"人类命运共同体"理念的实践认知。本案例融合地缘政治、环境伦理、科技创新等跨学科知识,实现专业教育与思政教育的深度耦合。

关键词:海运物流;供应链韧性;课程思政;北斗导航;绿色航运

(一)背景介绍

海运承担了全球80%以上的货物运输,是国际贸易的"主动脉"。然而,近年来地缘政治冲突(如红海危机)导致的港口拥堵、绿色航运法规升级(如欧盟碳边境税)等挑战,严重威胁着供应链的稳定性。海运物流作为国家战略能力的重要组成部分,其韧性建设直接关系经济安全与国际话语权。本案例通过对红海危机等事件的多维度解析,引导学生超越"技术—经济"视角,从全球治理、伦理责任、大国担当等层面理解国际海运物流产业链供应链安全。

(二)案例基本情况

1.危机的表现

(1)地缘政治冲突的影响

近年来,地缘政治冲突频发,例如红海危机等事件对全球海运航线的安全性造成了严重影响。红海作为连接欧亚非的航运咽喉,承担着全球12%的贸易量,其局势动荡直接威胁到国际物流的顺畅运行。2023年起,也门胡塞武装对红海商船的持续袭击引发连锁反应:四大国际航运巨头暂停红海航线,绕行非洲好望角导致航程增加30%、成本飙升50%。截至2024年年底,全球60%的待泊船只积压于亚洲港口,新加坡港拥堵时长增至3天,科伦坡港吞吐量激增15%。这一危机既是地缘政治的产物,更暴露出全球供应链的脆弱性与治理赤字,为探讨国际合作与伦理责任提供了现实场景。此外,俄乌冲突等地区冲突也导致能源运输受阻,进一步加剧了全球供应链的不稳定性。

（2）绿色航运法规的升级

随着全球气候变化问题日益严峻，各国纷纷加强对航运业的环保监管。例如，欧盟推出的碳边境税政策要求进口商品承担碳排放成本，这对依赖海运的出口企业提出了更高的要求。此外，国际海事组织（IMO）也在推进船舶能效和碳排放标准的升级，进一步增加了航运企业的运营压力。

海运产业链供应链的稳定性是全球经济运行的重要基础。面对地缘政治冲突和绿色航运法规升级等多重挑战，各方需要共同努力，从增强供应链韧性、提升基础设施水平、加快绿色转型等方面入手，构建更加安全、高效、可持续的海运体系。只有通过技术创新、政策支持和国际合作的协同作用，才能有效应对当前及未来的挑战，保障全球贸易的顺畅运行。

2.中国应对

（1）中国远洋海运集团有限公司（以下简称中远海集团）"逆势航行"：作为唯一未暂停红海航线的国际巨头，其依托北斗导航与护航合作保障安全，2024年对欧贸易份额提升8%。

（2）技术赋能：推广电子标签系统追踪2.4万个危险品集装箱，减少绕行。

（3）港口援建：参与科伦坡港扩建工程，使其单日处理能力从5 500TEU 增至6 500TEU，缓解了区域拥堵。

（三）问题分析

1.红海危机冲击

2024年胡塞武装袭击导致苏伊士运河通行风险激增，航运公司被迫绕行好望角，航程增加30%，燃油成本上升50%，欧洲航线货物延误率达40%。

2.地缘政治风险上升

关键航道（如马六甲海峡、苏伊士运河）易受冲突影响，单一航线依赖度高达60%。

3.技术依赖困境

高端船舶发动机、导航芯片进口依赖度超50%，北斗系统远洋船舶覆盖率不足30%。

4.绿色转型压力

国际海事组织（IMO）要求2030年碳排放减少40%，航运企业需要投入大量资金用于船舶改装、新能源技术应用等。但我国船队中70%为传统燃料船舶，绿色燃料成本较传统柴油高3倍，新技术的推广和应用仍面临成本高、技术不成熟、融资难等问题，中小企业转型动力不足；此外，欧美主导碳税规则制定、欧盟征收碳税，使得中国航运企业面临额外成本压力。

5.供应链稳定性不足

全球化分工模式下，海运供应链高度依赖少数关键节点（如枢纽港口和航线），一旦某环节出现问题，整个链条可能陷入停滞。首先，地缘政治冲突等导致海运航线频繁调整，供应链缺乏足够的冗余设计；其次，港口基础设施瓶颈，全球主要港口的吞吐能力已接近饱和，难以应对突发性的需求增长；最后，信息协同效率低，海运供应链涉及多方主体（货主、船公司、港口、物流公司等），物流信息孤岛现象普遍，缺乏统一的信息共享平台。

(四)解决方案

1.技术自主化

(1)推广北斗导航系统,比如,中国集团启动"北斗+5G"智能导航系统试点,实现亚欧航线全程自主定位。

(2)研发国产双燃料发动机,减少外部依赖,提高安全性。

2.增强供应链韧性

(1)多元化布局。鼓励企业在全球范围内建立多元化的物流网络,比如,开拓北极航线,投资瓜达尔港等"一带一路"枢纽,以避免过度依赖单一航线或港口。

(2)应急机制建设:完善应急预案,提升应对突发事件的能力。比如,中国远洋海运集团有限公司联合上海国际港务(集团)股份有限公司等港口,建立应急物资中转站,通过区块链技术实现货物动态追踪。

(3)提升港口基础设施水平。一是智能化改造,即推动港口装卸设备的自动化升级,提高作业效率;二是扩建扩容,即针对重点港口进行扩建或新建项目,缓解吞吐能力不足的问题。

(4)数字化管理。利用区块链、大数据等技术优化供应链管理,实现物流信息的实时共享和可视化追踪。

3.加快绿色航运转型

(1)推广新能源技术。加大对液化天然气(LNG)动力船舶、电动船舶、氢燃料动力船舶等清洁能源动力船舶的研发和应用的支持力度。

(2)建立碳排放交易平台、设立"碳税补偿基金",通过市场化手段降低企业碳排放成本。

(3)国际合作与标准统一。推动全球范围内绿色航运标准的制定与实施。推进LNG动力船队建设,与新加坡合作开发绿色甲醇燃料供应链。

4.企业自身转型与创新

(1)商业模式创新:探索"端到端"物流服务模式,提升客户体验。

(2)人才培养与引进:加强绿色航运和数字化领域的人才储备。

(3)政策支持争取:积极对接政府补贴和优惠政策,降低转型成本。

5.加强国际协同合作

(1)多边机制建设:通过国际组织(如IMO)推动各国在海运领域的政策协调与合作。

(2)区域合作深化:加强区域内港口联盟建设,提升资源共享和协同能力。

(五)核心启示与思政融入点

1.核心启示

全球危机需要全球方案:中远海集团的"逆行者"角色证明,单边避险无法解决系统性风险,唯有合作方能实现帕累托改进。

(1)科技向善的伦理底线:北斗导航的突破证明,技术赋能必须与人文关怀结合,避免陷入"效率至上"的陷阱。

(2)绿色即未来:中远海运LNG动力船队减排30%的实践,为行业转型提供范式。

（3）责任超越国界：红海危机中与欧洲船企共享航道情报，彰显"海洋命运共同体"理念。

2.思政融入点

（1）以中远海集团"逆势破局"为例，诠释"四个自信""科技自立自强"的战略意义。

（2）对比美国"导弹拦截"与中国"北斗护航"的成本与效益，阐释"人类命运共同体"的实践路径。

（3）通过中非港口合作案例，诠释"一带一路"倡议的"共商共建共享"原则。

（六）教学讨论与拓展

（1）当中远海集团船员面临红海袭击风险时，企业是否有权要求其继续航行？个人安全与国家贸易利益应如何平衡？

（2）从"美国护航高成本"与"中国技术低成本"的对比，分析不同治理模式的伦理正当性。

（3）以设立"碳税补偿基金"为例，讨论政府与市场的责任边界。

（七）教学目标

1.知识整合

（1）学生能够清晰阐述海运物流产业链供应链韧性的基本概念，包括其内涵、影响因素和重要性。

（2）深入理解海运物流产业链的各个环节，如货物港口装卸、海上运输、陆上集疏运等，以及它们之间的相互关系。

（3）掌握评估海运物流产业链供应链韧性的方法和指标体系，能够运用相关工具对海运物流产业链韧性进行定量分析。

（4）学会运用所学知识制定增强海运物流产业链供应链韧性的策略和方案，提高解决实际问题的能力。

2.实践能力提升

（1）通过案例分析、小组讨论等方式，培养学生分析问题和解决问题的能力，提高学生的逻辑思维和创新思维。

（2）引导学生关注海运物流产业链领域的前沿动态和热点问题，培养学生信息收集和整理的能力，以及对行业发展趋势的敏锐洞察力。

（3）组织学生进行实地调研和实践活动，让学生亲身体验海运物流产业链的运作过程，提高学生的实践操作能力，培养学生的团队协作精神。

3.价值观塑造

（1）培养学生对海运物流行业的兴趣和热爱，增强学生的职业认同感和责任感。

（2）引导学生树立全球视野和可持续发展的理念，让其认识到海运物流产业链供应链韧性对于保障全球贸易畅通和经济稳定发展的重要意义。

（3）鼓励学生在面对挑战和困难时，保持积极乐观的态度，培养学生坚韧不拔和勇于创新的精神。

资料来源:新加坡港口拥堵数据、中国远洋海运集团有限公司红海航行实践、科伦坡港扩建项目、红海冲突对全球供应链影响分析、国际海事组织绿色航运法规分析等。

二、从"最后一公里"到"军民一条心":物流体系融合中的家国情怀

从"最后一公里"到"军民一条心":物流体系融合中的家国情怀
——以无人机与智能快递柜技术赋能边海防通邮实践为例

摘　要:本案例以全军150余个边海防偏远点位通邮实践为背景,聚焦无人机、智能快递柜等技术的创新应用,展现军民协作在解决偏远地区"最后一公里"物流难题中的实践成果。本案例通过分析共建过程、技术赋能成效及面临的挑战,揭示军民融合战略对国家治理能力提升的支撑作用,并融入家国情怀、科技报国等思政元素,引导学生理解"军民团结如一人"的深层内涵。本案例结合政策推进、技术应用与社会效应,展现军民协同如何以"小切口"实现"大情怀"。

关键词:物流体系;军民融合;无人机技术;智能快递柜;家国情怀

(一)背景介绍

在我国广袤的疆土上,存在着众多地理位置偏远的军事点位。这些点位、地形复杂、交通不便,物资供应面临着巨大挑战。传统的物流保障模式效率低下、成本高昂,难以满足部队日常训练和生活的需求。为解决这一难题,军方携手国内物流企业,共同开展了全军150余个边海防偏远点位的物流共建项目,开启了军民融合的新篇章。

1.边海防通邮的现实困境

中国边海防线漫长,许多哨所地处高原、荒漠或海岛,自然环境恶劣,传统物流难以覆盖。例如,某高原哨所海拔超4 000米,曾因道路不通导致物资补给周期长达数月。

2.国家战略与政策支持

中央军事委员会后勤保障部联合国家邮政局启动"边海防部队站点通邮服务保障计划",将物流服务纳入国防建设体系,要求"打通最后一公里,温暖戍边人"。

3.技术赋能的必要性

传统运输方式成本高、风险大,无人机和智能快递柜等技术成为破解难题的关键,同时与交通强国战略中智慧物流与军民融合的目标相契合。

(二)案例基本情况

1.建设背景与意义

(1)国防需求:保障官兵基本生活物资、信件报刊投递,提升战斗力与士气。

(2)民生意义:解决官兵与家属通信难题,体现以人民为中心的发展思想。

（3）战略价值：通过物流网络强化边疆治理，维护国家安全与领土完整。

2.共建过程

（1）军地协同机制：2024年启动专项通邮计划，建立联席会议制度，联合制定《边海防站点通邮服务标准》。

（2）技术场景应用：在高原、海岛等区域部署无人机配送网络，设置智能快递柜实现24小时自主取件。

（3）服务模式创新：开通"雪域邮路专线""海岛移动邮局"等特色服务，覆盖新疆苏约克边防连、北海舰队雷达站等点位。

3.推进过程与创新实践

截至2024年年底，150余个边海防偏远点位实现通邮，物资平均送达时间缩短70%。官兵信件投递周期从30天缩短至7天，生鲜食品配送损耗率下降90%。

（1）技术应用

一是无人机配送：在西藏自治区、新疆维吾尔自治区等高原地区试点无人机跨山跨河投递，单次可载重20千克，航程达50千米。

二是智能快递柜：在哨所驻地部署定制化柜体，支持扫码取件、恒温存储。智能快递柜能在-40~60℃温度环境下稳定运行，适应高寒环境。

（2）协同机制

一是军地联合成立专项小组，定期召开联席会议优化邮路布局。

二是邮政部门增设"移动邮局"，提供节假日专项服务，如春节年货专送。

（三）问题分析

1.技术可靠性

高原强风、低温环境导致无人机续航缩水30%，无人机失联率高达15%，故障率较高。智能设备维护依赖外部技术人员，边疆地区专业力量薄弱。

2.协同机制短板

军地数据共享存在安全壁垒，应急预案响应时效未达战时标准。

3.成本压力

单个无人机配送站建设成本超200万元，偏远地区运维成本为城市的3倍，长期运营财政压力大。

4.需求匹配度

部分哨所日均包裹量不足10件，设备利用率低。但同时，官兵个性化需求（如药品冷链运输）尚未完全满足，服务精细化水平待提升。

5.信息安全风险

物流数据涉及军事点位信息，存在被恶意截取的风险。

(四)解决方案

1.技术优化与本土创新

(1)研发高原专用无人机,采用防风设计、燃料电池延长航程。

(2)推广太阳能智能快递柜,降低能源依赖。

2.供需精准匹配

(1)推广模块化设计的可拆卸快递柜,以适应不同的物质需求。

(2)推行"哨所点单—邮政配货"定制化服务,开发军用物流 APP。

3.军民协同长效机制

(1)建立"军需民供"合作模式,鼓励物流企业通过税收优惠参与建设。

(2)培训官兵掌握设备基础维护技能,减少外部依赖。

(3)建立军地联合指挥平台,开展"平战结合"应急演练。

4.数据安全保障

加密物流信息系统,设置军事敏感区域"虚拟围栏",限制数据外传。

5.政策支持

建议将边海防物流纳入《关于国家邮政快递枢纽布局建设的指导意见》,设立专项补贴基金。

(五)核心启示与思政融入点

1.核心启示

本案例表明,在基层治理、军民融合等场景中,需以需求导向和协同创新为核心,通过资源整合(如军民合作)、模式优化(如三级服务体系)、技术赋能(如数字化平台)和政策激励(如荣誉机制)等综合手段,系统性解决"最后一公里"难题,实现社会效益与战略目标的统一。

(1)军民合作是推动基层发展的重要力量

军民合作在基础设施建设、脱贫攻坚等领域展现出了显著成效。例如,陆军第75集团军某旅通过投入专项经费修建硬化道路、饮水管道,帮助云南红岩村打通"最后一公里",不仅解决了村民出行难题,还带动了农产品流通和经济发展。该案例表明,军队在乡村振兴中可通过资源整合、技术支持和人力投入,成为地方发展的关键助力。

(2)基层服务创新需贴近实际需求

比如,海南琼海市通过构建全域三级退役军人服务体系,将服务延伸至乡镇和社区,实现"有事就找服务站"的便捷化目标;深圳桃源社区则通过组建退役军人志愿服务队、红色宣讲队,激发老兵参与社区治理的积极性。这些经验表明,基层服务应以需求为导向,通过下沉资源和创新模式提高效率。

(3)"最后一公里"问题须系统性破解

无论是农村道路建设还是退役军人服务,解决末端难题都需要多维度协同。例如,广西南宁青秀区退役军人服务中心通过功能分区和联动机制,打造"温馨家园";武警新疆总队某支队针对官兵出行需求,优化"暖心车"派送方案,动态调整车次和时间,确保服务精准化。这启示我们,末端问题的解决需兼顾硬件完善和流程优化。

（4）党建引领与政策支持是核心保障

在军民融合领域，沈阳联勤保障中心通过颁发"水路军交运输先进单位"奖牌，激励企业提高参与积极性，同时以实战需求倒逼技术升级。琼海市则通过常态化双拥慰问、政策优惠（如随军家属补助、子女入学保障），巩固军民鱼水情。这些案例强调，党建引领和政策配套是推动长效合作的基础。

（5）科技赋能与标准化建设提升服务效能

在军民融合场景中，军人通过推动技术升级、建立统一标准，解决了装备运输的适配性问题；深圳南山区利用线上培训、贷款贴息平台等数字化工具，助力退役军人就业创业。这表明，技术应用和标准化建设是突破服务瓶颈、提升质量的关键路径。

2.思政融入点

（1）国家战略与个人使命

官兵在-40 ℃接收无人机的真实故事，诠释了"科技报国"与"守土有责"的统一。

（2）军民鱼水情深化

邮政职工冒雪维护设备的案例，体现了"人民军队为人民，人民邮政为军民"的价值追求。

（3）家国情怀的实践表达

科技报国：无人机技术从"民用便利"升华为"戍边利器"，体现了科技工作者的社会担当。

军民鱼水情：快递柜里一封封家书承载亲情，彰显了"保家卫国"与"小家幸福"的统一性。

（六）教学讨论与拓展

1.讨论题

（1）无人机通邮是如何体现以人民为中心的发展思想的？

（2）军民融合物流体系对边疆治理能力现代化有何启示？

（3）如果你是技术研发人员，你会优先解决哪些边海防物流痛点？

（4）无人机物流在边疆应用中有何伦理争议（如隐私、环境影响）？

（5）军民融合如何平衡"市场效率"与"国防安全"？

2.实践任务

（1）设计一份"智能快递柜+社区服务"的军民共建方案。

（2）模拟撰写军地联席会议提案，聚焦数据共享机制优化。

（七）教学目标

1.知识整合

（1）学生能够清晰阐述无人机在边海防通邮中的工作原理，包括其飞行控制、通信传输等关键技术原理。

（2）熟练掌握无人机操作的基本技能，如起飞、悬停、降落以及按照预设路线飞行等，能够在模拟边海防通邮场景中完成基本的无人机操控任务。

（3）了解边海防通邮的基本流程和要求，知晓在不同边海防环境下运用无人机通邮的注意事项。

2.实践能力提升

（1）通过小组合作开展无人机边海防通邮模拟项目，培养学生的团队协作能力和问题解决能力。在项目实施过程中，能够共同分析并解决如无人机信号干扰、复杂气象条件飞行等实际问题。

（2）学会运用数据分析方法评估无人机边海防通邮的效果，根据数据反馈优化通邮方案，提升学生的科学决策能力和实践操作的严谨性。

（3）经历从理论学习到实践操作再到总结反思的完整过程，培养学生自主学习和探索创新的能力，使其能够在不断尝试中改进无人机通邮的方式和策略。

3.价值观塑造

（1）增强学生对国家边海防安全和通邮保障重要性的认识，培养学生的爱国情怀和责任感。

（2）激发学生对科技创新的兴趣和热情，鼓励学生关注前沿科技在国防和民生领域的应用，使学生树立为科技强国贡献力量的志向。

（3）培养学生尊重科学、严谨认真的态度，在面对无人机边海防通邮的挑战时，保持积极乐观、勇于克服困难的精神。

资料来源：全军边海防通邮实践报道、军民融合应急物流机制、无人机物流技术发展、国家邮政快递枢纽建设政策等。

三、重大工程物流项目中的国家战略与职业使命

钢铁动脉与大国担当：重大工程物流项目中的国家战略与职业使命

摘　要：本案例以重大工程物流项目为背景，聚焦港珠澳大桥物资运输、中老铁路跨境协同、海外能源项目设备运输等场景，探讨工程物流中的技术攻坚、风险防控与社会责任。通过分析超限货物运输、跨国法律冲突、生态环境保护等现实挑战，提出技术赋能、制度协同与伦理实践的综合解决方案。工程物流是"硬实力"与"软智慧"的结合体，离不开万吨重载的技术突破，更离不开以人为本的价值坚守。本案例旨在引导学生深刻理解"大国工匠"精神的内涵，培养学生"精益求精、服务大局"的职业精神，让学生能以科技报国之志、兼济天下之心，助力民族复兴与全球可持续发展。

关键词：工程物流；"一带一路"；风险管理；国家战略；职业使命

（一）背景介绍

工程物流是支撑国家重大基础设施建设与全球化战略的核心环节。我国工程物流市

场规模超万亿元,承担着高铁、核电、特高压等"大国重器"的物资运输任务。党的二十大提出"加快建设制造强国、质量强国",工程物流作为连接设计与施工的"血脉",其高效运作直接关系到国家核心竞争力。中老铁路、雅万高铁等项目的成功,是技术实力的体现,更是中国责任与智慧的彰显,为课程思政提供了丰富的实践场景。

(二)案例基本情况

"一带一路"倡议提出以来,我国工程物流企业累计完成30余个国家级境外重大项目物资运输。比如,中巴经济走廊作为旗舰项目,其输电线路、燃煤电站等工程需运输单件超500吨的特种设备,途经海拔4 700米的喀喇昆仑公路,面临极端气候、复杂地缘政治等多重挑战。

1.技术突破与极限挑战

(1)港珠澳大桥沉管运输。港珠澳大桥是全球最长的跨海桥隧工程,需克服复杂的海洋环境困难和满足香港机场限高的要求,采用桥隧组合模式。在海底沉管隧道建设中,采用世界首创深埋沉管技术,自主研发管节结构体系,单节沉管重达8万吨。面对伶仃洋海域水文条件多变的海洋环境以及航道通航限制,须在复杂海况下精准运输安装,误差控制在4厘米以内。

(2)白鹤滩水轮机运输。白鹤滩水电站是全球第二大水电站,其单机容量达百万千瓦的水轮机组运输需突破超限物流瓶颈。运输部件单件重量达数千吨,单台机组转轮重达350吨,尺寸超限(如转轮直径8.62米)。面对道路承载能力不足,需对部分路段临时加固或绕行,采用模块化运输车组来分散载荷压力,还需跨越复杂地形(如山区、桥梁),对运输稳定性要求高,以防部件受振动损坏。因此,白鹤滩水轮机运输项目通过定制轴线车穿越了西南山区,改造了桥梁12座,攻克了"魔鬼弯道"运输难题。

2.跨国协同与风险应对

(1)中老铁路物资调度。中老铁路连接中国昆明与老挝万象,是"一带一路"标志性工程,穿越横断山脉与热带雨林。由于地质条件复杂(岩溶、断层等地质灾害频发)、生态保护要求高(途经自然保护区,需减少环境破坏),中老双方建立联合调度中心,协调两国技术标准(如轨距、信号系统),统一跨境运输标准,将万象至昆明运输时间从3天压缩至20小时。

(2)巴基斯坦风电项目。巴基斯坦风电项目是中巴经济走廊重点能源项目。风电设备需从港口运输至内陆风场,全程约500千米,而且设备超长(叶片长度超70米),需用特殊车辆运输。由于途经动荡地区,为应对恐怖袭击风险,建立"武装押运+北斗监控"双保险机制,保障200台风机安全运输。

3.生态与伦理责任

(1)肯尼亚蒙内铁路生态保护。肯尼亚蒙内铁路作为东非铁路网起始段,连接蒙巴萨港与内罗毕,推动东非区域一体化。蒙内铁路全部采用中国标准、技术及装备。由于线路穿越肯尼亚国家公园,为保护野生动物,建设期设置动物迁徙通道,安装声屏障来降低噪声,保护非洲象栖息地,这种做法获得了联合国环境规划署的赞誉。

(2)印尼雅万高铁项目的劳工权益保障。印尼雅万高铁作为东南亚首条高铁,连接雅加达与万隆,缓解了城市交通压力。该线路多在中高温多雨环境下施工,需应对热带气候对材料的影响。同时需聘用大量当地技术工人,为此,在印尼雅万高铁项目中,我国企业推行"同工同酬",培训本地技术工人超 5 000 名,打破了"劳务殖民"偏见。

以上案例体现了中国在全球重大工程中的技术实力与责任担当,也为未来跨境物流工程提供了"中国方案"。

(三)问题分析

1.技术与管理双重风险

(1)超限货物运输需采用定制化方案,但部分企业为降本增效、简化流程,导致设备损坏(如某中亚项目变压器倾覆事故)。

(2)跨国法律冲突频发,如中欧铁路货物责任认定标准差异,引发保险理赔纠纷。

2.社会责任挑战

(1)海外项目环保标准差异:东南亚某国允许砍伐雨林修建便道,与中国生态理念冲突。

(2)文化融合困境:宗教禁忌导致中东项目节假日停工,工期延误风险激增。

3.人才与伦理短板

(1)复合型人才匮乏:同时精通物流、工程、国际法的专业人员缺口超 60%。

(2)基层劳动者安全意识薄弱:某项目因劳动者未使用防护装备,年工伤率达 8%。

(四)解决方案

1.技术创新:智能与绿色双驱动

(1)数字孪生技术:为重大项目建立 3D 物流模型,模拟运输路线与风险点(如港珠澳大桥沉管运输预演)。

(2)新能源运输装备:研发氢燃料电池重卡,在"疆电外送"工程中实现零碳排放运输。

2.制度优化:规则与人文并重

(1)国际标准引领:主导制定《跨境工程物流操作规范》,推动中老铁路"一单制"运输模式。

(2)文化适配机制:编制《海外项目文化手册》,尊重当地宗教习俗,动态调整作业时间。

3.教育赋能:知识与责任融合

(1)虚拟仿真实验:通过"超限货物山区运输"3D 模拟,培养学生的风险预判与应急决策能力。

(2)劳模课堂:比如,邀请全国五一劳动奖章获得者、中欧班列调度员王建军分享"万次调度零失误"的职业坚守。

(五)核心启示与思政融入点

1.核心启示

港珠澳大桥沉管运输、白鹤滩水轮机运输、中老铁路物资调度、巴基斯坦风电项目、肯尼亚蒙内铁路生态保护等典型案例的成功经验表明：技术突破、国际合作、绿色转型、民生导向、风险管理等是核心要素。未来，随着全球供应链重构和"双碳"目标推进，物流项目需进一步融合智能化与低碳化，同时通过"硬联通"（设施）与"软联通"（规则）的协同，打造更具韧性和包容性的全球物流网络。

（1）技术创新是突破物流瓶颈的核心驱动力

复杂工程需打破技术壁垒，推动物流装备、数字化平台与场景化方案的深度融合。一是采用定制化运输方案。比如，港珠澳大桥沉管运输需克服深海安装难题，通过研发专用浮运设备和智能定位系统实现精准对接；白鹤滩水轮机单机容量全球最大，其巨型部件运输需定制超大型运输车辆和进行路线规划，体现了装备制造与物流技术的协同创新。二是智慧物流系统应用。港珠澳大桥通过"一站式"通关系统、供港生鲜"绿色通道"等智慧化手段，实现了跨境物流效率的提高（单月货车通行量超 5.1 万辆次）。

（2）国际合作与政策协同是项目落地的关键支撑

跨国项目需构建多方利益共享机制，通过政策协同打破跨境物流壁垒。一是区域互联互通机制。比如，中老铁路通过中国与东南亚国家的政策对接，打造"陆海联运"新通道，带动沿线贸易增长。二是跨国产能合作。巴基斯坦风电项目整合中国设备、资金与当地资源，解决南亚地区电力短缺问题；蒙内铁路通过"中国标准+本地化运营"模式提升东非运输效率。

（3）绿色低碳与可持续发展是未来方向

物流工程需将生态保护纳入全生命周期管理，推动绿色技术的研发与应用。一是新能源技术应用。比如，巴基斯坦风电项目通过清洁能源运输与安装，减少碳排放；港珠澳大桥通过优化运输结构（如"公转铁""公转水"）降低物流碳强度。二是生态保护实践。蒙内铁路在建设中避开野生动物迁徙路径，设置生态廊道；港珠澳大桥通过环保施工减少对海洋生态的影响。

（4）本地化参与与民生改善提升项目价值

项目需注重本地化能力建设，通过物流网络延伸激活区域经济潜力。一是就业与技能培养。比如，为建设蒙内铁路，为肯尼亚培训超 5 000 名技术工人，推动本地就业；中老铁路带动老挝旅游业发展，促进民生改善。二是产业联动效应。港珠澳大桥推动珠海形成跨境电商集聚区，带动粤西农产品出口；白鹤滩水电站促进西南地区水电装备产业链升级。

（5）风险管理与应急能力保障工程韧性

物流工程需建立全链条风险预警机制，强化极端场景下的物流保障能力。一是复杂环境应对。白鹤滩水轮机运输需应对山区路况和极端天气；中老铁路穿越地质复杂区，通过实时监测系统规避风险。二是应急物流体系。港珠澳大桥在特殊时期保障供港物资畅通，体现应急通道价值。

2.思政融入点

（1）国家安全观教育：通过运输安全保障实践，阐释总体国家安全观的深刻内涵。

（2）科技创新精神：以高原特种运输装备研发历程，诠释新时代工匠精神。

（3）人类命运共同体：通过中巴标准互认过程，展现中国方案的包容性。

(六)教学讨论与拓展

1.讨论题

(1)在海外物流工程项目中,当环保标准与工期冲突时,应如何决策?

(2)从"中老铁路跨境协同"出发,讨论国际规则制定中的中国角色。

2.实践任务

(1)模拟演练:分组扮演物流企业、施工方、环保组织,制定《雨林地区工程物流方案》。

(2)调研报告:分析本地重大工程物流痛点,提出"工程物流项目"优化建议。

(七)教学目标

1.知识整合

(1)掌握重大工程物流基础理论:学生需理解重大工程物流的概念、特点和重要性,熟悉物流系统规划、运输组织、仓储管理等基础理论知识。例如,明白在港珠澳大桥建设中物资的特殊性(如大型构件、特殊材料等)对物流方案设计的影响。

(2)熟悉港珠澳大桥物资物流流程:详细了解港珠澳大桥物资从采购、运输、仓储到现场配送的整个物流流程,包括不同类型物资(如建筑钢材、水泥、预制构件等)的运输方式选择、运输路线规划以及仓储保管要求。

(3)学会运用物流信息技术:学生要掌握物流信息系统的基本操作,能够运用信息技术对港珠澳大桥物资物流进行实时监控、调度和管理。比如,利用 GPS 定位系统跟踪物资运输车辆的位置和行驶状态,使用仓储管理系统实现物资的精准出入库管理。

2.实践能力提升

(1)培养物流方案设计能力:通过分析港珠澳大桥物资物流的实际需求和限制条件,学生能够设计出合理的物流方案,让学生在设计过程中,学会综合考虑成本、时间、安全等因素,运用所学的物流知识和方法进行优化决策。

(2)提高问题解决能力:针对港珠澳大桥物资物流中可能出现的问题(如运输途中的突发状况、物资供应中断等),学生要能够运用所学知识和技能进行分析和解决;通过案例分析、模拟演练等方式,培养学生的应变能力和决策能力。

(3)增强团队协作能力:在教学过程中,组织学生进行小组合作学习和项目实践。通过团队协作完成港珠澳大桥物资物流项目的策划、实施和管理,培养学生的沟通能力、协调能力和团队协作能力。

3.价值观塑造

(1)激发对重大工程物流的兴趣:通过介绍港珠澳大桥的伟大成就和物流在其中的重要作用,激发学生对重大工程物流领域的兴趣和热情,让学生认识到物流在国家重大基础设施建设中的关键支撑作用,增强学生的专业认同感和使命感。

(2)增强社会责任感:让学生了解重大工程物流对社会经济发展和民生改善的重要意义,培养学生的社会责任感。使学生认识到自己作为未来物流专业人才,肩负着保障国家重大工程顺利实施和推动物流行业发展的重要使命。

（3）培养创新意识和工匠精神：鼓励学生在港珠澳大桥物资物流的学习和实践中，勇于创新、敢于尝试，培养学生严谨、细致、专注的工匠精神，追求物流方案的最优化和物流服务的高质量。

资料来源：港珠澳大桥沉管运输、白鹤滩水轮机运输、中老铁路物资调度、巴基斯坦风电项目、肯尼亚蒙内铁路生态保护等项目的相关介绍以及中国物流集团官网项目纪实专栏等。

四、破解农产品进城难的实践与乡村振兴使命

破局与担当：破解农产品进城难的实践与乡村振兴使命

摘　要：本案例以破解农产品进城难为核心，聚焦冷链物流技术、供应链协同与农村电商创新，探讨农产品流通中的技术瓶颈、制度障碍与职业责任。通过分析江西寻乌县冷链物流实践、农产品直播营销等真实场景，结合政策支持与基层劳动者故事，提出技术赋能、制度优化与价值引领的综合解决方案。本案例旨在引导学生理解乡村振兴战略的实践逻辑，培养"服务'三农'、科技向善"的职业使命感，践行社会主义核心价值观。

关键词：农产品冷链物流；技术赋能；联合体模式；乡村振兴责任

（一）背景介绍

江西寻乌县是典型的农业县，拥有丰富的农产品资源，脐橙等特色水果在国内外市场具有一定的知名度。农产品流通作为连接生产与消费的关键环节，对于寻乌农业经济的发展、农民增收以及保障市场供应具有重要意义。然而，当前寻乌农产品流通在技术、制度和责任方面仍存在一些亟待解决的问题，深入研究这些问题具有重要的现实意义。

破解农产品进城难不仅是技术问题，更是对责任与使命的考验。通过冷链物流创新、制度协同与价值观引领，中国正在探索一条兼顾效率与公平、技术与人文的乡村振兴路径。这一历程为课程思政提供了鲜活素材，引导学生从"小物流"中见"大民生"，将个人成长与国家战略深度融合。

（二）案例基本情况

1.冷链物流技术有所应用

随着寻乌农产品市场需求的增长，部分企业开始引入冷链物流技术，用于脐橙等水果的保鲜运输，在一定程度上减少了农产品在流通环节的损耗。

2.信息化技术逐步普及

一些农产品电商平台和信息服务系统在寻乌得到推广应用，农民和农产品企业可以通过网络获取市场信息、销售农产品，拓宽了销售渠道。

3.市场监管制度逐步完善

寻乌政府加强了对农产品市场的监管,建立了农产品质量安全检测体系,对农产品的生产、加工、流通等环节进行严格监管,保障了消费者的权益。

4.农产品流通政策支持力度加大

国家出台了一系列扶持农产品流通的政策,如对农产品冷链物流设施建设给予补贴,对农产品电商企业给予税收优惠等,促进了农产品流通产业的发展。

江西寻乌县在农产品流通技术、制度方面取得了一定的成绩,但也存在一些问题。通过加大技术投入、完善制度建设和强化责任落实等措施,可以有效提升寻乌农产品流通的效率和质量,促进农业经济的发展和农民增收。同时,寻乌的经验和做法也可以为其他地区提供有益的借鉴,推动我国农产品流通产业的现代化发展。

(三)问题分析

1.农产品进城难的现实困境

(1)冷链物流短板:我国农产品流通腐损率高达20%~30%,农村地区冷库覆盖率不足30%,导致大量果蔬在运输过程中变质,农民收益受损。

(2)市场渠道单一:传统销售依赖本地批发市场,价格波动大,农民议价能力弱,缺乏品牌化运营能力。

(3)技术与人才缺口:农村电商、冷链管理等专业人才匮乏,部分农民缺乏数字化营销技能,难以对接现代市场。

2.社会与经济影响

(1)农民增收受限:农产品流通成本高、损耗大,导致"丰产不丰收"现象普遍,制约乡村振兴进程。

(2)城乡供需失衡:城市消费者对高品质农产品的需求激增,但农村优质产品难以高效进入市场,形成供需错配。

(四)解决方案

1.技术创新:冷链物流与数字化赋能

(1)冷链基础设施升级:江西寻乌县投入600万元建设田间冷链设施,覆盖90%以上农业企业,蔬菜运输时间从10小时压缩至4小时,日均供应大湾区600吨农产品。

(2)区块链溯源技术:上海某高校开发"农田到餐桌"虚拟仿真系统,通过物联网传感器实时温湿度监控,降低断链风险,提升消费者信任度。

(3)农村电商直播:通过《农产品市场营销》课程设计,学生掌握短视频账号定位与直播带货技能,助力区域特产销售,如通过直播使云南咖啡豆销量增长40%。

2.制度优化:政策支持与协同治理

(1)政府补贴与标准制定:全国农产品仓储保鲜冷链设施建设投资同比增长13%,推动冷链物流标准化,减少地方政策差异导致的"最后一公里"梗阻。

(2)行刑衔接机制:强化市场监管,对冷链违规企业实施"黑名单"制度,确保农产品质量安全。

3.价值引领:职业责任与社会担当

(1)基层劳动者故事:哈尔滨冷库搬运工张卫国日均作业 12 小时,保障生鲜供应,体现"敬业奉献"精神;赣州菜农通过冷链技术实现增收,彰显科技惠农的民生价值。

(2)乡村振兴使命教育:涉农专业课程融入"数商兴农"案例,引导学生关注农村电商、冷链管理等新兴领域,培养学生服务乡村的责任感。

(五)核心启示与思政融入点

1.核心启示

(1)技术赋能流通效率。江西寻乌县通过自动化分选系统实现脐橙重量、甜度、色度分级,结合数智化物流中心,单日最高处理订单超 5 万单,显著降低流通成本并提高时效性。

(2)制度创新优化渠道:建立"产销地仓"模式,整合快递资源形成"供销集配体系",将物流触角延伸至行政村,打通农产品进城"最后一公里",解决传统统货销售依赖中间商的问题。

(3)责任主体协同联农:以"龙头企业+合作社+家庭农场+农户"的联合体模式,通过统一技术指导、农资供应、品牌销售等"六统一独"机制,实现户均增收 2 800 元以上,提高了产业的抗风险能力。

2.思政融入点

(1)乡村振兴战略实践。政府主导物流基建与政策支持,体现以人民为中心的发展思想,推动城乡资源双向流动,助力共同富裕。

(2)科技兴农的责任担当。数智化分选、电商平台对接等技术应用,彰显科技工作者服务"三农"、破解农产品"好货贱卖"难题的社会责任。

(3)联农带农的集体主义精神。联合体模式强化企业与农户利益联结,凸显社会主义市场经济发展中"先富带后富"的伦理价值。

(4)品牌强农的文化自信。分级销售打造高端礼盒与区域品牌,提升农产品附加值,体现了对本土特色资源的珍视与创新传承。

(六)教学讨论与拓展

1.问题设计

(1)若你是农村电商项目经理,你如何平衡冷链技术投入与农民短期收益的矛盾?

(2)从"寻乌县冷链实践"出发,讨论政府、企业、农民三方应如何协同破解流通难题?

2.实践任务

(1)模拟决策:分组扮演地方政府、物流企业、农民代表,制定《县域冷链物流建设方案》。

(2)案例调研:走访本地农产品市场,撰写《冷链断链对农民收入的影响分析报告》。

（七）教学目标

1.知识整合

（1）学生能够准确阐述农产品进城难的主要原因,涵盖生产端的标准化程度低、流通环节的冷链物流不完善、销售端的市场信息不对称等关键要点。

（2）学生可以详细列举出破解农产品进城难的常见有效策略,如发展农产品电商、建立产地预冷设施、加强品牌建设等,并理解各策略的核心原理和适用场景。

（3）学生掌握农产品市场调研、营销策划、供应链管理等相关技能,能够运用这些技能分析和解决农产品进城过程中的实际问题。

2.实践能力提升

（1）通过案例分析、小组讨论、实地调研等活动,学生学会运用系统思维分析农产品进城的产业链条,找出其中的关键瓶颈和制约因素。

（2）培养学生的创新思维和实践能力,使学生能够针对农产品进城难的问题提出创新性的解决方案,并通过模拟运营、项目实践等方式验证方案的可行性。

（3）提高学生的沟通协作能力,使学生能够与农民、农业企业、电商平台、物流企业等不同主体进行有效的沟通和合作,共同推动农产品进城。

3.价值观塑造

（1）增强学生对农业农村发展的责任感和使命感,培养学生关注"三农"问题、服务农村经济的意识。

（2）培养学生尊重农民、爱护农产品的情感,树立正确的价值观和消费观,促进城乡之间的理解和融合。

（3）通过成功解决农产品进城难问题的实践,激发学生的成就感和自信心,培养学生勇于探索、敢于担当的精神品质。

资料来源:江西寻乌县冷链物流实践、农产品冷链物流标准化与技术创新、"农产品市场营销"课程思政设计、涉农专业人才培养挑战与对策等。

五、冷链断裂与公共安全:山东疫苗物流事件的警示与制度重构

冷链断裂与公共安全:山东疫苗物流事件的警示与制度重构

摘　要:本案例以2016年山东非法疫苗事件为核心,剖析疫苗冷链物流断裂对公共健康的威胁,探讨药品监管漏洞、法律适用争议及社会治理短板。通过分析疫苗运输、储存环节的失范行为及其对免疫安全的实质危害,结合后续法律修订与监管技术革新,提出强化冷链全流程监控、完善行刑衔接机制、构建社会共治体系的解决方案。本案例旨在揭示公共卫生安全中"责任链断裂"的深层矛盾,为药品安全治理提供系统性反思,希望学生能够

从中汲取教训,在未来的学习和工作中,始终坚守法律和道德底线,以高度的社会责任感对待自己的职业,为保障公众利益和社会的健康发展贡献自己的力量。

关键词:疫苗物流;公共卫生;政府监管;舆情应对;社会责任;危机管理;媒体伦理

(一)背景介绍

2016年,山东警方破获一起重大非法经营疫苗案。庞某卫、孙某母女通过非法渠道购入25种二类疫苗(包括流感疫苗、乙肝疫苗、狂犬病疫苗等),在未经冷链存储运输的情况下,将疫苗销往全国24个省市,涉案金额达5.7亿元。

(二)案例基本情况

山东疫苗事件暴露的不仅是冷链断裂,更是责任链、信任链与制度链的多重断裂。唯有通过技术刚性约束、法律精准惩戒、社会柔性共治,方能筑牢公共卫生安全的"免疫屏障"。

这些疫苗本应在严格的冷链环境下运输和储存,以确保其有效性和安全性,但涉案疫苗在脱离冷链的情况下流通,其质量无法得到保证,可能导致接种者无法获得有效免疫,甚至带来未知的健康风险。

1.法律层面

庞某卫、孙某母女的行为严重违反了《中华人民共和国药品管理法》等相关法律法规。疫苗作为特殊药品,其生产、经营、运输和储存都有严格的法律规定。非法经营疫苗不仅扰乱了市场秩序,更对公众健康构成了威胁。这提醒学生,在任何行业中,都必须严格遵守法律法规,法律是不可触碰的红线。

2.职业道德层面

疫苗行业从业者肩负着保障公众健康的重要使命。然而,涉案人员为了谋取私利,无视职业道德,将未经冷链运输的疫苗流入市场,这反映出部分从业者职业道德的缺失。通过该案例,引导学生思考职业道德的重要性,在未来的职业生涯中,要始终坚守职业操守,不要被利益所诱惑。

3.社会责任层面

疫苗是预防和控制传染病最经济、有效的公共卫生干预措施之一,关乎整个社会的公共卫生安全。非法疫苗事件的发生,暴露出相关监管部门的失职和企业社会责任的缺失。学生应认识到,作为社会的一员,每个人都对社会负有一定的责任,尤其在从事与公众利益密切相关的行业时,更要以高度的责任感对待工作。

(三)问题分析

1.技术失范

疫苗作为生物制品,须全程保持2~8℃的冷链环境,否则可能失效甚至引发不良反应。本案中疫苗暴露于常温环境,导致免疫效力丧失,极大地增加了疾病流行风险。

2.监管漏洞

二类疫苗市场化运作中,私人经销商利用监管盲区,通过"挂靠"正规企业资质逃避审查,形成灰色产业链。

3.法律定性分歧

(1)罪名选择。涉案行为最初以"非法经营罪"立案,但该罪须以扰乱市场秩序为核心要件。而疫苗失效的直接影响在于危害公共健康,最终须依据《中华人民共和国刑法修正案(十一)》中"妨害药品管理罪"定罪,强调"足以严重危害人体健康"的实质风险。

(2)行刑衔接不足。部分涉案人员因情节轻微未被追究刑事责任,而行政处罚力度又不足(如罚款与货值比例失衡),导致"以罚代管"现象的发生。

4.社会信任危机

(1)公众恐慌。事件曝光后,多地出现"疫苗犹豫"现象,接种率下降,甚至引发对一类疫苗(如乙肝疫苗、麻疹疫苗)的群体性质疑。

(2)行业冲击。二类疫苗市场信任崩塌,正规企业销量骤减,暴露出市场化与公益性的矛盾。

(四)解决方案

1.技术革新:全链条冷链物流监控

(1)智能监测系统。借鉴广州天河区经验,建立覆盖生产、运输、储存、接种的全流程温控平台,通过物联网传感器实时上传数据,异常情况可触发多级报警(短信、声光、系统警示)。

(2)区块链溯源。为每支疫苗赋予唯一电子标识,记录流转信息,防止"体外循环"。

2.法律与监管协同

(1)行刑反向衔接机制。检察机关在刑事案件办结后,须同步审查行政处罚的必要性,避免"刑事轻罚、行政不罚"的倒挂现象。例如,对退赃、家庭困难的责任人,建议从宽但非免除处罚。

(2)动态风险评估。明确"足以严重危害人体健康"的认定标准,引入第三方专家评估,避免执法主观性。

3.社会共治体系

(1)公众参与监督。开放疫苗追溯信息查询端口,允许消费者扫码验证疫苗流通记录,提升透明度。

(2)行业自律建设。推动医药企业签署《冷链合规承诺书》,将合规表现纳入信用评级,限制违规主体市场准入。

(五)核心启示与思政融入点

1.核心启示

(1)以人民为中心的发展思想。公共卫生安全关乎群众生命安全,相关部门须将民生置于政策核心(如国务院总理批示"绝不姑息")。

(2)法治观念与制度建设。从"依法治国"的角度分析监管漏洞,强调法律在市场经济中的基石作用。

(3)职业道德与社会责任。结合医药从业者的职业伦理,探讨企业利润与社会责任的平衡。

(4)风险意识与舆情引导能力。让学生反思相关部门与媒体在危机中的角色,培养其科学传播与舆情应对能力。

2.思政融入点

该案例可嵌入医学、法学、物流管理学等多学科教学,形成"问题链—知识链—价值链"立体化思政框架。

(1)法治意识培养。结合《中华人民共和国药品管理法》《中华人民共和国疫苗管理法》等法规,分析案件中的违法行为(如无证经营、伪造记录),引导学生理解法律对公共安全的保障作用。

(2)职业道德教育。对比涉案企业逐利行为与医药行业"生命至上"的伦理要求,强调从业者的社会责任。

(3)药品物流安全责任意识。通过疫苗运输、存储规范的案例分析,强化学生对药品物流安全管控标准的认知。

(4)社会主义核心价值观渗透。以案件为反面教材,阐释"诚信""法治""公正"等价值观的实践意义,引导学生批判失范行为。

(六)教学讨论与拓展

1.讨论题

(1)伦理困境:若冷链中断的疫苗已被接种,是否应告知公众?隐瞒可能加剧信任危机,公开则引发恐慌,应如何权衡?

(2)全球视野:对比欧美疫苗召回制度,我国能否引入"风险补偿基金",为接种失效疫苗者提供医疗保障?

2.实践任务

(1)情景模拟:设计"疫苗物流安全应急演练"角色扮演活动,涵盖企业、政府、媒体等多方视角。

(2)伦理辩论:组织"经济利益与公共安全孰先孰后"主题辩论,深化学生的职业使命感。

(七)教学目标

1.知识整合

(1)学生能够准确阐述山东疫苗事件的概况,包括事件发生的时间、主要情节、涉及范围等。

(2)理解疫苗的正确储存、运输条件以及这些条件对疫苗有效性和安全性的重要意义。

2.实践能力提升

(1)通过对山东疫苗事件的资料收集、分析和讨论,培养学生自主学习和合作探究的能力。

（2）让学生学会运用批判性思维对事件进行分析，能够从不同角度思考问题，提出合理的物流解决方案。

（3）提高学生的信息处理能力，让学生能够筛选、整合和评估与疫苗物流安全相关的信息。

3.价值观塑造

（1）增强学生对公共卫生安全的关注，培养学生的社会责任感和公民意识。

（2）让学生认识到遵守法律法规和行业规范的重要性，树立正确的法治观念。

（3）培养学生尊重科学、尊重生命的态度，提高学生对疫苗物流安全的正确认识和重视程度。

资料来源：国务院、国家市场监督管理总局关于疫苗事件的调查报告等。

管理篇

第五章

交通物流行业管理类教学案例

第一节　交通运输行业管理类教学案例

一、交通强国战略下的运输通道规划实践

交通强国战略下的运输通道规划实践
——基于"八纵八横"高铁网与沿黄达海大通道的协同创新

　　摘　要:本案例以《交通强国建设纲要》为指导,聚焦"八纵八横"高铁网与沿黄达海大通道的协同创新,探讨运输通道建设中的基础设施升级、多式联运优化与区域经济协同等核心议题。本案例通过分析高铁网络布局、物流成本优化及数字化技术应用等,揭示了运输通道规划对区域经济一体化和国家战略落地的战略意义,并通过模拟规划设计与政策制定过程,引导学生理解交通基础设施的全局性作用,培养学生的系统性思维与跨领域协同能力。

　　关键词:交通强国;运输通道规划;高铁网络;多式联运;区域协同

(一)背景介绍

　　《交通强国建设纲要》提出构建"安全、便捷、高效、绿色、经济"的现代化综合交通体系。目前,全国已形成以"八纵八横"高铁网为核心、沿黄达海大通道为补充的运输网络,覆盖90%以上人口超50万的城市群。其中,"八纵八横"高铁网实现了相邻大中城市1~4小时交通圈,沿黄达海大通道则打破了黄河流域与沿海经济带的物流瓶颈,预计能降低15%的区域物流成本。然而,通道建设过程仍面临基础设施碎片化、区域协同不足、数字孤岛等问题。

(二)案例基本情况

1.战略需求

(1)"八纵八横"高铁网(如京沪、京港台通道)连接全国主要城市群,推动"交通圈"与"经济圈"深度融合。

(2)沿黄达海大通道串联山东、河南等9省,优化黄河流域物流网络布局,支撑"双循环"新发展格局。

2.技术瓶颈

(1)高铁网数据互通率不足40%,智能调度系统覆盖率仅35%。

(2)沿黄达海大通道多式联运转运设施缺口达30%,铁路与港口衔接效率低。

3.政策驱动

(1)2024年,《交通基础设施数字化转型升级试点》要求推动"车路云协同""区块链物流平台"等技术创新。

(2)交通运输部提出"十四五"期间建成20个国家级综合交通枢纽,强化通道与产业协同。

(三)问题分析

假设需在3年内完成以下任务:

(1)优化"八纵八横"高铁网与沿黄达海大通道的衔接方案。

(2)设计多式联运数据共享平台,降低空载率至15%。

(3)解决沿黄河流域生态保护与交通开发的矛盾。

为此,需要解决以下问题:

1.基础设施碎片化

(1)高铁网部分路段(如厦渝通道)仍依赖既有铁路线,时速标准不统一。

(2)沿黄达海大通道港口与内陆枢纽间缺乏标准化集装箱转运设施。

2.区域协同障碍

(1)跨省运输协议签署率不足20%,导致车辆空载率超25%。

(2)黄河流域9省生态补偿机制缺失,交通开发易引发环境争议。

3.数字孤岛与隐私风险

(1)高铁调度系统与港口管理系统数据互通率仅为30%,应急响应延迟超12小时。

(2)区块链物流平台面临企业数据主权争议,中小企业接入意愿低。

（四）解决方案

1.方案一："四网融合"高铁网络优化

（1）措施

①统一高铁网设计标准（如沿江通道全线提速至350千米/小时）。

②部署数字孪生系统模拟客流压力，动态调整班次密度。

（2）优缺点

①优点：提升网络整体效率20%，减少能源浪费。

②缺点：改造投资超2 000亿元，需协调多省利益分配。

2.方案二：沿黄达海"公铁水空"多式联运

（1）措施

①建设郑州、济南等枢纽型物流园区，集成铁路集装箱中心站与内河港口。

②推广"一单制"电子运单，打破海关、铁路、航运数据壁垒。

（2）优缺点

①优点：降低18%的综合物流成本，缩短货物中转时间50%。

②缺点：需重构现有管理体制，中小企业适应成本高。

3.方案三：生态友好型通道开发

（1）措施

①在黄河生态敏感区采用低影响施工技术（如装配式桥梁）。

②建立"碳积分"交易机制，鼓励企业使用新能源运输工具。

（2）优缺点

①优点：减少生态扰动面积30%，推动绿色交通转型。

②缺点：初期投入增加25%，技术门槛高。

4.实施路径

（1）短期（1年）

优先推动方案二试点，完成郑州枢纽改造。

（2）中期（2~3年）

推广方案一与方案三，建立跨省协同机制。

（3）长期

构建"智能调度+碳交易"一体化平台。

（五）教训与启示

1.教训

（1）顶层设计决定效能：需建立"国家—省级—企业"三级协调机制，避免重复建设（如山东"沿黄达海"经验）。

（2）技术适配性优先：生态敏感区采用装配式施工而非传统现浇建筑模式。

（3）利益共享机制：通过税收分成与资源置换平衡区域矛盾（如河南—山东物流收益分

配)。

2.启示

运输通道规划需实现"三重统一"——效率提升与生态保护统一、硬件建设与规则创新统一、国家战略与区域利益统一。

(六)教学讨论与拓展

1.问题设计

(1)在"八纵八横"高铁网与沿黄达海大通道的协同规划中,如何有效地解决基础设施碎片化的问题? 请结合具体的技术措施和政策建议进行讨论。

(2)多式联运数据共享平台的建设对于提高运输效率至关重要,你认为在设计这样的平台时,应如何平衡数据共享与隐私保护之间的关系?

2.实践任务

(1)模拟"八纵八横"高铁网与沿黄达海大通道的优化衔接方案。请学生分组,根据提供的材料和数据,设计一个具体的衔接方案,并评估其经济性和可行性。

(2)通过实际调研,撰写调查报告,阐述"八纵八横"高铁网与沿黄达海大通道协同发展存在的问题及其根源,并提出对策建议。

(七)教学目标

1.知识整合

(1)学生应能够掌握"八纵八横"高铁网与沿黄达海大通道的基本概念和战略意义,理解运输通道规划在交通强国建设中的重要性。

(2)让学生了解绿色化、数字化技术等在运输通道规划中的应用,以及这些技术如何用于交通运输基础设施的协同。

2.实践技能提升

(1)通过模拟规划设计与政策制定过程,学生应能够提升系统性思维与跨领域协同能力,学会从全局角度审视交通基础设施的规划与建设。

(2)通过绿色化、数字化技术在交通基础设施建设中的运用,学生应能够掌握绿色数字技术的基本原理和应用场景,提升技术实现和项目管理能力。

3.价值观塑造

(1)培养学生的国家责任感和使命感。通过了解交通强国战略和运输通道规划的重要性,学生应能够认识到自己在国家建设中的责任,激发为交通事业贡献力量的热情。

(2)强化学生的生态文明意识。在探讨运输通道规划的过程中,学生应能够深刻理解生态保护与交通发展的关系,树立绿色交通、可持续发展的理念。

资料来源:《交通强国建设纲要》《"十四五"现代流通体系建设规划》。

二、铁路宽体箱"一箱制"

铁路宽体箱下水运输的创新实践与多式联运协同发展
——以"一箱制"模式为核心

摘　要：本案例以铁路宽体箱下水运输为背景，聚焦"一箱制"模式在解决传统多式联运换箱效率低、成本高等问题中的应用。通过分析山东日照港、海南洋浦港等实践案例，探讨宽体箱技术标准、跨部门协同机制及数字化平台建设等核心议题。本案例结合国家政策导向与企业创新实践，提出标准化推广、利益共享机制等解决方案，旨在引导学生理解铁路宽体箱对物流效率提升与绿色发展的战略价值，培养学生系统性规划与跨领域协同能力。

关键词：铁路宽体箱；一箱制；多式联运；标准化；绿色物流

（一）背景介绍

党的二十届三中全会明确提出"深化综合交通运输体系改革""降低全社会物流成本"等重点改革事项。研究表明，我国多式联运占全社会货运量的比重提高1%，可降低社会物流总费用的约0.9%，节约物流成本支出约1 000亿元，多式联运无疑已成为交通物流降本提质增效的关键。

铁水联运作为一种新型的运输组织方式，结合了铁路和水运的优势，具有高效、环保、经济等特点。通过铁路将货物快速运送至港口，再通过水运进行干线运输，不仅缩短了运输时间，还降低了物流成本。这种模式特别适合大宗商品和高价值货物的运输，满足了市场对高效物流的需求。然而，目前，集装箱铁水联运作为多式联运的核心组织形式在我国占比仅为3.8%，远低于欧美国家占比10%～30%的水平。以内陆运输集装箱化率、内贸集装箱占港口总吞吐量、主要港口铁水联运、铁路集装箱占铁路总运量为例，我国与发达国家的占比分别为15%/75%、29%/80%、6.8%/30%、25.5%/80%，表明我国集装箱铁水联运发展水平仍有较大的提升空间。

按照《铁路集装箱运输规则》，我国铁路集装箱主要指符合《系列1集装箱　分类、尺寸和额定质量》（GB/T 1413—2023）、《系列2集装箱　分类、尺寸和额定质量》（GB/T 35201—2017）的集装箱。其中系列1中的各型集装箱的宽度均为2 438毫米，其最大总质量不超过30.48吨。2 438毫米为国际标准化组织（ISO）制定的宽度标准，长期以来，我国铁水联运集装箱多为符合这一尺寸的国际标准集装箱。同时，结合我国实际情况，我国陆续研发了一系列集装箱箱型，如系列2中的集装箱。以20英尺35吨通用宽体集装箱（简称"铁路宽体箱"）为例，箱宽由2 438毫米增加到2 550毫米、箱高由2 591毫米提高到2 896毫米、箱体自重加货物重量由30.48吨提高到35吨，使该集装箱的载重、容积指标全面优于国际标准箱。目前，宽体箱已成为我国铁路大宗货物运输的主力箱型。

近年来，交通运输部持续深化运输结构调整，以铁水联运为代表的多式联运，在政策持续加力下步入发展的快车道，但代表集装箱运输发展方向的"一箱制"还存在一些问题，其中尤以"铁路宽体箱下水运输难"较为突出，亟待破解。

(二)铁路宽体箱下水运输的战略价值

铁路宽体箱下水运输,是指采用铁路宽体箱运输的货物,通过铁水联运,实现全程不换箱、不开箱、一箱到底的运输。全程运输"零货差""零亏耗""零污染",切实满足客户一票直达的"门到门"运输需求。这种新型组织模式,在建设我国"沟通南北、畅联东西"的大宗货物通道、发展交通运输新质生产力、提升经济内循环速度和质量、进一步降低全社会物流成本中将发挥不可替代的重要作用。

1.有助于加速构建交通物流供应链体系,发挥交通物流引领作用

以宽体箱下水运输为抓手,通过"枢纽+通道+网络+产业",构建端到端全程物流服务供应链,有助于打通铁路车站、港口"一公里",形成辐射范围广、循环动能强、增值潜力大、质量效率高的交通运输与产业融合发展、良性互动的局面。

2.有助于优化贸易结构,推进"散改集"

在我国北粮南运西进、南肥北运、北煤南运、西煤东运南进,以及长江流域腹地大宗货流中,存在巨大的"散货入箱"需求;35吨铁路宽体箱扩展了箱体高度和宽度,其载重和容积指标优于国际标准箱,特别适合装运粮食、矿石、煤炭等大宗物资。铁路宽体箱下水运输,使大宗散货能够以更加高效、经济的方式进行运输,这有助于进一步优化贸易结构,促进物流与贸易融合发展。

3.有助于交通物流领域的一体化降本提质增效

宽体箱"一箱制"铁水联运,不仅货物无须换装,其多方式协同优化还可尽量减少箱子落地暂存次数和时间、提高内贸集装箱重箱往返运输的比例,解决"物流单一环节成本比较低,但全链条运行成本高"的问题,真正实现交通物流结构性、系统性、制度性、技术性、综合性和经营性的一体化降本提质增效。

(三)铁路宽体箱下水运输的推进进展

2023年,我国集装箱铁水联运量达1 170万TEU,其中,铁路集装箱下水只有39.9万TEU,在铁水联运中占比3.41%,且基本都是采用与海运箱规格相同的铁路标准箱,而特别适合装运粮食、矿石、煤炭等大宗物资的铁路宽体箱作为铁路运输的主力箱型,其下水量却极少。2023年,铁路宽体箱发送货量达4.74亿吨,占铁路集装箱发送货量的64.8%。显然,在铁水联运全程运输过程中,使用铁路宽体箱替代海运箱,可实现铁路场站与沿海港口无缝对接,已成为促进我国铁水联运快速发展的重要抓手。2023年8月,交通运输部联合商务部、海关总署等八部门联合发布的《关于加快推进多式联运"一单制""一箱制"发展的意见》提出,推动符合国际标准和国家标准的铁路箱下水运输,试点推动建立以35吨宽体箱为载体的内贸铁水联运体系。鼓励铁路与船公司建立箱体协作机制,推动集装箱循环共用、联合调拨等。可见,推进铁路宽体箱下水,创新全程"不换箱、不开箱、一箱到底"的货运组织模式,有机串联铁水通道重要枢纽,将成为落实上述政策的最佳实践。

2023年下半年以来,各地铁路部门联合港、航、客户企业,采用铁路宽体箱开展了多个货种、多条线路的"一箱制"铁水联运试运行,验证了该模式的有效性和可行性。以东北地区为例,2023年10月中国铁路沈阳局集团有限公司联合相关企业试运行"吉林松西—营

口港—钦州港—成都、昆明"的宽体箱"淀粉班列"、2024 年 3 月中国铁路哈尔滨局集团有限公司联合相关企业试运行"黑龙江富锦—营口港—广州新沙港"的宽体箱"淀粉班列",与40 英尺标准箱相比,35 吨铁路宽体箱每箱可多装 3 吨货物、整趟班列可多装运 160 余吨货物。如果使用铁路宽体箱替代传统标准箱,形成"班列+班轮""一箱制"铁水联运常态化运营,对于我国内陆铁路场站与沿海港口无缝对接,实现交通物流提质降本增效具有重要意义。

(四)铁路宽体箱下水运输面临的主要问题

从各地实践来看,以宽体箱下水运输为抓手,打通铁路车站、港口"一千米",形成辐射范围广、循环动能强、增值潜力大、质量效率高的交通运输与产业融合发展、良性互动的局面,仍面临诸多问题,亟待破解。

1.船公司动力不足

与铁路、港口部门积极推广宽体箱"下水"这种新模式不同,多数船公司的积极性不高,其原因:一是影响船公司箱的高效利用。如造成空箱积压、滞箱费收入减少或因空箱地无合适的货源,而增加空箱调运成本。二是削弱船公司海运费议价权。在现有模式下,船公司与货主或货代直接协商海运价格,具有一定的议价权。而新模式下,船公司不得不直接与铁路部门协商海运价格,铁路部门"独家经营"的优势,将会削弱船公司的议价权。三是诱发船公司客户流失。新模式下,货主或货代与铁路部门签订全程铁水联运合同,船公司不再直接面对客户。因而,船公司担心新模式的推广会导致现有大宗散货客户流失。四是增加了船公司资金压力。现有船舶是按照载运 ISO 标准箱尺寸而设计的,如载运铁路宽体箱,会影响船舶的空间利用率和满载率。若为了适应载运宽体箱而改造升级现有船舶或新建造船舶,船公司将面临资金压力,也会产生改造期间停运损失等成本。

2.现有运营组织模式难以为继

开发宽体箱铁水联运业务,需要从客户需求出发,由铁水联运经营人提供包含"水公铁"三种运输方式协同作业的全链条、全过程、全方位整体物流解决方案,以实现货物从起点到终点的无缝衔接。同时,铁水联运经营人也面临全程上下游磅差、运输过程品质损耗、投入周转资金较大等风险。现阶段,由于行业间壁垒较多、协同度不高,我国铁水联运运营组织模式难以适应铁路宽体箱下水需要,主要表现为缺乏具有较强整合能力的、跨运输方式运营的全程铁水联运经营骨干企业,尚未形成"利益共享、风险共担"的铁水联运联合体,难以就全程服务质量对客户予以承诺,进而影响市场开发。

3.技术标准有待进一步完善

目前,我国宽体箱在设计、制造、运输和装卸等方面尚未形成完整的技术标准体系。这导致不同企业生产的宽体箱在尺寸、重量、材质等方面存在差异,难以实现互换和通用。同时,铁水之间的集装箱运输规则仍缺乏有效衔接,主要表现在集装箱装载偏载要求、运价计费规则、危险货物品名分类不衔接,运输文件的标准也不同,这些均需要统一技术标准。

(五)铁路宽体箱下水运输的推进路径

为破解铁路宽体箱下水运输面临的堵点,充分发挥其对推进交通物流降本提质增效的

"加速器"作用,建议由交通运输部牵头,联合中国国家铁路集团有限公司、大型内贸集装箱班轮运输企业、港口企业等相关部门,形成通力合作、互惠共赢的协作机制,共同聚力打造理念新、定位清、结构优、供给足、效能好、效率高的集约化与分散化协同的宽体箱铁水联运体系,走出一条中国特色的多式联运创新发展之路。

1.推进宽体箱铁水联运模式创新,充分发挥市场主体的决定作用

（1）转变发展理念、加快推进模式创新

推进宽体箱铁水联运模式创新,首先要转变发展理念。随着发展环境的变革,交通物流业发展逻辑已由传统的"基础论""适应论"转向"引领论",即从国民经济的基础性产业,逐步向引领发展的战略性、先导性产业转变;从满足需求的被动适应者,成为串接产业链、优化供应链、顺畅经济大循环的重要的模式创新引领者、重要的产业发展承载者和产业发展形态创新者。为此,以铁路宽体箱下水为抓手、依托港口及铁路枢纽打造"通道+枢纽+网络"的现代铁水联运运作体系,从传统的需求引导供给转变为通过创新的供给来创造需求,通过高质量的需求组织引导供给的提升,以形成供需双向适配、共同提升发展的格局。

（2）创新发展机制、积极培育市场主体

2024年11月27日,中共中央办公厅、国务院办公厅印发的《有效降低全社会物流成本行动方案》中有29处提及铁路,并将"推进铁路重点领域改革"作为20项具体行动之首,提出要"制定实施铁路货运市场改革方案",明确了"促进铁路货运向铁路物流转型"的方向性要求。为此,建议组织开展铁路竞争性环节市场化改革、企业新型合作机制等专题研究,围绕宽体箱铁水联运运营组织模式创新,探索如何引入市场化竞争机制、依托国铁集团与大型港航企业、货主企业,通过兼并、重组、收购、参股控股、联盟合作等方式组建宽体箱铁水联运经营联合体、培育具有跨方式运营和全链条整合能力的多式联运经营人,探索实现以业务链贯通利益链,以利益链打通数据链,以充分发挥铁路公司、船公司、港口企业等在各自领域的独有优势,并与产业链上下游客户建立长期稳定合作关系。

2.组织宽体箱铁水联运专线试点,充分发挥示范效应

（1）选择基础条件好、试运行效果好的货种和线路予以重点培育和扶持

在宽体箱铁水联运模式推进初期,任何一方难以拥有绝对优势。而打造品牌专线有助于树立"物流从需求的被动适应者向串接产业链、优化供应链、顺畅经济大循环的创新引领者转变"的成功典范,扩大先进物流模式的社会影响。为此,应尽快形成"班列+班轮"铁路宽体箱铁水联运品牌专线,以促进产业上下游减少运输批量、在途库存,带动产业链运营模式变革。

（2）制定船舶运力改造资金补贴等优惠政策

建议政府在税收、资金等方面先行先试,给予政策支持,以减轻企业资金压力。比如,鼓励内贸船公司进行运力改造升级,鼓励金融机构积极发放改造项目贷款,以尽快形成宽体箱海运能力;设立专项资金或者给予运费一定比例的下浮支持;对宽体箱铁水联运的下游客户收取的箱使费进行减免或优惠等;推动船公司、铁路部门、港口给予运力、泊位、线路通行优先权等方面的重点支持。

3.培育交通物流新质生产力,充分发挥平台经济的作用

（1）完善规则、标准

加快制定铁路宽体箱设计与制造标准、铁水联运技术标准和服务体系,包括装备技术、

作业程序、电子数据交换以及货物分类、装载要求、运输管理、安全监管、计费规则、运输单证等方面的标准协调与衔接。

(2)推进铁水集装箱共享共用平台建设

建设铁水集装箱(海运箱、铁路箱)共享共用平台中心,形成共享共用机制,有利于各方积极参与宽体箱铁水联运业务,形成合力,实现集装箱运输降本提质增效。

(3)推进线上"互联网铁水联运物流平台"与线下"铁水联运港站实体网络"两个平台建设

一方面,推动铁路、港口、航运等公共数据开放与共享。在依法保障信息安全的基础上,有序开放数据和功能接口,完善政务数据共享供需对接机制,为强化政府监管、企业生产经营和多式联运信用环境提供数据支撑。另一方面,通过大数据、区块链、物联网等技术应用,实现资源跨区域、跨行业高效配置、信息有效衔接。线上与线下融合联动,打造"物流+互联网+金融服务"铁水联运新生态,以更加便捷、高效的新模式释放铁水联运市场活力,促进企业降本增效。

(六)教学讨论与拓展

1.问题设计

(1)在推进铁路宽体箱下水运输过程中,针对船公司动力不足的问题,你认为可以采取哪些有效的激励措施来提高他们的积极性?

(2)结合案例中提到的技术标准不完善的情况,探讨如何建立一套完整且统一的铁路宽体箱技术标准体系,以及这对多式联运协同发展的重要性体现在哪些方面?

2.实践任务

(1)假设你是一家物流企业的负责人,负责推动铁路宽体箱"一箱制"多式联运业务,请从技术、经济、政策、安全等多角度论证其可行性方案。

(2)以小组为单位,起草铁路宽体箱技术标准草案,要求涵盖宽体箱的设计、制造、运输、装卸等环节,并说明各环节标准制定的依据和预期效果。

(七)教学目标

1.知识整合

(1)学生能够整合铁路宽体箱下水运输、多式联运协同发展以及相关政策导向等方面的知识,理解它们之间的内在联系和相互影响,形成对该领域较为全面的知识体系。

(2)学生能够梳理铁路宽体箱下水运输面临的问题,如船公司动力不足、运营组织模式不完善、技术标准不统一等,并分析这些问题对多式联运协同发展的阻碍,从而深化对行业现状的认识。

2.实践技能提升

(1)通过完成制定宽体箱下水海运输方案、技术标准等实践任务,提升学生运用所学知识解决实际问题的能力。

（2）培养学生在团队合作中进行沟通、协调和组织的能力，以及在实践中运用系统性思维和跨领域协同方法的能力，提高学生的综合素质和职业技能。

3.价值观塑造

（1）培养学生关注行业发展、积极探索创新解决方案的意识，激发学生为推动我国多式联运发展、降低社会物流成本贡献力量的责任感和使命感。

（2）引导学生树立绿色物流、可持续发展的价值观，使学生认识到铁路宽体箱下水运输在优化贸易结构、降低物流成本、减少环境污染等方面的重要意义，增强学生对行业发展的信心以及对行业发展持有一定的积极态度。

资料来源：《降本增效视角下铁路宽体箱下水运输难点及推进路径研究》《关于加快推进多式联运"一单制""一箱制"发展的意见》等。

第二节　物流行业管理类教学案例

一、物流标准化建设

中国与发达国家物流标准化建设对比分析：现状、差距与突破路径

摘　要：本案例以中国与发达国家和地区（美国、日本、欧洲）的物流标准化建设为研究对象，从标准体系覆盖范围、技术应用深度、政策协同机制等维度展开对比分析。通过揭示中国在托盘标准化、多式联运协同、无人配送技术等领域的差距与突破，结合国际经验与中国实践，提出推动物流标准化的策略建议。本案例聚焦中国牵头制定的无人配送车国际标准、美国物流产业成熟度等典型实践，旨在为案例教学提供理论支持与路径参考。

关键词：物流标准化；国际对比；无人配送；多式联运；政策协同

（一）中国与发达国家物流标准化建设现状对比

1.标准体系覆盖范围

（1）发达国家：美国拥有约 1 200 个物流相关标准，涵盖运输、仓储、信息等领域，且通过 ISO/TC 104 等技术委员会深度参与国际标准制定，如托盘尺寸、集装箱编码等。日本则制定了物流模数体系、集装箱尺寸等标准，注重与国际标准的兼容性。

（2）中国：标准化起步较晚，现有标准多集中于基础领域（如托盘尺寸），但覆盖深度不足。例如，甩挂运输等高效模式因标准缺失，导致车辆平均等待时间长达 3~5 天。

2.技术应用与产业成熟度

（1）发达国家：美国通过智能运输系统（ITS）实现物流服务产品化，区块链技术应用于

物流单元追踪,标准化作业提高装卸效率30%以上。日本则通过自动化仓储与电子数据交换(EDI)技术,推动物流信息标准化覆盖率达80%。

(2)中国:虽在无人配送车等领域实现突破(如牵头制定 IEC 63281-3-2 国际标准规范),但整体产业成熟度低,中小企业数字化改造成本高,区块链等技术应用仍面临数据孤岛问题。

3.政策协同与市场结构

(1)发达国家:美国通过 ANSI 协调跨部门标准,欧盟通过 CEN 建立统一物流技术规范,政策协同度高;市场结构中寡头企业主导,如美国物流行业集中度达60%以上。

(2)中国:市场碎片化严重,第三方物流企业资金压力大(1 亿资金仅支撑 3 亿合同),跨部门数据互通率不足 40%。

(二)中国与发达国家物流标准化建设核心差距分析

1.标准化覆盖的深度与广度

(1)技术标准:中国在冷链物流、跨境多式联运等领域标准缺失,而美国已制定 314 个包装标准、487 个仓储标准,形成全链条规范。

(2)国际接轨:发达国家主导 ISO、EAN·UCC 等国际标准,中国参与度不足,仅少数领域(如无人配送车)取得话语权。

2.技术适配性与创新转化

(1)中国物流设备标准化率仅 30%,而日本通过日本工业标准(JIS)实现物流机械全行业适配。

(2)新兴技术应用滞后,如美国"纸面 EDI"技术实现物流与信息流统一,中国仍依赖人工操作,错误率较高。

3.政策协同与利益分配机制

(1)美国通过税收优惠与数据共享推动标准化,中国则面临跨部门协调难题(如交通、商务数据孤岛)。

(2)中小企业参与动力不足,如中国物流企业需承担高额抵押金与长账期,制约标准化投入。

(三)中国的突破与挑战

1.国际标准制定的突破

(1)中国牵头发布了无人配送车移动性能测试国际标准(IEC 63281-3-2),为全球制造商提供统一测试依据,降低了 30%的重复认证成本。

(2)在跨境电商物流领域,试点"一单制"模式,推动电子运单标准化,缩短 50%的通关时间。

2.现存挑战

(1)生态协同不足:区域标准差异大(如长三角与珠三角物流设施兼容性低),跨省协同效率低下。

（2）技术转化瓶颈：高校研发成果商业化率不足 20%，如智能仓储算法难以适配中小企业的需求。

（四）对策建议

1.强化顶层设计与国际接轨

（1）建立"国家物流标准化委员会"，统筹交通运输部、商务部等部门，制定《多式联运提单国家标准》，推动与 ISO、EAN·UCC 体系对接。

（2）提高国际标准参与度，优先在新能源物流装备、跨境数据互通等领域争取话语权。

2.技术创新与产业赋能

（1）推广低成本适配技术，如模块化 AGV 机器人、区块链电子封志，降低中小企业改造成本。

（2）设立"物流标准化创新基金"，支持高校与企业联合研发，提升技术转化率。

3.优化政策协同与市场生态

（1）试点"税收减免+数据共享"政策，鼓励企业接入统一物流数据平台，提高跨部门协同效率。

（2）培育龙头企业，通过并购重组提升市场集中度，形成标准化推广的规模效应。

（五）总结与启示

1.中国需在借鉴中创新

发达国家的经验表明，标准化不仅是技术问题，更是制度与利益的协同工程。中国需在借鉴中创新，在突破中重塑全球物流规则。

2.中国物流标准化建设需实现"三重跨越"

（1）从跟随到引领：在无人配送、绿色物流等新兴领域强化国际标准制定能力。

（2）从碎片到系统：通过顶层设计弥合部门与区域标准鸿沟。

（3）从技术到生态：构建"政策—市场—技术"协同驱动的标准化生态体系。

（六）教学讨论与拓展

1.问题设计

（1）如果某物流企业要拓展国际市场，其在物流标准化方面需要做哪些调整和改进？

（2）结合当前电商物流发展趋势，谈谈物流标准化在电商物流中的重要性和应用前景。

（2）分析政府在推动物流标准化过程中可以发挥哪些作用。

2.实践任务

将学生分成若干小组，每组 5~6 人，围绕以下问题进行讨论：

（1）某物流公司在实施物流标准化的过程中遇到了哪些困难和挑战？其是如何克服的？

（2）物流标准化对某物流公司的竞争力产生了哪些影响？其在市场竞争中具有哪些

优势?

(3)除了某物流公司采取的措施外,还有哪些方法可以进一步推进物流标准化?

(七)教学目标

1.知识融合

(1)让学生深入理解物流标准化的基本概念、内涵和重要意义,包括对物流效率、成本控制、服务质量提升等方面的影响。

(2)熟悉物流标准化的主要内容,如物流设施设备标准、物流信息标准、物流作业流程标准等。

(3)了解国内外物流标准化的发展现状和趋势,对比分析不同国家和地区在物流标准化方面的差异和经验。

2.实践能力提升

(1)提高学生运用物流标准化知识分析和解决实际物流问题的能力,识别物流活动中因标准不统一而产生的问题,并提出相应的解决方案。

(2)提高学生的团队协作能力和沟通能力,通过小组讨论和案例分析,让学生学会与他人合作,共同完成学习任务。

(3)增强学生的创新能力,鼓励学生思考如何在物流标准化的基础上进行创新,以适应不断变化的市场需求。

3.价值观塑造

(1)激发学生对物流行业的兴趣和热情,让学生认识到物流标准化在现代物流发展中的重要地位。

(2)培养学生的责任感和使命感,让学生明白作为未来的物流从业者,他们有责任推动物流行业的标准化进程,为行业的发展做出贡献。

资料来源:《国际标准体系:ISO、EAN·UCC框架》《美国ANSI协同机制、中国跨部门数据孤岛》等。

二、数字化赋能农产品供应链

农产品供应链可追溯系统的普及应用——基于供应链行业管理视角

摘 要:本案例聚焦农产品供应链,阐述了农产品质量安全问题的严峻性以及可追溯系统的重要性,介绍了农产品可追溯系统的覆盖范围、作用、全程追溯环节及功能,深入分析了当前存在的问题,包括追溯监管部门合作不密切、标准不统一以及追溯系统重复建设等。本案例旨在探讨如何从供应链行业管理角度完善农产品可追溯体系,以保障农产品质量安全,助力乡村振兴和消费升级。

关键词:农产品供应链;可追溯系统;质量安全

(一)背景介绍

完整的农产品供应链是从种子、化肥、农机等生产资料投入开始,经过在原产地生长、收获,再经过加工、流通,到达最终消费者整个过程涉及的所有环节,通过信息流、物流和资金流将这些环节串联在一起构成的功能网络链结构。我国农产品供应链运作模式如图 5-1 所示。

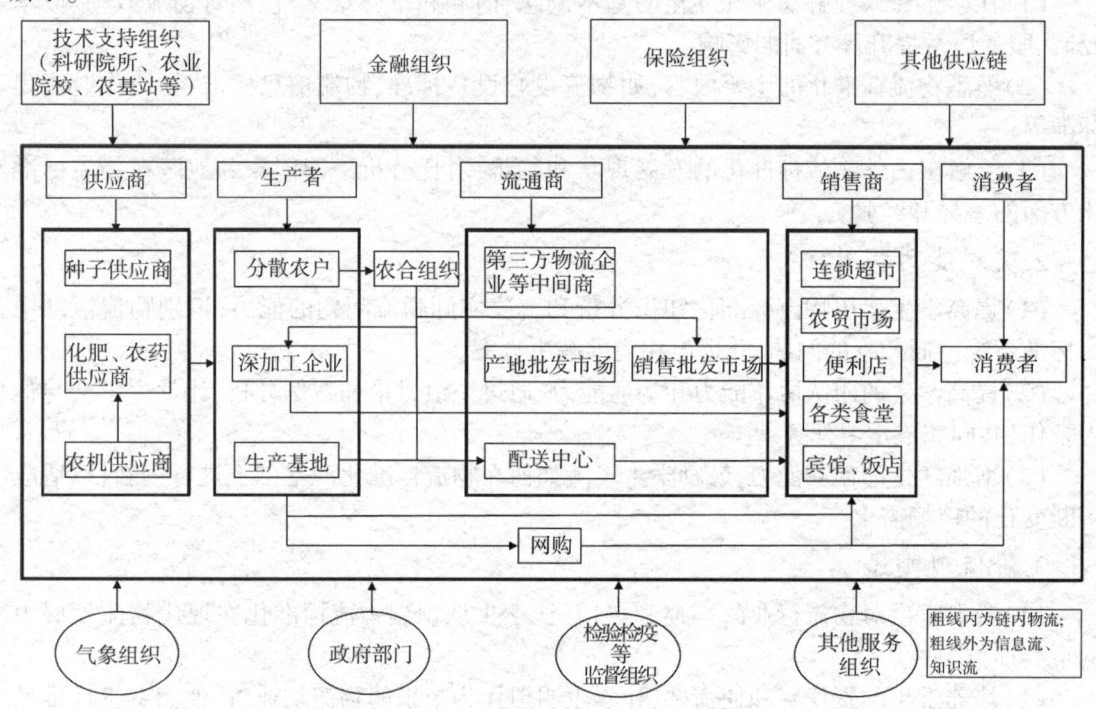

图 5-1　我国农产品供应链运作模式

(资料来源:[乡村闻道]数字化赋能农产品供应链——"供应链下沉 农产品上行")

近年来,农产品质量安全问题日益严重,国内外都出现了重大的农产品安全事件。国际上,英国的"疯牛病"事件、比利时的"二噁英"事件,以及德国的"毒黄瓜"事件、国内的"瘦肉精"事件等,都对人们的健康和生命安全造成威胁。虽然已经有了多种有效控制食品安全的办法或者标准,包括 ISO 9000 认证、GMP(良好操作规范)、SSOP(卫生标准操作程序)、HACCP(危害分析和关键点分析系统)等,并在实践中进行了运用,但是这些标准都是针对具体环节进行控制,缺少将整个供应链连接起来的技术手段或者规范。一旦在中间某个环节出现问题,要想寻找问题的源头,或者查找所有与这个问题相关的产品信息,上述这些手段就显得不够完善。

可追溯系统(Traceability System)是在产品供应的整个过程中对产品的各种相关信息进行记录和存储的质量保证系统,目的是在出现产品质量问题时,能够快速、有效地查询问题的原料或加工环节,必要时进行产品召回,实施有针对性的惩罚措施,由此来提高产品质量。

公众对食品质量要求不断提高,"绿色、安全、健康"已经成为广大消费者对食品的共同期望,人们从传统的"吃得到""吃得饱"转换到现在追求的"安全""健康"。中国正处于传统农业向现代农业转型升级的过渡时期,在一定程度上,解决食品质量安全问题比解决数量问题更加复杂和困难。提高农产品质量,既能满足国内消费者的需求,创造社会效益,又能突破贸易壁垒,开拓海外市场。因此,以数字化赋能农产品供应链,助力乡村振兴和消费升级,实现农产品质量可追溯,成为建设农业强国、提高人民生活幸福感的必经之路。

(二)案例基本情况

1.追溯系统及作用

(1)覆盖范围

追溯系统能够完整地覆盖农产品供应链,涉及农产品产地、加工、运输、批发及销售等多个环节,可用于果蔬产业、畜牧产业、家禽产业、粮油制品、茶叶行业、奶蛋制品、干果行业、水产行业、菌类制品等多个行业。追溯系统通过对食品原料采购各个环节进行电子登记,对产品的种养、生产、加工、运输、仓储、终端销售等多个流程的全面感知和智能监控,实现农产品从农田/农场到餐桌的供应链全程数字化管理。

(2)解决食品安全

通过追溯系统,消费者可以了解农产品的来源、生产环境、加工过程等详细信息,从而提高农产品的安全性和可信度。例如,教育监督机构可通过追溯系统对本辖区内学校食堂食品安全进行监督管理,实时掌握学校食堂食品安全的动态信息,实现食材的来源可追溯,每一餐的食物可检查,风险可预防,责任可追究。

(3)对突发事件的处理能力

突发事件具有突发性、紧迫性、不确定性、危害性、扩散性等特点,可追溯系统可以提高对农产品质量安全突发事件的应急处理能力。

(4)对农产品品牌建设起到促进作用

通过农产品的"身份证",向消费者展示农产品安全和品质的相关信息,帮助生产和流通企业防伪鉴真,全面展示企业优质的农产品,助力打造农产品品牌。

2.供应链全程可追溯

(1)农产品生产环节

在农产品生产过程中,系统需要对种植、养殖环境等信息进行记录。例如,对于蔬菜种植,系统需要记录种子类型、播种时间、施肥时间、农药使用情况等;对于家禽家畜养殖,系统需要记录品种、出生时间、饲料及兽药使用情况等。

(2)深加工包装阶段

在加工包装阶段,对农产品加工和包装后,可以通过扫描二维码或其他识别方式,将产品信息录入系统,包括加工时间、加工工艺、包装材料等信息。

(3)农产品运输环节

在农产品从生产地到销售地的运输过程中,系统需要记录运输时间、运输车辆、交接人员等信息。

(4)农产品销售环节

在农产品到达销售环节后,系统需要记录销售时间、销售地点、销售方式(批发、零售等）、销售数量等信息。

3.追溯系统功能

（1）信息录入

系统对从种子购入、播种、灌溉、施肥等种植环节的工作信息到采摘、检测等信息进行记录，并根据非同批次号进行全过程数据采集、监控，包括文字、图片、视频等多种形式，实现种植环节信息的追溯管理。

（2）信息查询

消费者可以通过扫码，查询农产品的种植、养殖环境，生产、管理、运输和销售的全部过程，确保自己买到的商品是放心的、健康的、有保证的。

（3）独立防伪

一物一码的赋码方式，实现了企业商品"身份证"管理模式。

（4）异常预警

当出现质量问题时，系统可以通过数据分析迅速定位问题节点，便于及时采取措施解决问题。

（5）数据统计

系统可以对农产品生产、运输、销售等数据进行统计和分析，为决策提供数据支持。

（三）问题分析

自国家提出农产品质量安全追溯体系以来，国家各部委、省、市部门都在积极尝试建立农产品质量安全追溯管理平台，农产品质量安全追溯平台呈遍地开花的态势。但当下也面临一些问题。

1.追溯监管部门合作不够密切，追溯标准不统一

农产品质量安全追溯涉及多个环节，参与监管的部门有农业农村部、商务部、国家卫生健康委、国家市场监督管理总局等，不同部门的侧重点不同，在农产品质量安全追溯方面的要求也不同。例如：农业农村部负责农产品生产环节追溯；商务部负责农产品流通环节追溯；国家市场监督管理总局负责市场综合监督管理，指导企业建立健全食品安全可追溯体系。这种多部门的分段监管，协调性较差，而且不同部门分头开展追溯工作，都根据自身需求来设计开发追溯信息系统，缺乏统一的标准体系，致使不同环节不能无缝衔接，无法实现真正意义上的全程追溯。

2.追溯系统重复建设

自国家提出农产品质量安全追溯体系，国家各部委、省、市部门都在积极尝试建立农产品质量安全追溯管理平台，农产品质量安全追溯管理平台呈遍地开花的态势。但这些追溯管理平台由于标准不统一、目的不一样、技术不同导致互不兼容，造成信息资源的浪费，难以实现共享，加大了政府的监管难度。除了数据上传难、数据库建设滞后问题外，各省、市的平台与国家平台也无法有效衔接。

（四）对策建议

1.建立统一协调机制

由国家牵头,成立跨部门的农产品质量安全追溯协调小组,整合农业农村部、商务部、国家卫生健康委、国家市场监督管理总局等部门的资源,统一追溯标准和流程,加强部门间的信息共享与协作,实现全程无缝追溯。

2.整合追溯系统

对现有的各类农产品质量安全追溯管理平台进行评估和整合,制定统一的技术标准和数据接口,消除系统间的兼容性障碍,实现信息资源的共享,降低政府监管难度,同时促进省、市平台与国家平台的有效衔接。

3.对高风险农产品实行强制追溯制度

对于高风险农产品、与人民群众生活和健康密切相关的农产品、进口农产品,实行强制追溯;对于在强制追溯目录内的农产品,如达不到被追溯条件,不得进入市场流通;对于其他品类农产品,鼓励开展追溯。

4.建立以流通为核心的全程可追溯体系

农批农贸市场是农产品流通的主要渠道,是物流和信息流集中的重要环节,能够实现农产品质量安全信息的收集与传递。我国70%的农产品经由农批农贸市场,有力地保障了城市农产品的供应。但农批农贸市场的追溯体系建设十分薄弱,信息化水平低。建立以流通为核心的全程可追溯体系,不仅可以减少农产品在流通中的损耗,降低物流成本,更重要的是可以提升农产品质量安全水平,保障人们的健康。

5.加大农产品追溯的宣传与追溯奖励力度

消费者对追溯的认知度普遍偏低,对可追溯农产品信任度较低,政府、主流媒体、企业应加大对追溯的宣传力度,提高消费者对可追溯农产品的认可,使消费者养成优先选择可追溯农产品的习惯,扩大可追溯农产品的市场,实现优质优价。政府应主导建立绩效评价与奖惩机制,提高企业参与追溯的积极性。

（五）教训与启示

多部门分段监管且缺乏统一标准,容易导致协调性差和系统重复建设,造成资源浪费和监管困难,无法真正实现农产品质量安全的全程追溯。

在供应链行业管理中,统一标准和加强协调至关重要,应打破部门壁垒,建立统一的管理机制和标准体系,避免各自为政。同时,要注重系统的整合和信息共享,提高行业整体管理效率和水平。

（六）教学讨论与拓展

1.问题设计

(1)结合案例,分析农产品可追溯系统在供应链行业管理中的重要性体现在哪些方面。

(2)如何提高食品供应链各环节参与主体对食品安全追溯的积极性和主动性?

2.实践任务

（1）分析某一具体农产品安全事件，探讨可追溯系统在该事件中可能发挥的作用以及存在的不足。

（2）假设你参与一个农产品供应链的可追溯系统建设，请你设计一份简单的信息记录方案，包括各环节需要记录的关键信息，以满足溯源需求。

（七）教学目标

1.知识整合

使学生了解农产品供应链的完整结构和可追溯系统的相关知识，掌握供应链行业管理中质量安全追溯的重要性和面临的挑战，整合多学科知识，如管理学、信息技术等。

2.技能提升

培养学生分析问题和解决问题的能力，通过对案例的分析，让学生学会从供应链行业管理的角度思考问题，提出有效的解决方案。提高学生的信息整合和系统设计能力，为其未来从事相关工作打下基础。

3.价值观塑造

培养学生具备正确的质量安全意识和社会责任感，使其认识到保障农产品质量安全对于消费者健康和社会稳定的重要性。培养学生的团队协作和创新精神，鼓励学生积极参与供应链行业管理的优化和改进。

资料来源：

［公众号：智慧农服创新联盟］农产品溯源系统：产地溯源 品质码上见！2023 年 11 月 17 日。

［公众号：及时雨数字农业］农产品溯源，一物一码，全程溯源. 2022 年 01 月 25 日 10:31。

［公众号：智慧农业溯源］一物一码，建立完善的农产品溯源系统，就是建立食品安全诚信体系. 2023 年 04 月 24 日。

［公众号：乡村闻道］数字化赋能农产品供应链——"供应链下沉 农产品上行". 2024 年 08 月 29 日。

［公众号：中农德胜］推进以农产品流通领域为中心的全程可追溯体系. 2022 年 11 月 22 日。

第六章
交通物流企业管理类教学案例

第一节　交通运输企业管理类教学案例

一、铁路专用线"进码头、进园区、进厂矿"

河北省铁路专用线建设推动运输结构优化——以"进码头、进园区、进厂矿"为例

摘　要:本案例以河北省推动铁路专用线"进码头、进园区、进厂矿"的实践为研究对象,分析了其在优化运输结构、促进多式联运发展中的核心举措与成效。通过加快港口集疏运铁路建设、完善企业园区铁路网络、创新"港口+内陆港"联运模式及强化资金支持等做法,河北省实现了大宗货物运输"公转铁""公转水"的显著转型。本案例总结了多部门协同机制、绿色集疏运体系构建及运输组织模式创新的经验,为其他地区运输结构调整提供了参考。

关键词:铁路专用线;多式联运;运输结构调整;绿色物流

（一）背景介绍

河北省拥有丰富的工矿资源和发达的工业基础,是中国北方重要的工业和物流中心。近年来,河北省深入贯彻落实党中央、国务院关于推动多式联运高质量发展、优化调整运输结构的决策部署,积极推动铁路专用线"进码头、进园区、进厂矿",加快建立大宗货物绿色集疏港体系、"港口+内陆港"多式联运体系、企业园区绿色集疏运体系、道路货运新型服务体系,有力促进了交通物流降本提质增效。2023年,河北全省铁路货运量为3.01亿吨,铁路货运量占全社会货运量比重由 2017 年的 7.5% 提高到 2023 年的 11.9%；公路货运量占比由 2017 年的 90.7% 下降到 2023 年的 85.9%，货物运输结构持续优化，综合运输效率明显提升。

(二)主要做法及成效

1.加快港口集疏运铁路专用线建设

河北省政府办公厅印发《优化港口集疏运体系实施方案》，构建以铁路为骨干的现代化港口集疏运体系。2018 年以来，河北建成港口集疏运铁路专用线 7 条，里程 270.1 千米，新增铁路疏港能力 2 900 万吨，减少矿石疏港公路运输 2 000 万吨。目前，煤炭集港已全部实现铁路运输，曹妃甸港、黄骅港等 4 个专业化矿石码头均建成铁路装车系统或配套皮带廊道。2023 年河北省港口保持煤炭铁路、水路集港 100%，全省港口煤炭、矿石等大宗货物绿色清洁运输疏港比例达到 91.5%，提前完成了国家下达的 80% 的任务目标。

2.加快企业园区铁路专用线建设

河北省发展和改革委员会、自然资源厅等部门加快推进大型工矿企业、物流园区等重点铁路专用线建设。2018 年以来，建成铁路专用线 18 条，服务 6 个物流园区和 26 家企业，里程 132.7 千米。全省 100 家年运量在 150 万吨以上的大型工矿企业和新建物流园区，有 82 家已接入铁路专用线。

3.创新"港口+内陆港"多式联运体系

推进石家庄国际陆港、京雄保国际智慧港、衡水国际陆港、定州国际陆港等联运型综合货运枢纽建设，开通"保定—秦皇岛—仁川"铁水联运线路，通过内陆无水港公路集结零散货源后，铁路整列直达港口码头，实现规模化集海港。创新集装箱不落地直接装船模式，实现车船无缝衔接，集港环节缩短 3 天以上。多式联运集装箱运量由 2017 年的 16.8 万 TEU 增至 2023 年的 89.5 万 TEU，年均增长 32.2%。

4.加大资金支持力度

河北省财政厅等四部门联合印发《重点城市重型柴油货车新能源替代试点实施方案》，对试点市按新增新能源重型货车辆每车 5 000~7 000 元标准给予奖励，持续在"厂区、港区、固定路线、短途路线"等"两区两线"场景推广应用新能源货车。2023 年全省新能源营运货车达 1.7 万辆，增长 112.5%。2023 年，河北省交通运输厅和河北省财政厅印发《关于明确沿海港口发展补助资金使用管理等有关事项的通知》，通知明确省级每年安排 7 000 万元对运输航线、海铁联运、内陆港、航运企业落户等方面给予资金奖补。

(三)经验借鉴

1.建立多部门协同工作机制是基础

河北省交通运输厅会同河北省发展和改革委员会、中国铁路北京局集团有限公司等 18 个单位建立了河北省推进运输结构调整工作联席会议制度，明确部门职责、工作规则，形成"市场主导、政府推动、部门联动"的工作机制，凝聚共识、形成合力，共同推进全省运输结构调整工作。联席会议有关成员单位多次联合开展铁路专用线建设情况现场督导调度，协调解决建设过程中遇到的堵点和难点问题，有力地推动了铁路专用线项目建成投用，为运输结构调整工作打下坚实基础。

2.建设绿色化集疏运体系是核心

集疏运体系是连接多种运输方式的平台和纽带,是进行一体化运输组织的根本所在。河北省根据工矿企业距离港口较近的特点,大力推进铁路专用线进企入园和皮带廊道项目建设,促进港口集疏运绿色发展;以环保绩效创 A 为牵引,引导企业园区大宗货物运输选取铁路、水路、皮带廊道、新能源货车等绿色运输方式,促进企业园区集疏运绿色化发展。

3.创新运输组织模式是重要抓手

多式联运是提升各种运输方式综合效能的有效抓手。河北省着力推动管理部门协同联动、企业主体联盟合作、物流通道连接成网、数据信息联通共享,推动各种运输方式联合统一,实现多式联运市场规模的持续扩大。

(四)教学讨论与拓展

1.问题设计

(1)河北省推动铁路专用线建设的核心矛盾是什么?如何平衡经济效益与环保需求?

(2)多式联运模式如何提高区域物流效率?结合案例说明其关键创新点。

2.实践任务

(1)设计某工业园区的铁路专用线接入方案,需包含成本估算与减排效益分析。

(2)模拟"港口+内陆港"多式联运流程,绘制货物从内陆到港口的运输路径图,并标注各环节优化措施。

(五)教学目标

1.知识整合

(1)理解运输结构调整下公转铁的战略意义。

(2)掌握铁路专用线进港后多式联运运作模式及其经济、环境效益。

2.实践技能提升

(1)能够设计铁路专用线进港口或进园区的多式联运方案并评估其可行性。

(2)具备分析公铁、海铁联运系统问题的逻辑框架。

3.价值观塑造

(1)强化可持续发展理念,认识公转铁的社会责任。

(2)培养跨部门协作与系统化解决问题的思维。

资料来源:交通运输部办公厅《交通物流降本提质增效典型案例名单(首批)》。

二、零担运输货物配载优化

R 公司零担运输货物配载优化

摘　要:R 公司是一家以零担运输为主的物流公司,在我国物流行业具有一定规模和影响力。本案例以 R 公司某线路零担运输业务的实际配载结果为例,分析了 R 公司零担货物配载存在的问题及其原因;提出对 R 公司进行零担货物配载优化的目标和要求。R 公司具有一定的代表性,本案例为了解我国零担运输企业实际运营状况、提出改进方案、构建优化模型及对比优化效果等,提供了相关背景信息和数据。

关键词:零担运输;枢纽中心;配载;优化

(一)背景介绍

R 公司是一家零担物流公司,通过 20 余年在零担物流行业的精耕细作,铺设了遍布全国的干线运输网络,培养了零担物流行业专业的运营团队,致力于为客户提供优质零担物流服务。

在零担物流市场,诸如文件、药品、化妆品、汽车零备件类的小件货物(该类产品以厢车运输为主)的运输,有众多企业参与,市场竞争激烈。R 公司经过市场细分和 SWOT 分析论证后,将目标市场定位于家电、家具、健身器材类的大件产品(该类产品以非厢车运输为主)的运输。在客户群体定位上,以中小客户的零担业务为主,因单一客户的整车业务多为大客户,大多是一年一招标,客户黏性弱、利润率相对较低;而对于中小客户的零担业务,一旦有口碑,客户不会轻易更换物流供应商,客户黏性强、利润率也相对高一些。R 公司在服务大件货物客户零担运输的市场定位下,优化大型车辆的货物配载对其经营至关重要。

(二)案例描述

1.R 公司零担运输业务模式

R 公司通过遍布全国的分公司物流网络,为客户提供门到门(D2D)的运输服务。R 公司的业务模式,主要有以下两大类:

(1)直送业务

一单业务由起运地分公司发起,通过干线运输直接送达终端收货方。该类业务中单个客户单一收货方订单量相对较大(如 50 立方米以上或足以整车运输)的,货物配载相对简单,但是在 R 公司所有业务里的占比并不高(约 15%)。

(2)干线运输+末端配送

一单业务由起运地分公司和目的地分公司共同完成,起运地公司负责干线运输,目的地公司负责终端区域内配送到指定收货方。此类业务为 R 公司的主要业务类型,占比高(约 85%)。所以分公司的人员配备、职责分工、KPI 考核等,都是以满足此类业务为出发点的。分公司组织架构如图 6-1 所示(以起运地分公司为例)。

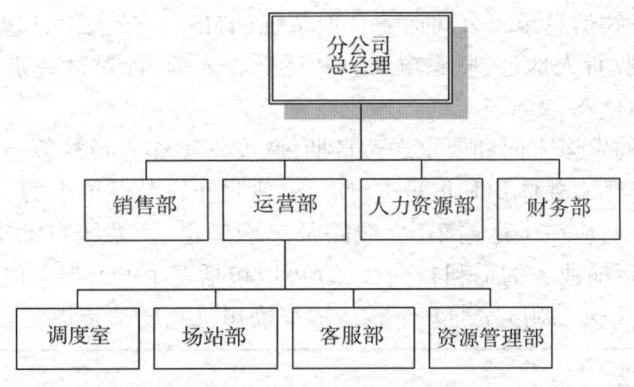

图6-1 分公司组织架构图

与业务模式相对应,分公司各部门的主要职责分工如下:

①起运地销售部

开发客户,包括中小合同客户和零担客户。中小合同客户订单一般都有明确的提货时间、到货时间要求,而零担客户随时下单。销售人员接客户订单后转运营部,定期向客户反馈运输安排情况,维护好客户关系。

②起运地调度室

对订单货物进行合理配载,在不超载的情况下尽可能多装,使干线零担运输的毛利最高。由于从起运地到目的地干线运输车辆运营成本基本固定,所以,只要多装,基本上就能使运输收入增大,从而保证毛利增大。调度室既要考虑运输车辆的货物配载量,又要考虑车辆的运营效益,因此对R公司的盈利状况影响较大。

③起运地场站部

按照调度室的配载方案,把货物装载到运输车辆上,并负责向调度室反馈配载方案执行情况,如是否有配载计划上的货物不能装载到车辆上,或者配载计划上的货物全部装载完毕后,车辆还有较大的空间或载重冗余可用,并协调调度室做出调整方案。

④起运地客服部

起运地客服部负责起运地公司、目的地公司和客户间的信息沟通,跟踪起运地公司货物发出、到达目的地的时间进度,协调目的地公司及时将货物中转到终端收货方,出现异常情况及时与客户沟通,收集签收信息,与客户对账结算。

⑤目的地公司

目的地公司负责接收货物,从干线运输车上卸货、分拣,再用支线运输车辆送到终端客户,协调客户收货并在运输单据上做签收,个别情况下还要按照客户的要求收取运费或者代收货款。

2.R公司零担运输业务流程

为规范运营、达成经营目标,R公司梳理并制定了相关业务运营流程,如图6-2所示(以起运地D分公司为例)。

销售部根据收集的行业客户信息,推介零担物流方案及针对客户需求报价,取得与客户的合作机会。根据客户发货订单,R公司用4.2M、6.8M小货车,在客户指定时间内,将不同客户的零散托运货物收集、统一运到起运地场站;或是发货客户自行把货物送到R公司场站,理货人员将货物信息录入公司运输管理系统(TMS)。录入信息包括货物的尺寸及重量、要求送达时间、收货人地址、联系电话以及运费收入等,针对每一票托运单 TMS 生成唯一的系统订单号(PO)。

按照客户要求的发运方向和要求送达日期,调度室工作人员核算待配载货物的体积重量等信息,与运输车辆满载体积和重量进行匹配,满足车辆装载要求的,在 TMS 里生成装车单号(SO),一个 SO 对应一个运输车次(线路及车辆确定后,系统自动出现干线运输运费,也就生成了该车次运输业务的毛利),一个 SO 可以包括多个 PO,但一般情况下,一个 PO 只能对应一个 SO。下一步,调度室通知干线运输车辆司机到场站装货。

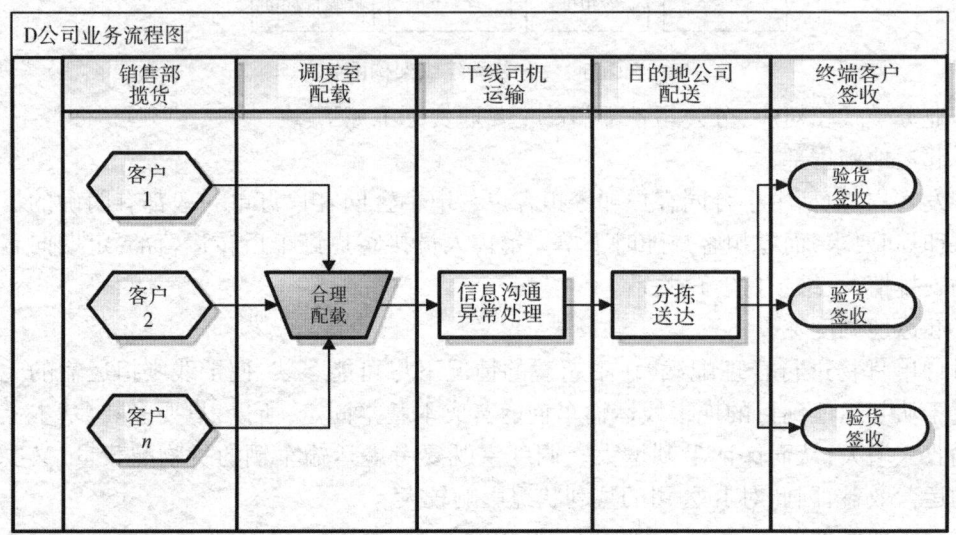

图 6-2　相关业务运营流程图

干线运输车辆到达场站后,场站工作人员已经按照 SO 备好待装货物,根据大不压小、重不压轻等基本原则,把货物逐一装到干线车辆上,并同干线运输司机完成货物交接。根据实际装载结果,场站人员和调度室再做冲减订单或者追加订单工作。车辆满载后,场站人员在 TMS 做系统发车确认。

车辆驶离场站,司机送货到目的地公司。中途若出现交通事故等意外情况,司机应及时向起运地公司电话报备。

客服部跟踪干线车辆运输进度,一旦车辆到达目的地公司,客服部协调目的地公司场站卸货,并及时用小吨位车辆把货物中转到终端收货方;收货方收货后签收运输单据;客服部收到签收信息后和客户对账,按照账期结算运费。

3.R 公司零担货物配载现状

(1)使用的运输车辆

在干线运输中,出于物流规模效益的考虑,R 公司多使用 17.5M 车型运输。该车型车厢长 17.5 米、宽 3 米,满载重量(W)为 30 吨、体积(V)为 150 立方米。该车型为目前国内常规货物公路运输最大的运输车型。受车辆装载极限的限制,单件货物的长不能超过 17.5 米、宽不能超过 3 米、高不能超过 3 米、重量不能超过 30 吨。

（2）零担货物配载效果的评判经验值

货物配载的效果，体现于配载量、配载货物的容重比、配载货物运输收入等方面。首先体现在车辆可载重量和可用容积资源的利用状况，也就是每辆车在配载总量及配载体积方面是否达到最大值；其次是配载货物的容重比和运输车辆目标容重比的贴近程度，即不能单纯追求货物重量最大或者单纯追求货物体积最大，而是综合货物重量、体积因素取得两者都相对较大的结果；最后体现在每辆车的收益指标，也就是是否通过每辆车配载量的优化达到了单车运输收入的最大化。

①配载货物的重量和体积接近运输车辆的满载标准

R 公司干线运输使用的 17.5M 车辆，货物满载标准是 150 立方米、30 吨，所以，在配载时，尽量向 150 立方米、30 吨上靠拢。

②配载货物的容重比接近运输车辆目标容重比

17.5M 车满载标准为 150 立方米、30 吨，配载目标的容重比为 5，实际配载货物的容重比越接近 5 越好。

③毛利额应该接近一个常数值

针对已经确定的待配载货物，配载后干线车辆运费收入减去成本后的毛利要最大。同一条线路一段时期内，理想配载状态下每辆车的毛利额应该接近一个常数值。

上述货物配载效果的评判经验值如表 6-1 所示。

表 6-1　货物配载效果的评判经验值

	配载重量（吨）	配载体积（立方米）	容重比	运费收入	毛利额
目标值	30	150	5	配载量×重货或抛货运价	收入×30%
备注				接近一常数值	接近一常数值

（3）R 公司零担货物配载效果

为考察 R 公司实际的货物配载效果，调研得到 R 公司 QD 分公司的 QD（起运地）-NN（目的地）线路的业务数据。R 公司 QD-NN 线路业务量每天至少 1 车，该线路某年 11 月某日实际车辆配载数据及运营数据分别如表 6-2、表 6-3 所示。

①11 月共发运 30 车、日均 1 车，合计发运 739.4 吨、4 090.93 立方米，折合每车24.65 吨、136.36 立方米。

②11 月 30 车共计装载货物 683 票、16 384 件，由此产生的物流运费收入合计1 094 329.10元，车均运费收入 36 477.64 元，最高单车运费收入 44 479.74 元，最低单车收入29 759元。

表 6-2　R 公司 QD-NN 线路实际车辆配载数据（××××年 11 月××日）

序号	车次号	配载吨	配载方（立方米）	c	满载吨	满载方（立方米）	R	δ
1	ZX084275	27.62	142.87	5.17	30.00	150.00	5.00	0.17
2	ZX089169	29.53	140.52	4.76	30.00	150.00	5.00	0.24
3	ZX089910	29.05	135.27	4.66	30.00	150.00	5.00	0.34
4	ZX078707	29.77	136.83	4.60	30.00	150.00	5.00	0.40

续表

序号	车次号	配载吨	配载方（立方米）	c	满载吨	满载方（立方米）	R	δ
5	ZX078520	25.13	136.97	5.45	30.00	150.00	5.00	0.45
6	ZX084086	26.67	147.20	5.52	30.00	150.00	5.00	0.52
7	ZX086468	29.18	130.61	4.48	30.00	150.00	5.00	0.52
8	ZX080698	26.41	148.51	5.62	30.00	150.00	5.00	0.62
9	ZX072891	29.65	128.92	4.35	30.00	150.00	5.00	0.65
10	ZX079487	29.93	130.04	4.34	30.00	150.00	5.00	0.66
11	ZX093043	25.50	149.32	5.86	30.00	150.00	5.00	0.86
12	ZX092288	23.27	136.68	5.87	30.00	150.00	5.00	0.87
13	ZX077685	24.86	147.98	5.95	30.00	150.00	5.00	0.95
14	ZX073711	29.52	117.51	3.98	30.00	150.00	5.00	1.02
15	ZX071882	29.48	116.72	3.96	30.00	150.00	5.00	1.04
16	ZX088676	24.48	149.82	6.12	30.00	150.00	5.00	1.12
17	ZX081109	23.48	148.50	6.32	30.00	150.00	5.00	1.32
18	ZX090481	29.16	101.15	3.47	30.00	150.00	5.00	1.53
19	ZX081085	22.81	149.44	6.55	30.00	150.00	5.00	1.55
20	ZX085965	21.52	143.76	6.68	30.00	150.00	5.00	1.68
21	ZX084530	29.99	99.02	3.30	30.00	150.00	5.00	1.70
22	ZX075880	19.81	137.39	6.93	30.00	150.00	5.00	1.93
23	ZX082681	18.27	127.14	6.96	30.00	150.00	5.00	1.96
24	ZX085966	20.09	140.12	6.98	30.00	150.00	5.00	1.98
25	ZX086863	20.21	145.43	7.20	30.00	150.00	5.00	2.20
26	ZX083676	17.20	126.42	7.35	30.00	150.00	5.00	2.35
27	ZX087442	18.05	132.80	7.36	30.00	150.00	5.00	2.36
28	ZX086481	19.61	145.59	7.43	30.00	150.00	5.00	2.43
29	ZX089584	19.67	149.68	7.61	30.00	150.00	5.00	2.61
30	ZX076363	19.48	148.72	7.64	30.00	150.00	5.00	2.64
总计		739.4	4 090.93	5.53	900.00	4 500.00	5.00	0.53
车均		24.65	136.36	5.53	30.00	150.00	5.00	0.53

注：[1] c（实际容重比）：运输车辆实际装载货物的容重比。

　　[2] R（目标容重比）：运输车辆达到目标装载量即满载状态下货物的容重比。

　　[3] $\delta = |c - R|$。

表6-3 R公司 QD-NN 线路运营数据(××××年11月××日)

序号	车次号	配载吨	配载方 (立方米)	c	订单数	货物件数	运费收入
1	ZX085966	20.09	140.12	6.98	27	619	44 479.74
2	ZX078707	29.77	136.83	4.60	30	181	43 331.37
3	ZX086863	20.21	145.43	7.20	25	209	42 284.85
4	ZX081109	23.48	148.50	6.32	28	460	42 102.82
5	ZX079487	29.93	130.04	4.34	12	141	41 243.44
6	ZX072891	29.65	128.92	4.35	20	795	41 139.70
7	ZX086481	19.61	145.59	7.43	13	318	41 086.50
8	ZX088676	24.48	149.82	6.12	14	653	40 580.50
9	ZX071882	29.48	116.72	3.96	37	287	40 181.10
10	ZX085965	21.52	143.76	6.68	16	517	39 842.00
11	ZX087442	18.05	132.80	7.36	22	219	38 760.00
12	ZX084275	27.62	142.87	5.17	23	734	37 911.00
13	ZX089169	29.53	140.52	4.76	25	1 006	37 274.40
14	ZX080698	26.41	148.51	5.62	12	517	37 147.58
15	ZX073711	29.52	117.51	3.98	3	210	37 000.00
16	ZX077685	24.86	147.98	5.95	52	839	36 849.71
17	ZX084086	26.67	147.20	5.52	25	1 227	35 710.37
18	ZX076363	19.48	148.72	7.64	40	613	34 826.20
19	ZX078520	25.13	136.97	5.45	22	422	34 255.17
20	ZX084530	29.99	99.02	3.30	17	279	33 743.00
21	ZX086468	29.18	130.61	4.48	9	229	33 675.30
22	ZX075880	19.81	137.39	6.93	36	1 092	32 205.00
23	ZX081085	22.81	149.44	6.55	28	496	31 922.00
24	ZX090481	29.16	101.15	3.47	16	270	31 815.35
25	ZX092288	23.27	136.68	5.87	24	1 602	31 553.00
26	ZX089584	19.67	149.68	7.61	20	858	31 332.00
27	ZX083676	17.20	126.42	7.35	3	179	31 037.00
28	ZX093043	25.50	149.32	5.86	26	615	30 725.00
29	ZX082681	18.27	127.14	6.96	46	408	30 556.00
30	ZX089910	29.05	135.27	4.66	12	389	29 759.00
总计		739.4	4 090.93	5.53	683	16 384	1 094 329.10
车均		24.65	136.36	5.53	23	546	36 477.64

（4）R公司零担货物配载存在的问题

将表6-2、表6-3的实际运营数据与表6-1的经验值对比后不难看出，差距是明显的。

①从货物配载量来看，每辆车平均装载24.65吨、136.36立方米与目标满载量30吨、150立方米相比，平均每车有5.35吨、13.64立方米的缺口。

②从容重比来看，目标容重比为5，而实际平均装载容重比为5.53，δ值为0.53，仍有进一步缩小的空间。

③从运费收入上来看，不同车次间的差异非常明显。理想状态下，每车的运费收入（毛利）应该接近一个常数，至少差异应该不大，因此，这个指标也说明R公司零担货物配载效果与合理化配载要求存在差距。

（三）问题分析

1.数据揭示的问题

为直观分析R公司零担货物装载的差距，利用上述业务数据进一步做图表分析。

（1）车辆资源利用率

从实际车均装载量与单车目标装载量看，车辆资源利用率的差距如图6-3所示。平均车辆载重量资源利用率为88%，车辆载货空间资源利用率为91%，车辆资源存在部分浪费。

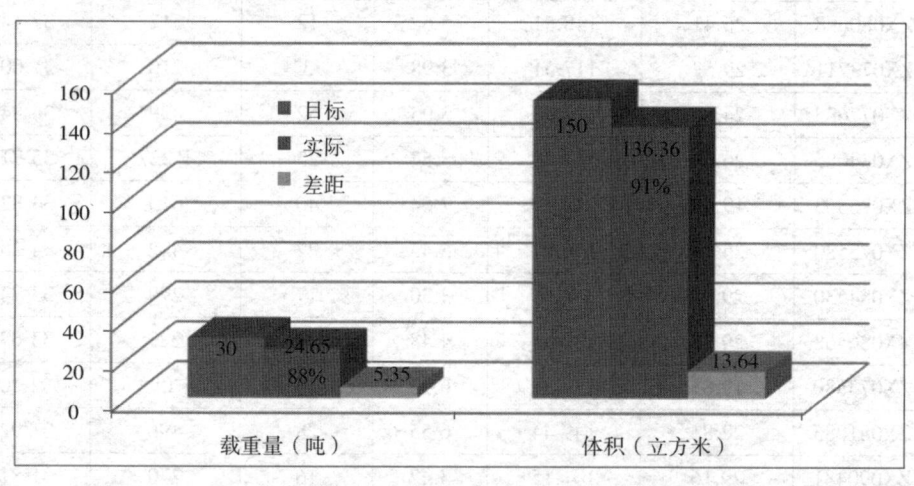

图6-3　车辆资源利用率

（2）容重比

从c、R（即每车装载货物实际容重比与车辆装载货物目标容重比）看车货匹配程度的差距，如图6-4所示。全月30车，其中10车装配货物容重比低于车辆装载目标容重比，20车货物容重比大于装载目标容重比。全月30车平均装载货物容重比5.53，高于装载目标容重比5。这说明装载货物与运输车辆的匹配程度比较接近，但仍有优化的空间。

（3）相似容重比的不同价格

零担物流运输行业，对于容重比相近的货物，同一条线路的运费价格应该也相近，但分析R公司QD-NN线路运输的货物，以容重比为3和7.05的实际数据（如表6-4所示）为例，容重比相近但运费价格相差很大。

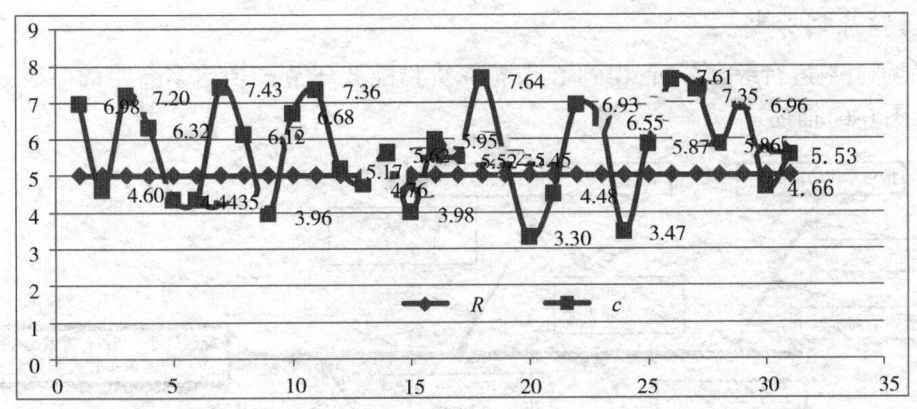

图 6-4　配载货物容重比

表 6-4　相同容重比—不同运费价格

装车单号	件数	重量(千克)	体积(立方米)	容重比	收费单价(元/吨)	收费单价(元/立方米)	运费合计(元)
ZX075880	11	200	0.60	3.00	1 100.00	366.67	220
ZX086481	1	50	0.15	3.00	700.00	233.33	35
ZX075880	2	100	0.71	7.05	4 240.00	601.42	424
ZX077685	10	400	2.82	7.05	1 412.50	200.50	565
ZX088676	30	1 800	12.69	7.05	1 452.78	206.07	2 615

(4)单车运费收入

从单车装载货物运费收入看运营指标的差距,如图 6-5 所示。全月 30 车,车均收入 36 478元,单车物流运费收入最大为 44 480 元/车,最低为 29 759 元/车。高于平均值的有 16 车,低于平均值的有 14 车。单车物流运费收入波动如此之大,说明存在较大的车辆货物配载优化空间。

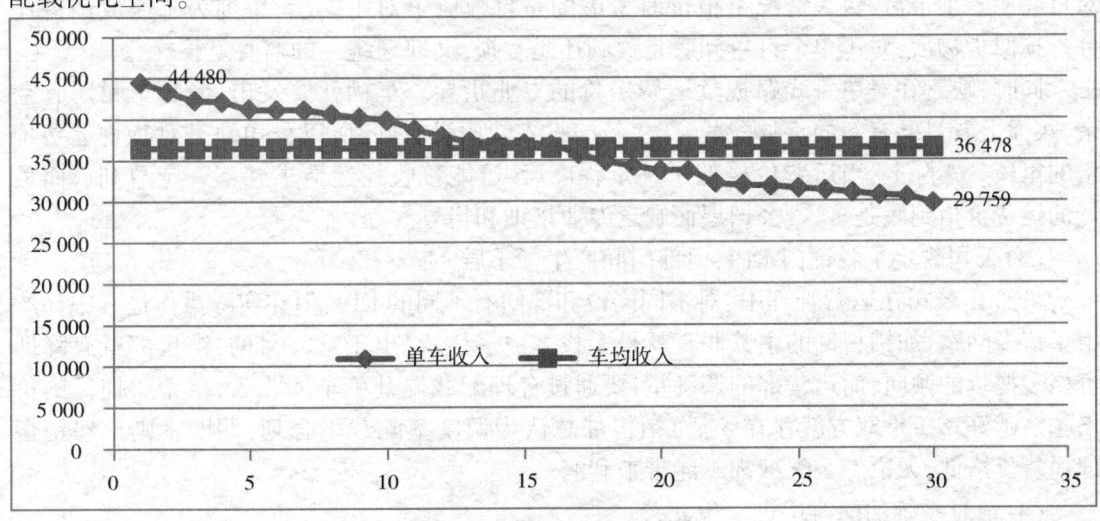

图 6-5　单车运费收入(元)

2.问题原因分析

对调研资料进行综合分析,得到 R 公司在货物配载环节产生诸多差距的原因,并用鱼骨图(见图 6-6)描述。

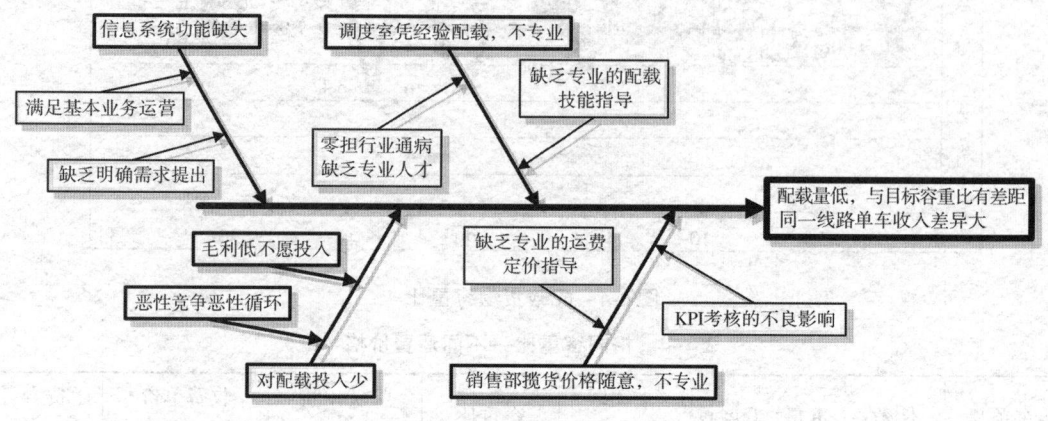

图 6-6　R 公司货物配载差距原因鱼骨图

(1)调度室凭经验进行货物配载

调度室习惯拿着计算器对配载货物进行简单的计算,看哪些货物加在一起,只要不超过 150 立方米及 30 吨,就打印出配载单,通知场站装货。表面看是调度室为追求作业高效率,实际还有更深层次的原因。

①调度室不大清楚怎么做优化。没有容重比的概念,也没有货物聚类的概念,配多少、能不能装上,全部凭经验;而公司的主管、经理大多也是从基层凭经验做起来的。

②R 公司缺乏专业的货物配载人员。不仅如此,伴随着物流业务量的迅速增长,许多中小零担物流企业都是凭经验进行配载的。

(2)销售部为多揽货价格较随意

销售部的职责就是多找客户多揽货,但面对不同客户千差万别的货物时,很难实行针对货物的差别报价,更多情况下报价时考虑的是打败竞争对手,或者单纯为了完成销售任务。揽回货物后,对于单个订到底是盈利还是亏损,又缺乏统一的监管复核。

同时,缺乏针对单一线路揽货运费定价的专业指导。车辆就要发出,但是车厢还有空余,表面上看只要有新的货物配载、产生新的收入就比没有好,所以公司缺乏对货物运费价格的审核。实际上,当运费价格低于一定程度后,可能接收托运请求并不一定盈利。而最低的运费价格到底是多少,公司层面缺乏专业培训和指导。

(3)公司规定了各部门 KPI,但部门间产生了矛盾

虽然 R 公司在运营管理中,对不同岗位和部门有不同的 KPI,但在实际操作过程中却产生了诸多问题,如销售部的主管职责就是多找客户多揽货,出于这一目的,销售部就有降低价格多揽货的倾向;而运营部的调度室,要通过合理配载提升单车的收入,就希望揽货的价格越高越好。于是双方就存在矛盾:销售部总认为调度室配载不合理,调度室则抱怨销售部揽货价格低,无论怎么配载都不能带来利润。

(4)信息系统功能有待进一步完善

R 公司的信息系统随着公司业务的发展得到了不断优化和提升,TMS 系统共分为运

输、结算、出纳、会计、车队、查询、运营、设置、系统9大模块,每个模块又根据功能不同包括若干子模块,每个子模块又包括若干三级功能模块。比如,运输模块有订单管理、托单管理、接货管理等13个子模块,订单管理里又有订单录入、订单查询等8个三级功能模块。

该运输管理系统功能在接单、配载、发车、接车、中转、签收、返单、结算等中都有涉及和体现,但作为零担物流公司最为核心的货物配载模块,系统只是按照运输线路显示了待配载货物的基本信息,包括体积信息和重量信息,系统并不能提供配载方案。具体配载时,还要由调度室员工根据经验,拿着计算器核算体积和重量,手工出具预配载方案,把各种货物配到一辆车上。实际配载后,再根据实际装载情况进行增减。既不能保证装载量最大化,也不能保证单车物流运费收入最大化。

(5)R公司对货物配载优化投入少

不仅R公司,许多零担物流企业认为货物配载靠实际操作经验就行,加之物流行业竞争激烈、利润很薄,没有钱投入货物配载优化研究。但这样做的结果是,货物配载水平上不去,反过来又影响公司的经营利润,利润低更不愿投入,形成一种恶性循环。

(四)解决方法

R公司零担货物配载问题是物流领域存在的典型优化问题之一,结合相关配载问题分类,本案例属于单一运输车辆、可满载、不受时效限制(货物较多、时限要求相对较宽松)、多优化目标(配载量最大化、车辆运费毛利最大化)的四维配载问题,可以运用相关课程里学到的构建优化模型的方法来解决。

1.问题描述

在R公司起运地分公司,场站将收集到的不同客户、不同批次、去往同一目的地的货物装载到同一辆17.5M的干线运输车上,经过合理配载,在使得运输车辆可载空间和重量资源利用最大化的同时,实现从起运地到目的地运费收入最大化。

车辆运营的经济效益如式(6-1)所示:

$$零担运输干线车辆运营毛利 A = 车辆干线运费收入 B - 车辆干线成本 C \qquad (6\text{-}1)$$

一定时期内,在起运地和目的地确定,干线运输车辆车型确定,车辆装载量相差不大的情况下,C值基本确定,则要实现毛利A最大,只要使收入B最大即可。收入B可用如式(6-2)所示的公式表达:

$$收入 B = \sum 配载量 \times 配载货物运费费率 P \qquad (6\text{-}2)$$

从式(6-2)可以看出,收入B受两个因素影响,配载量和配载货物运价(运费费率)。

由于17.5M的干线运输车最大载货空间为150立方米、最大载重为30吨,重货、抛货价格不同,因此只有合理搭配重、抛货物,才能在满足约束的前提下获得更多收入。

以一辆满载150立方米、30吨货物,沿QD-GZ线路行驶的车辆为例,单纯抛货(容重比8:1)运费费率为120元/立方米,单纯重货(容重比2:1)运费价格为600元/吨,分全装抛货、全装重货、重抛搭配配载三种情形模拟,数据如表6-5所示。可以看出,单纯装载重货,或者单纯装载抛货,都不能获得最大运费收入。而合理搭配重货、抛货,能够提高运费收入,即零担货物配载存在较大优化空间。

表 6-5　模拟配载运费数据

场景	实际配载	运费费率	车辆满载收入	备注
①全装抛货	150 立方米 折合 18.75 吨	120 元/立方米	150×120＝18 000 元	装载空间最大化
②全装重货	30 吨 折合 60 立方米	600 元/吨	30×600＝18 000 元	装载重量最大化
③重抛搭配	120 立方米抛货 、10 吨重货 折合 140 立方米、25 吨		120×120+10×600＝ 20 400 元	空间、重量都不是 最大化

2.相关假设

零担运输的货物来自不同行业的不同客户,货种批次大小不一,其配载是一个极其复杂的问题。为便于构建优化模型,同时结合行业特点,做出以下假设:

(1)干线运输 17.5M 车型,车厢为长方体,车厢可利用的长、宽、高分别不超过 17.5 米、3 米、3 米。

(2)收集到的货物均视为长方体,单件货物的长、宽、高均不大于车厢的长、宽、高。

(3)货物从起运地到同一目的地,收集货物较多,为实现最大化配载目标无须当天全部装车发运,即可视为货物配载不受时间约束。

3.现实约束

考虑到国家法律法规及行业特点,须满足如下现实约束条件:

(1)配载到同一车上的所有货物,总体积不超过 150 立方米。

(2)配载到同一车上的所有货物,总重量不超过 30 吨。

(3)货物之间可以组合,在不超高的情况下可上下分层叠放,遇到易碎货物用垫板分隔保护(为简便计算,垫板重量体积在此忽略不计)。

(4)只考虑普通货物,不考虑危险品等有特殊要求的货物。

4.优化目标

满足上述相关约束条件,使干线运输车辆运费收入最大化。

(五)教学讨论与拓展

1.问题设计

(1)根据 R 公司配载业务存在的问题及产生问题的原因,提出从公司管理角度系统解决这些问题的方案。

(2)在 R 公司现有管理信息系统 TMS 基础上,为实现配载优化,应如何设计配载功能模块?

2.实践任务

表 6-6、表 6-7 所示为 R 公司 QD－NN 线路某年 11 月实际发运的 ZX086468 和 ZX084086 两辆车的真实配载数据,这两辆车合计配载货物 55.85 吨、277.81 立方米,运费收入 69 385 元,利用本案例的思路,构建配载优化模型,并设计求解算法进行求解,将优化前后货物配载效果进行对比分析。

例如,所有的货物配载后,使得1辆车满载的运费收入最大,同时另一辆车剩余载重空间(或载重能力)最大。

因构建的模型不同、算法不同,可能求得的优化效果也不一样,花费的计算时间也可能不一样,当然优化效果更好、计算时间更短的方案更优。

表6-6 ZX086468车实载相关数据

装车单号	货物编号	件数	重量(吨)	体积(立方米)	容重比	运价(元/吨)	运价(元/立方米)	运费(元)
ZX086468	G1	32	19.33	30.00	1.55	610		11 791
ZX086468	G2	3	0.05	0.25	5.06		206	52
ZX086468	G3	4	0.10	0.84	8.35		206	173
ZX086468	G4	76	4.20	38.07	9.07		208	7 919
ZX086468	G5	8	0.80	7.28	9.10		351	2 555
ZX086468	G6	60	3.30	30.05	9.11		206	6 190
ZX086468	G7	12	0.50	6.54	13.07		206	1 347
ZX086468	G8	5	0.10	1.43	14.31		205	293
ZX086468	G9	29	0.80	16.15	20.19		208	3 359
合计		229	29.18	130.61	4.48			33 675

表6-7 ZX084086车实载相关数据

装车单号	货物编号	件数	重量(吨)	体积(立方米)	容重比	运价(元/吨)	运价(元/立方米)	运费(元)
ZX084086	G10	1	0.53	0.35	0.67	1 048		555
ZX084086	G11	60	0.50	0.60	1.20	1 000		500
ZX084086	G12	60	0.50	0.60	1.20	700		350
ZX084086	G13	1	0.22	0.30	1.36	1 364		300
ZX084086	G14	18	0.36	0.50	1.39	722		260
ZX084086	G15	12	0.22	0.34	1.55	1 773		390
ZX084086	G16	20	0.50	0.80	1.60	780		390
ZX084086	G17	200	3.10	6.00	1.94	600		1 860
ZX084086	G18	300	5.70	13.50	2.37	600		3 420
ZX084086	G19	9	1.48	4.00	2.70	743		1 100
ZX084086	G20	1	0.44	1.20	2.72	1 590		700
ZX084086	G21	1	0.06	0.20	3.33	667		40
ZX084086	G22	170	4.10	24.86	6.06		206	5 121
ZX084086	G23	169	2.94	19.42	6.59		288	5 593
ZX084086	G24	4	0.30	2.66	8.87		182	484

续表

装车单号	货物编号	件数	重量（吨）	体积（立方米）	容重比	运价（元/吨）	运价（元/立方米）	运费（元）
ZX084086	G25	23	0.86	8.56	9.92		191	1 635
ZX084086	G26	50	1.40	14.33	10.23		206	2 952
ZX084086	G27	1	0.10	1.00	10.42		350	350
ZX084086	G28	86	2.30	24.56	10.68		206	5 059
ZX084086	G29	1	0.06	0.80	13.33		275	220
ZX084086	G30	1	0.10	1.60	16.00		219	350
ZX084086	G31	1	0.10	1.60	16.00		225	360
ZX084086	G32	8	0.20	3.93	19.64		228	896
ZX084086	G33	10	0.10	2.20	22.04		182	400
ZX084086	G34	20	0.50	13.30	26.60		183	2 434
合计		1 227	26.67	147.21	5.52			35 715

（六）教学目标

1.知识整合

(1)零担运输业务体系知识。

(2)货物配载专业知识。

(3)优化模型构建知识。

2.技能提升

(1)数据分析与问题诊断技能。

(2)方案制定与优化技能。

(3)沟通与协作技能。

3.价值观塑造

(1)创新与进取精神。

(2)成本效益观念。

(3)责任与担当意识。

资料来源:郜运超.R公司零担货物配载优化研究[D].大连:大连海事大学,2018.

第二节　物流企业管理类教学案例

一、汽车零部件供应链整合

面向主机厂的汽车零部件供应链整合

摘　要:在汽车制造行业,主机厂和整车厂的零部件供应链具有复杂程度高、协调难度大、柔性要求高、信息化程度高等特点,一直是供应链管理的难点。在零部件供应物流系统中,库存成本和运输成本占很大的比重,同时库存与运输之间还存在"效益悖反"关系。为了平衡库存成本和运输成本,国内外汽车制造企业(整车厂和主机厂)一直在尝试改进供应链管理模式。本案例选择我国 L 主机厂在零部件供应链改进中面临的问题,使学生深刻体会采用 JIT 运作模式的制造企业供应链管理的特点和难点,熟悉供应链整合的理论与方法的应用。

关键词:汽车零部件;供应链;库存—运输协同优化

(一)背景介绍

1.汽车零部件供应链特征

汽车制造行业通常将汽车装配厂称为"整车厂",将汽车重要的部件系统研发与生产企业如发动机厂、变速箱厂、离合器厂等称为"主机厂"。与整车厂相似,主机厂生产也需要向众多供应商采购零部件,例如某汽车发动机厂的零部件供应商就有百余家。

相较于其他制造行业的供应链,汽车零部件供应链具有复杂程度高、协调难度大、柔性要求高、信息化程度高等特点。

首先,汽车零部件供应链的复杂性主要体现在零部件需求的复杂性和零部件供应商的复杂性。汽车的装配工艺复杂,需要的零部件种类繁多,每种零部件大小形状、使用频率、价值均不同,要求的库存量、送货批次也不同。此外,汽车零部件来自不同的供应商,各供应商的服务水平和产品质量参差不齐,物流标准化实施难度大,增大了运输及仓储的复杂性和难度。

其次,我国汽车零部件行业内企业数量多、分布广,集中度较低,因此运输配送范围大。

再次,客户的个性化需求和市场不确定需求要求供应物流自身运作保持高度的灵活性,同时,因汽车制造厂加快对新型汽车的研发,对零部件的研发也提出了新的要求。新型汽车进入市场后,在产品生命周期的不同阶段,对零部件的需求也不同,因此对零部件的数量柔性和供应时间柔性提出了较高的要求。

另外,零部件供应链涉及环节多、信息量庞大,企业需要应用先进的信息技术与系统,快速整合信息流和物流。

最后,在整车成本中,零部件供应成本所占比重很高,随着市场竞争日益激烈,汽车制造企业一直在努力改进零部件供应链整合,运用了多种管理技术,并取得了显著效果。

2.汽车零部件供应链分类

汽车零部件供应链按照零部件的用途可以分为面向主机厂的零部件供应链和面向售后服务的配件供应链,两者在需求信息来源、订货及运输批量等方面均有显著不同。

面向主机厂的零部件物流又被称为供应物流(或入厂物流),是指主机厂根据生产计划进行采购,并且将从供应商处采购的原材料或零部件以合理的物流总成本保质保量运至主机厂的过程。

根据零部件流转过程不同,供应物流可以分为直接供应和间接供应两大类。根据零部件供应物流主导方不同,供应物流又可以分为供应商主导、主机厂主导和第三方物流企业主导。

(1)按照零部件流转过程分类

汽车零部件供应物流按照零部件流转过程可以分为以下几种,如图6-7所示。

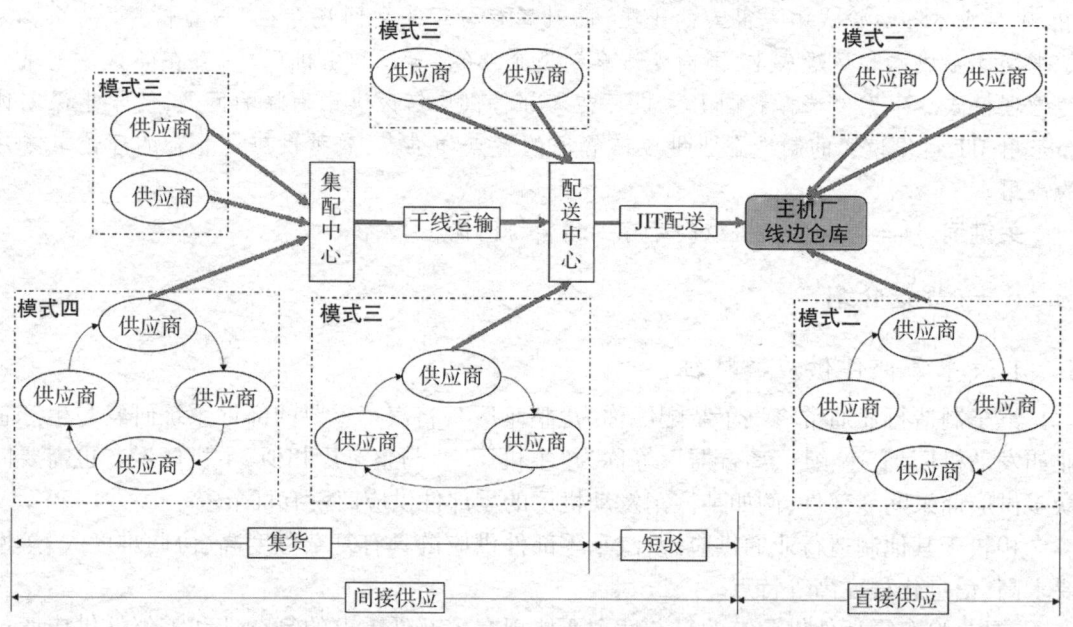

图6-7　面向主机厂的汽车零部件供应物流示意图

①直接供应

直接供应是指供应商根据主机厂的生产需求直接将零部件配送至主机厂线边仓库或生产线,没有中转运输和存储的过程。供应商一般以多批次、少批量的方式进行供应,实现与汽车制造企业的同步供货。

直接供应又分为两种:供应商自营直供和循环取货直供。

供应商自营直供:各供应商相互独立,各自为政,如图6-7中的模式一所示。

循环取货直供:第三方物流公司按照预先设计好的取货路线,依次到指定的供应商处取货完毕后,直接配送至主机厂完成一次取货过程,如图6-7中的模式二所示。

②间接供应

间接供应是供应商根据主机厂的生产消耗,先将零部件运输至中转中心进行存储,由中转中心根据汽车制造企业的补货需求通过短驳运输将零部件送到线边仓库的过程。

间接供应根据中转中心功能的不同又可以分为配送中心集货和集配中心集货两种(分别如图6-7中的模式三、模式四所示)。

③间接供应模式下的集货、中转短驳

间接供应模式下,运输过程包括两部分:从供应商到配送中心的集货运输、从配送中心到主机厂的中转短驳运输。

A.集货

集货是指将主机厂生产所需的各类零部件从供应商仓库运输至配送中心的过程,该过程主要包括:订单的接收、处理,供应商处零部件的装载,将零部件从供应商处运至配送中心。国内采购的零部件一般采用上述集货流程,国外采购的零部件集货过程有些特殊。一般国外采购的零部件多采用集装箱运输方式,进口清关后会以集装箱形式运输至配送中心,由配送中心根据汽车制造企业的要求进行拆箱、检验、换包装、打包、入库等工作。

B.中转短驳

中转短驳是指配送中心接收、存储从供应商处集货运输来的零部件,同时根据主机厂的生产需求向线边仓库运送零部件的过程。该过程主要包括:对从供应商处集来的零部件验收、入库,零部件在配送中心的存储管理,对主机厂补货需求的接收、处理,配送中心出库、装卸搬运、短驳运输至线边仓库。

短驳运输可分为独立短驳和合并短驳两种。独立短驳是指不同供应商的零部件独立装载在同一辆车内,不与其他供应商的零部件混合装载运输。合并短驳是指具有相同目的地的不同供应商的零部件可以被合并装载在同一辆车内,实现合并运输。

(2)按照零部件供应物流主导方分类

从供应物流主导方来看,汽车零部件供应物流模式分为三种:供应商主导、主机厂主导和第三方物流企业主导。

①供应商主导

零部件供应商是供应物流的决策者,主机厂根据生产计划向零部件供应商下达采购计划后,各供应商负责零部件的备货和运输到厂的全部过程。供应商可以选择自建运输团队或者将运输业务外包给第三方物流服务商负责。供应商主导的物流模式如图6-8所示。

②主机厂主导

主机厂全权负责汽车零部件运输到厂的整个过程。各供应商只需按照主机厂的要求进行备货。主机厂可以选择自建运输团队或者将运输业务外包给第三方物流服务商,由其负责到各供应商处进行循环取货,将供应商处的零部件集货运输到配送中心,再根据主机厂的补货需求将多种零部件混装在车辆上,短驳运输至线边仓库。该物流模式结合了循环取货和配送中心,极大地提高了物流运作效率,同时降低了整个供应链的物流运作成本。主机厂主导的物流模式如图6-9所示。

③第三方物流企业主导

主机厂将零部件入厂物流业务全部外包给第三方物流企业,由第三方物流服务商联合主机厂、零部件供应商构建三方共享的信息平台,就取货路径、配送频次、供货保障等问题共同进行信

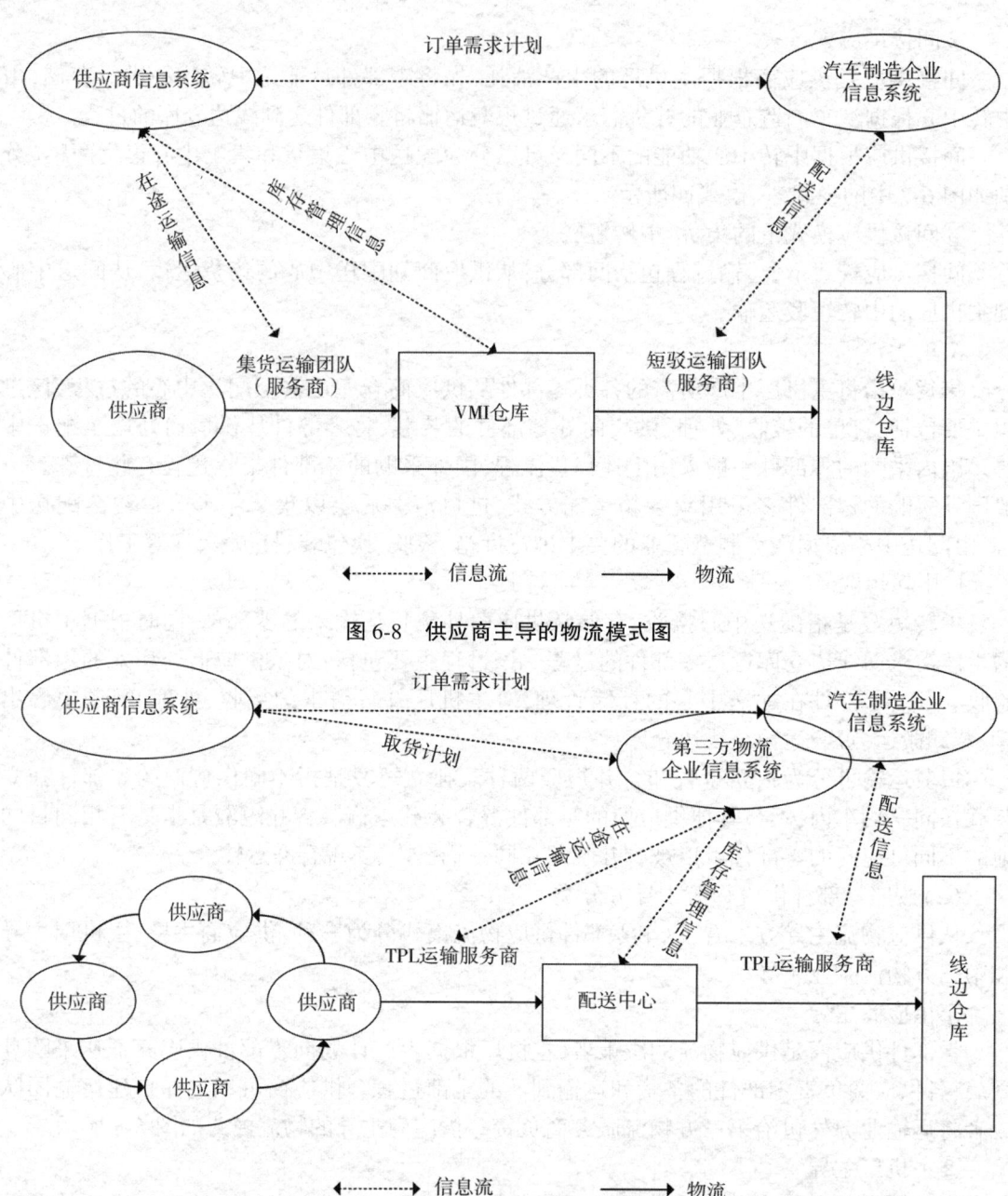

图 6-8 供应商主导的物流模式图

图 6-9 主机厂主导的物流模式图

息沟通,并整合全部的物流资源,以最合理的方式完成零部件供应物流任务,如图 6-10 所示。

3.L 公司汽车零部件供应链概况

L 公司是一家以汽车零部件制造为主要业务板块的上市公司,其产品包括强度高、质量轻的汽车防撞击组成零件、较低渗透和排放的管道系统、汽车橡胶管道系统、汽车等速万向节前驱动轴、汽车装饰密封系统等。公司的科技水平以及汽车零部件产品市场占有率在国内同行业中位居前列。

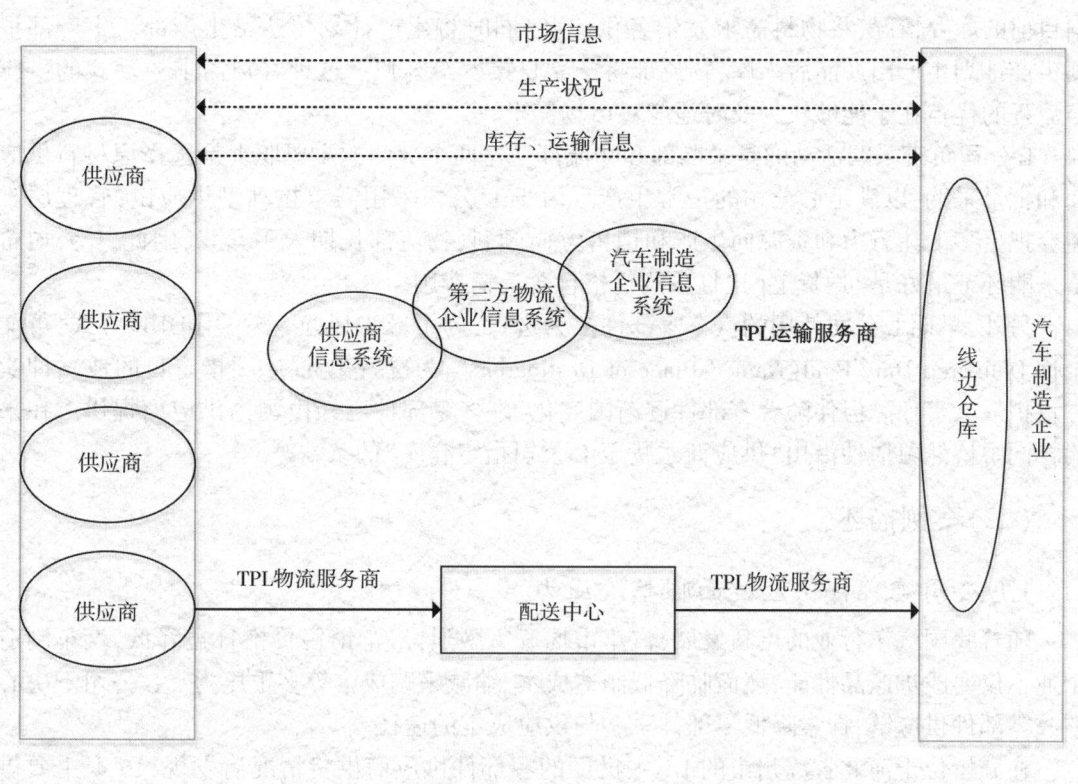

图 6-10 第三方物流企业主导的物流模式图

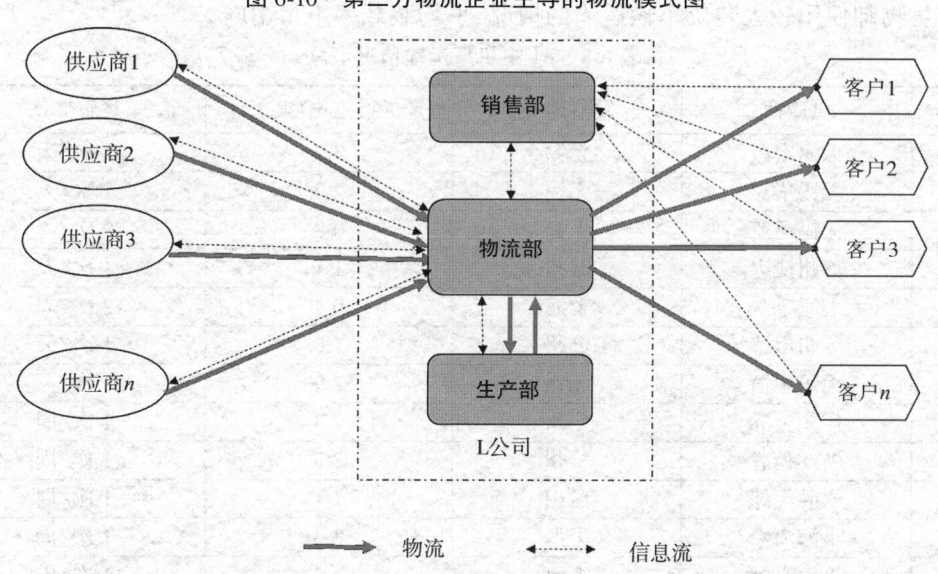

图 6-11 L 公司汽车零部件供应链示意图

　　L 公司汽车零部件供应链流程为需求拉动型(见图 6-11),即客户把各自需求的详细信息发至 L 公司销售部,销售部对订单信息进行分类处理后,报备给 L 公司物流部,物流部根据目前的库存情况,将物料需求发给各供应商,同时将生产计划传达给生产部。生产部根据生产计划生产出产品后入库,物流部将产品直接发给客户。这种客户需求拉动式的供应链流程的优点在于能够较为及时地应对市场需求。

L 公司负责采购活动的是采购部和物流部。这两个部门的主要职责是选择原材料供应商和批量采购,以满足 L 公司的正常生产。由于 L 公司采用需求拉动型供应链,管理层难免会把更多的注意力和资源向生产和销售方向倾斜,物流部长期人手紧张,因此,L 公司希望采购环节最好是"送货上门"且采购价格包含运输费用。

另外,早期 L 公司使用的汽车零部件多为进口,为了减少风险,多采用 DDP 方式,英文全称 Delivered Duty Paid(Named Place of Destination),为税后交货(……指定目的地),即卖方承担最大责任。但伴随着零部件逐渐国产化,许多零部件已经由国内供应商提供。在采购合同中依然习惯性沿用"供应商送货至 L 公司指定仓库"的条款。

(二)案例描述

1.L 公司零部件供应链面临整改压力

随着我国汽车行业的迅猛发展,汽车市场竞争激烈,汽车销售价格日益降低,汽车制造企业不仅要改进产品性能,还面临降低制造成本、缩减采购成本等多重压力。L 公司下决心整改零部件供应链,探索降低零部件采购与供应成本的途径。

在分析位于河北省涿州市的 L1 主机厂的零部件供应商供货情况后发现,16 家主要供应商中有 15 家是"送货上门",有的是每天送货,有的是每周送货,而且供应商的区域分布相当广泛(见表6-8),其中,货物批量较大的供应商供货车辆装载率较高,同时也存在批量较小的货物却使用较大吨位车辆运输的情况,平均装载率不足 70%。

表 6-8　L1 主机厂运输情况汇总

序号	供应商	发货地点	货物重量(吨)	运输频次
1	无锡宏鑫	无锡	3.2	1 次/天
2	无锡华洋	无锡	2.9	1 次/天
3	无锡泛亚	无锡	0.8	2 次/周
4	苏州捷迈	苏州	1.1	1 次/天
5	上海宝欢	上海	0.3	2 次/周
6	苏州申达	苏州	1.6	1 次/天
7	无锡中恒	无锡	2.9	1 次/天
8	广东宝乔	广州	2.3	1 次/周
9	浙江德胜	杭州	2.5	1 次/周
10	永胜经纬	昆山	1.1	1 次/周
11	上海海泰	上海	3.3	1 次/周
12	上海兴城	上海	2.2	1 次/周
13	宁波英杰	宁波	1.4	1 次/周
14	余姚福达	余姚	1.3	1 次/周
15	青岛八达	青岛	1.5	1 次/周
16	沈阳意宏达	沈阳	1.4	1 次/2 周

2.L公司零部件供应链第一次改进

分析发现,采购供应成本居高不下,原因之一是供应商主导供应物流。因其送货车辆装载率低导致运输成本升高,高的运输成本必然包含于采购合同的价格条款中。于是,L公司零部件供应链第一次改进主要是更改采购合同价格条款,集中整合供应商运输。

在签订新一年度供应商供货合同时,L公司对国内供应商尽可能采用供应商工厂仓库交货的方式,扣除其在原材料价格中的运输费用,而将到供应商工厂仓库取货的运输任务委托给A物流企业。

具体步骤如下:

(1)将每月及后续6个月的客户需求根据制造资源计划(MRPII)拆分成物料需求,并根据包装规范转换成供应商的托盘数及重量需求。

(2)根据供应商地理位置、货物体积及重量,选择车型及运输路线,确保路线最短、装载率最高。改进后,L1主机厂将上述16家供应商的16个送货路线汇总成3条线路(见表6-9)。

表6-9　L1主机厂改进后每周运输汇总

序号	供应商	发货地点	货物重量(吨)	运输频次	车型(吨)	装载率
1	无锡宏鑫	无锡	3.2	1次/天	10	90%
	无锡华洋	无锡	2.9	1次/天		
	无锡中恒	无锡	2.9	1次/天		
2(周一)	无锡泛亚	无锡	0.2	1次/周	5	83%
	苏州捷迈	苏州	1.1	1次/天		
	苏州申达	苏州	1.6	1次/天		
	永胜经纬	昆山	1.1	1次/周		
	上海宝欢	上海	0.15	1次/周		
2(周二)	苏州捷迈	苏州	1.1	1次/天	5	94%
	苏州申达	苏州	1.6	1次/天		
	上海海泰	上海	2	1次/周		
2(周三)	无锡泛亚	无锡	0.2	1次/周	5	83%
	苏州捷迈	苏州	1.1	1次/天		
	苏州申达	苏州	1.6	1次/天		
	上海宝欢	上海	0.15	1次/周		
	上海兴城	上海	1.1	1次/周		
2(周四)	苏州捷迈	苏州	1.1	1次/天	5	83%
	苏州申达	苏州	1.6	1次/天		
	上海海泰	上海	1.3	1次/周		
2(周五)	苏州捷迈	苏州	1.1	1次/天	5	76%
	苏州申达	苏州	1.6	1次/天		
	上海兴城	上海	2.2	1次/周		

续表

序号	供应商	发货地点	货物重量(吨)	运输频次	车型(吨)	装载率
3	广东宝乔	广州	9.2	1次/月	10	92%
	浙江德胜	杭州	10	1次/月	10	100%
	宁波英杰	宁波	5.6	1次/月	7.5	75%
	余姚福达	余姚	4.2	1次/月	5	84%
	青岛八达	青岛	6	1次/月	7.5	80%
	沈阳意宏达	沈阳	4.2	1次/6周	5	84%
合计						85%

第 1 条线路主要是在无锡境内的每日提货,路线为:无锡宏鑫→无锡华洋→无锡中恒→L1 公司。

第 2 条线路主要是在无锡周边的每日提货,但每天为不同的路线,并将每周提货 2 次分拆成每周提货 4 次,每次提货数量为原来的一半,并与每天提货相结合。周一为无锡泛亚→苏州捷迈→苏州申达→永胜经纬→上海宝欢→L1 公司;周二为苏州捷迈→苏州申达→上海海泰→L1 公司;周三为无锡泛亚→苏州捷迈→苏州申达→上海宝欢→上海兴城→L1公司;周四为苏州捷迈→苏州申达→上海海泰→L1 公司;周五为苏州捷迈→苏州申达→上海兴城→L1 公司。

第 3 条线路主要是采取供应商寄售,L1 公司指定 B 仓储企业仓库(以下简称 B 企业仓库),由供应商每周送货至 L1 公司调整到每月送货至 B 企业仓库,当 L1 公司使用时从 B 企业仓库取货,根据取货量进行结算。同时,仓储费用由供应商承担,虽然增加了供应商的仓储费用,但因增加了供应商的供货批量而降低了供货频率,供应商节省的运输费用更多。

由此,仅此一项改革,通过采购与运输环节的协同配合,L1 公司的采购供应物流成本下降了 30%。

(三)问题分析

零部件供应链第一次改进的成效让 L 公司更加重视供应链管理,同时也意识到,供应链改进无止境。而且,与行业其他企业相比,本企业零部件供应链依然存在诸多问题,还有很大的提升空间。

1.零部件供应中的物流问题

以 L1 主机厂为例,仍然存在以下问题:

(1)降低供应成本与实现柔性化生产相冲突

虽然将供应商主导供应物流改为委托第三方物流企业 A 进行运输组织,但为了增加运输批量降低运输成本,第 3 条线路送货频率降低到每月 1 次甚至每 6 周 1 次,很难响应汽车制造行业的 JIT 生产、柔性生产的运作模式。

(2)运输服务商与仓储服务商难协调

供应链第一次改进后,将运输业务委托给 A 企业,将仓储业务指定给 B 企业,而且由供应商支付 B 企业仓储费用。实际运作时,A、B 两企业时常发生作业冲突,甚至造成供货延误。L公司追究责任时,A企业抱怨去B企业装货时排队时间过长;B企业抱怨已经备好了货,但A企业提货车辆迟到。但是A企业擅长运输、B企业专营仓储,谁也替代不了谁。

(3)零部件供应商价格进一步下调谈判难度大

L公司经过市场横向比较,认为表6-9中第3条线路的部分供应商供货价格仍有下调空间,但相关谈判难度很大。供应商普遍反映,因采取供应商寄售形式,供应商为保障供货,不得不提前在B企业仓库备货,而且加大了安全库存,导致供应商成本上升,因此供应商还想将价格上调。

2.零部件库存问题

L公司在对零部件库存进行分析时,发现有大量零部件库存积压,导致库存成本上升,影响企业现金流动。分析其原因主要有以下几方面。

(1)生产部有时自行安排生产

因为采用需求拉动式排产,生产计划有时排不满,生产线员工空闲,生产部为完成企业的考核指标、减少生产线及员工空闲,常常自行安排提前生产某些产品,但生产出来的产品很可能近期或较长时间没有被客户订货,导致库存积压。同时,因生产部是自行安排生产的,采购部就需要为此增加一部分零部件采购,以备不时之需。

(2)L公司过多增加安全库存

L公司存在大量的零部件不良库存,主要是为了应对各种不确定性因素发生,如订货提前期、原材料质量、生产周期、运输效率、客户需求等因素发生变化,都可能导致供应链整体运作状况的变化。L公司的产品又是下游整车厂的零部件,为保证及时响应下游客户需求,过多地增加了产品安全库存,造成了不良库存的形成,增加了库存成本。

(3)供应链上各节点企业合作与协调难度大

供应链是一个综合了各节点企业共同利益和价值的有机整体,各节点企业之间只有进行有效的协调和互动,保持信息的互通,共同制定能维持总体利益的策略,才能最大限度提高供应链的整体绩效。L公司主营研发与制造,在供应链与物流管理方面日渐力不从心。

3.供应链进一步整合难度加大

与目前国内许多主机厂相似,L公司采用制造企业主导的供应物流模式,由制造企业自己管理库存,将运输业务外包给第三方物流企业负责。由于库存、运输、仓储分别由不同的企业负责,出于对自身利益最大化的考虑,各方企业将制定出独立的库存策略和运输策略,这样的物流模式很难保证库存与运输整体成本的最优化。

(四)解决方案

通过进一步市场调研了解到,已有主机厂在零部件供应物流环节开始采用TPL(Third-Party Logistics,简称TPL或者3PL)主导的供应物流模式,专业的第三方物流企业负责管理供应物流业务,将国内供应商的集货、仓储、运输等统筹优化,如在集货阶段采用循环取货方式,在中转短驳阶段采用联合补货方式,统筹规划库存和运输问题,平衡库存成本和运输成本,从而降低整个供应物流的成本。

于是,L公司决定,专门组建一个跨职能团队——零部件供应链整合项目部(简称项目部),从公司的销售部、配件中心、采购部、制造部及物流部抽调合适的人员,开启新一轮零部件供应链整合工作。

(五)教学讨论与拓展

1.问题设计

(1)针对L公司新一轮零部件供应链整合关于"招标采购专业的第三方物流企业"的业务要求,你认为这个第三方物流企业应具备哪些条件。

(2)L1主机厂在平衡库存成本和运输成本时,除了改进供应链管理模式,还可以从哪些角度入手来应对库存与运输之间的"效益悖反"关系?

2.实践任务

(1)如果你来自L公司的下列任何一个部门,如销售部、配件中心、采购部、制造部、物流部,被抽调到新一轮零部件供应链整合项目部,尝试从原部门业务角度给项目部提出建议。

(2)以小组为单位,模拟L1主机厂与主要零部件供应商的谈判场景。在谈判中,需要围绕如何更好地实现供应链整合、降低成本、提高供应效率等方面展开讨论,形成谈判记录。

(六)教学目标

1.知识整合

(1)学生能够系统整合汽车制造行业中主机厂零部件供应链的相关知识,包括供应链的复杂性、柔性需求、信息化要求以及库存成本和运输成本的关系等,形成对该领域供应链管理的全面认识。

(2)学生能够将供应链整合的理论与JIT运作模式的特点相结合,理解这些理论和模式在汽车主机厂实际运营中的应用方式和相互关联。

2.实践技能提升

(1)通过设计供应链优化方案和模拟谈判等实践任务,提升学生运用供应链整合理论和方法解决实际问题的能力,包括分析问题、制定策略和实施方案的能力。

(2)培养学生在团队合作中进行沟通、协调和组织的能力,以及在模拟商务场景中进行谈判和协商的技巧。

3.价值观塑造

(1)培养学生在面对复杂供应链问题时勇于探索和创新的精神,鼓励学生积极寻找优化供应链管理的新方法和新思路。

(2)引导学生树立全局观念和合作意识,让学生认识到供应链各环节紧密相连,只有各参与方的协同合作才能实现整体效益的最大化。

资料来源:
[1]孙菊.汽车零部件库存运输集成优化研究[D].大连:大连海事大学,2019.
[2]张瑾阳.LY公司汽车零部件供应链管理研究[D].西安:西安科技大学,2018.

二、工业品电商物流

爱姆意公司的"工业品电商"之路

摘　要：工业品电商与消费品电商相比，有其行业的特殊性，各方利益博弈激烈，推广、运行难度大；不只是网上点击送货就可以了，必须以O2O的方式实现线上功能与线下配套服务相结合，所以成功的先例很少。爱姆意公司打造的365me电商平台线上链接上游的工业品制造商和销售代理商、下游的工业品制造企业和经销商，线下提供供应链增值服务和物流集成等各项专业服务，此举不仅为国内制造业物流的外包探索出了一条新路，也为传统的生产资料贸易企业向现代服务业转型打造了一个样板。

关键词：爱姆意；生产资料；工业品；电商平台

（一）背景介绍

me是英文机电设备的两个开头字母，爱姆意公司全称是上海爱姆意机电设备连锁有限公司，是从国企上海市机电设备总公司转制的，由上海物贸股份有限公司、瓦房店轴承集团有限责任公司、沈阳机床股份有限公司、上海机电股份有限公司、上海机床厂有限公司、北京第一机床厂等多家上市公司和行业龙头制造企业共同投资的一家有限责任公司。公司成立于1998年10月，经营机电产品销售、拍卖、物流等，2000年以来持之以恒地进行以电子商务为手段的机电产品连锁经营、产品代理、集成服务的探索和实践。

20世纪末，爱姆意公司抓住国家发展先进制造业的战略机遇，积极探索企业的转型发展，在全国物资系统首先推出了"爱姆意在线"电商平台，开展机电产品连锁经营。该项目引入国际先进的供应链管理理念，以电子商务平台为依托，连接上游的机电产品生产商、国内外机电产品代理商，下游的以先进制造业为代表的工业企业、各类机电产品经销商，实现与供应商的资源共享，帮助广大用户实现了"即时配送、集成服务、零库存管理"的机电产品"阳光采购"目标。

近几年来，"爱姆意在线"业态升级，打造出365me电商平台，门类扩大到机电产品以外的工业品，为广大装备制造企业、工业品经销商和用户提供供应链服务，为传统的生产资料贸易向现代服务业转型打造了一个样板。爱姆意公司先后被评为"上海市知识产权示范企业""上海市文明企业""上海市电子商务示范企业"；爱姆意电商获得国家级和上海市"管理创新一等奖"；爱姆意商标被评为"上海市著名商标""上海市最具特色服务商标"。

（二）案例基本情况

1.365me电商平台——打造工业品采购新模式

从上海地铁8号线翔殷路站出来，远远就可以望见高耸的"365me"招牌，由原机电总公司大型仓库改建的爱姆意供应链总部占地2万多平方米，365me电商运营中心、电商用户体验馆宽敞明亮,电商配送中心内的配送车辆进出繁忙。365me 电商平台建立后,制造业会员用户可以享受 365 天、7×24 小时服务,只需轻点鼠标,就可以在网上下单,制造企业需要的各类工业品,都能在该平台购买。本地的现货库存,当天上午下单,下午就能到货。制造企业可以不必再备库存,既减少了库存资金的占用,又节省了采购时间。

365me 电商平台,通过运用互联网技术,以 O2O 方式实现线上、线下的联动,实现了制造商、供应商及服务商(爱姆意)三者资源共享,降低了销售成本和采购成本。它已显示出五大优势:一是提供直观便捷的订单通道;二是在线产品丰富、品种齐全;三是支付手段多样,能提供供应链融资;四是有自有的仓储配送中心,响应迅速;五是能提供各种个性化的零库存解决方案,尤其对于众多的中小制造企业的小批量订单,平台都能按照客户需求快速反应。据统计,365me 电商平台拥有超过 28 万个 SKU,影响力已从上海扩展到全国。

2.做供应链增值服务的提供商

与一般消费品电商不同的是,365me 电商平台除通过平台提供快速响应的产品外,还提供供应链环节中的增值服务,如为装备制造业的零库存提供解决方案和物流增值服务。

以爱姆意公司为上海高端制造企业上海机床厂有限公司(简称上机厂)提供的供应链服务为例。由爱姆意公司派出的 40 名员工已全部承接了该厂 2 万多平方米的 11 个零部件仓库,替代了上机厂原来的 110 名仓库管理人员,保管的品种也从开始的电动机、皮带盘、砂轮之类增加到五金标准件、机床附件、轴承、机床电器等 1 万多个品种的零部件。服务内容也从开始的保管、收发货扩展到电动机、砂轮等功率测试和动平衡测试,生产需要的零部件不用到仓库领料,而是由爱姆意公司员工直接送到工位。仓库全部实现了零部件条形码管理,每月为工厂提供各类及时、准确的数据。此外,上机厂生产的成品出厂,上海地区也由爱姆意公司实施总代理。爱姆意公司对上机厂提供的供应链增值服务使其物流总成本费用每年可以节约 50% 以上。上机厂的危险品仓库也由爱姆意公司进行管理,通过与爱姆意公司合作,企业有了更多的精力进行产品研发,增强了核心竞争力。现在通过 365me 电商平台,爱姆意公司的零库存解决方案已逐步扩展到上海工具厂、上海滚动轴承厂等装备制造企业。

3.“网上北京路”引领生产资料一条街转型发展

上海北京路生产资料一条街是有 100 多年历史、国内规模最大的生产资料特色街,曾经有 2 600 家商铺。2000 年以后随着上海传统制造企业产业转移,该街市场萎缩,商铺经营维艰,北京路生产资料一条街面临转型困境。

脱胎于北京路的爱姆意公司提出了“网上销售+实体体验”的 O2O 模式,即在 365me 电商平台上设立“网上北京路”频道,提供线上交易的服务,并在已建成翔殷路工业品电商体验馆的同时,于 2015 年在上海市中心西藏路北京路口,竖起了一块足有 4 层楼高的大型电子标志牌:“网上北京路——365me”,这幢楼内的工业品电商体验馆建成,标志着北京路生产资料一条街转型翻开了新的一页。

爱姆意公司配备专业化的电商运营团队进行营销,形成“网上北京路”的品牌优势和号召力,通过供应链管理为众多商户(生产资料经销商)提供各种类型的零库存解决方案,联合金融机构提供供应链金融服务配套。经过几年的努力,整个北京路生产资料一条街实现了业态升级与转型发展。

爱姆意工业品电商体验馆旨在展示365me平台功能,提供供需双方线上线下互动交流场所,打破传统的展示交流方式,努力推进北京路商户销售转型。体验馆与北京路上其他商户不同,商场内没有一件商品陈列、没有一个样品柜台,全部通过屏幕、移动设备现场演示,通过在线功能体验、平台介绍、资料取阅等,为北京路商户、路过的客户提供发布企业资讯场所和舒适的商务洽谈空间。体验馆共有四层:一楼是365me电商体验大厅,客户可以通过屏幕体验门类齐全、规格繁多的各种工业品;二楼是互联网+交流互动,客户在这里可以在网上同相关制造企业进行交流互动;三楼是"网上北京路"众创空间,引导北京路"黄牛"向集成服务商转型;四楼是上海百年北京路的故事,向客户讲述生产资料一条街150年来的故事,同时,商谈产业互联网合作事项。

"网上北京路"通过电商平台引入资源商和优质资源,通过审核的资源商可以在网上平台开店,对于需求方来说,无须在北京路上盲目寻找资源。电商平台是总集成,可以提供供应链管理的一揽子服务。一位经销商说:"我们公司虽不在北京路,但我们也加入了365me电商平台,供应商、经销商、服务商三方合作,我进货的渠道广了,采购成本下降了,物流成本下降了,通过爱姆意公司推出的365me采购卡服务,我们的经营融资成本也下降了。"

"网上北京路"不仅仅是一个地域概念,更是一个工业品流通的全新模式、全新业态,爱姆意公司的目标是成为中国最具价值的工业品互联网平台和供应链集成服务商,它充分体现了上海新技术、新模式、新业态、新产业的引领作用,为中国制造业转型升级,为传统的生产资料贸易企业转型发展打造了样板,也为全国物流业与制造业"两业联动"、工业化与信息化"两化融合"确立起一个全新的模式。

(三)经验与启示

爱姆意公司成功地走出了一条工业品电商之路,其经验值得传统生产资料贸易企业、工业品供应链管理企业学习和借鉴。

1.解决传统采购痛点

爱姆意公司针对工业品采购中存在的产品搜索难、比价效率低、品控缺乏保障等痛点,依托数字化手段进行改革,通过将传统线下工业品市场迁移至线上平台,构建了包含百万级SKU的工业品数据库,并开发智能搜索和比价功能,大幅提高采购效率。例如,其365me电商平台通过链接全国供应商资源,使企业采购周期缩短2/3以上,同时为产品质量提供信用背书,解决了传统采购中价格不透明、品质参差不齐的问题。

2.线上线下融合的O2O模式

爱姆意公司创新性地将线上电商平台与线下工业品电商体验中心结合,形成完整的工业品供应链服务生态。线下设立电商体验中心、配送中心,提供实物展示和即时服务;线上则通过数字化运营中心实现订单管理、数据分析等功能。这种O2O模式不仅优化了用户体验,还通过数据驱动反向赋能供应链,为企业降低了约20%的采购成本和30%的管理运营成本,实现供需精准匹配。

3.技术创新驱动服务升级

为保障平台稳定性和数据安全,爱姆意公司与华为云合作构建混合云架构,将核心数据保留在物理服务器,同时利用云主机实现灵活扩展。该方案既保障了客户交易数据的安全性,又通过高效的计算、存储及网络服务支撑平台快速迭代,解决了传统工业品电商 IT 系统响应慢、维护成本高的痛点,为业务创新提供技术底座。

4.资源整合与生态共建

爱姆意公司通过连接全国工业品供应商、经销商和终端客户,打造开放型供应链生态。平台不仅整合了百万量级的工业品资源,还与顶级生产厂商合作确保产品品质,形成从原材料到终端服务的完整链条。这种资源整合能力使其在产业互联网领域占据领先地位,成为上海 B2B 百强企业中工业品电商的标杆。

(四)教学讨论与拓展

1.问题设计

(1)借助大数据等技术,365me 电商平台可以发挥什么作用?

(2)365me 电商平台的优势体现在哪些方面? 这些优势是如何形成的?

2.实践任务

(1)分析 365me 电商平台与一般消费品电商平台的差异,并说明其在满足工业品采购需求方面的独特之处。

(2)采用多渠道(网上调查、资料检索等)考察某个原材料或工业品 O2O 电商平台,归纳:

①该平台的客户类型及其需求特征;

②平台提供的供应链服务内容及流程。

(五)教学目标

1.知识整合

(1)让学生了解工业品电商的行业特点和发展模式,掌握供应链管理基本策略。

(2)使学生理解 O2O 模式在电商平台中的应用,以及线上线下联动的重要性。

(3)帮助学生认识到传统生产资料贸易企业向现代服务业转型的必要性和途径。

2.技能提升

(1)培养学生分析和解决实际问题的能力,能够运用所学知识对案例中的企业进行分析和评价。

(2)提高学生的创新思维和实践能力,鼓励学生提出新的商业模式和解决方案。

3.价值观塑造

(1)引导学生树立创新意识和弘扬进取精神,鼓励学生勇于尝试新的商业模式和技术应用。

(2)培养学生的社会责任感,让学生认识到企业的发展需要与社会的发展相协调。

(3)帮助学生树立正确的价值观和商业道德观,强调诚信经营和合作共赢的重要性。

资料来源:王立华.爱姆意:上海物流因你而精彩——上海爱姆意供应链管理有限公司的"工业品电商"之路[J].上海企业,2014(9):79-80.

专题篇

第七章

绿色交通物流类
教学案例

第一节 绿色交通类教学案例

一、城市绿色交通建设

成都市"三网融合"绿色交通体系的应用与实践

摘 要：本案例以成都市构建"轨道交通+公共交通+慢行系统"三网融合的绿色交通体系为研究对象，分析了其在超大城市发展背景下应对交通拥堵、推动绿色低碳出行的创新实践。通过打造换乘枢纽体系、强化接驳服务、优化景区交通模式、推动票务兼容与信息平台建设等举措，成都市实现了交通运行效率提高、拥堵缓解及绿色出行比例增长。本案例总结了"党政主导+专业协同+群众参与"的治理机制和"公交优先+慢行优化+需求调控"的策略经验，为其他城市交通治理提供借鉴。

关键词：三网融合；绿色交通；城市治理；交通优化；慢行系统

(一)背景介绍

目前，成都正处于构建超大城市的关键期，为预防交通拥堵等大城市病，城市交通亟须向绿色交通转变。在充分借鉴国际国内城市先进经验基础上，成都规划提出构建"轨道交通+公共交通+慢行系统"三网融合的绿色交通体系，通过轨道网、地面公交和慢行系统的三张网络承担不同的功能，实现一体化的公共交通系统，有效提高了城市交通"治已病""治未病"的能力水平，最大限度地保障了城市路网稳定运行，最大力度地推动了城市交通向绿色集约出行方式转变。

(二)核心举措与实践创新

1.打造城市换乘枢纽体系

依托大型交通设施、城市轨道站点、公交站点等交通枢纽,打造城市换乘枢纽体系,实现内部交通与过境交通合理分流,便捷衔接。比如,为有效提高路口通行效率,成都交警早在1996年就创新推出了"路口机非时空分离法"交通组织模式,并持续深挖路口时空资源,试点推出了升级版——"直行待行区+左转待行区"的路口"双待"交通组织模式。通过对路口时空资源二次分配,实现路口闲置时空资源互换、高效利用,并配套LED显示屏与信号灯联动联控模式,有效地提升了路口通行能力,缩短了路口排队长度,增加了单位信号周期内机动车通过数量,减少了路口平均延误。

2.强化轨道+公交、轨道+慢行、公交+慢行接驳体系

轨道交通、地面公交、慢行系统三张网分别承担各自不同的功能且将接驳换乘融为一体,实现了一体化的公共交通系统。通过这一交通体系,市民长远距离的出行可通过轨道网完成,中短距离的出行可依靠地面公交网完成,而短距离出行和接驳换乘可通过慢行交通网完成。因此,需要强化轨道+公交、轨道+慢行、公交+慢行接驳体系,实现城市内部交通"三网融合"。

(1)通过加密城市中心城区轨道线网密度,强化城市轨道线网,实现轨道交通的公交主体地位。相关部门正在结合新一轮的成都市城市总体规划同步开展修编工作。

(2)以轨道交通为基础,优化和调整地面公交线网,切实提高公交服务水平;增加公交线路,加大摆渡公交运力投放,方便"地铁+公交"出行。一方面,随着一些区域(特别是三环和绕城之前区域)城市建设加快和居住人口的增加,开展地面公交线网加密的工作,即人群去哪,地面公交线路就开到哪。另一方面,随着每一条城市轨道线路的开通运营,对应优化调整轨道站点周边的地面公交线路,以强化地面公交与轨道交通的接驳。如随着地铁7号线的开通,1号线火车南站地铁站高峰期向南的客流急剧增加,因此新增开通了G90和G91公交线路,用于疏散高峰期南站向南客流。

3.打造"快进慢游"景区交通新模式

完成了中心城区(11个区、高新区和天府新区)范围内的慢行交通系统规划,规划了"两网多线"的慢行交通体系,其中规划自行车网12 782千米,步行道网11 586千米,特色慢行线1 959千米(包含绿道体系)。各区县也开展慢行交通示范片区的建设,例如少城片区慢行示范区、高新金融城慢行示范区、天府新区兴隆湖慢行示范区等;围绕慢行安全,市建委开展了红星路、中环路部分段的机非隔离设置工作。

成都大熊猫繁育研究基地作为国家4A级旅游景区,每年吸引了大量游客。但成都熊猫基地周边路网不完善,景区停车泊位不足,周边道路人流、车流汇聚,旅游高峰期拥堵问题突出。为缓解景区周边道路交通拥堵,成都交警主动优化景区路网交通组织,从引导过境交通"外绕"、保障旅游交通"快进"、助推绿色交通"慢游"三方面,打造"快进慢游"景区交通新模式,实施后不仅缓解了景区交通拥堵,也提升了游客的"慢游"体验。

4.强化票务兼容性

目前市中心城区"11+2"区域已完成了公交市场国有化整合,实现了常规公交基础票价统一,即"普通车一元、空调车二元"的一票制票价。"11+2"以外区域也进行了公交票价优化调整并实施公交地铁换乘优惠政策。同时,轨道集团公司配合成都金控集团完成了手机二维码扫码过闸,有力地支持了成都市公共交通智慧出行建设。

5.加快搭建信息服务平台

目前成都市交通委员会依托成都市政务云资源开展建设,汇聚全市交通运输行业航空、铁路、公交、地铁、公路、桥隧、停车场、共享单车等数据,实现轨道交通、常规公交、慢行交通等多种交通方式的信息共享及全天候、全过程、全覆盖的运行监测,为行业管理和重大决策提供全面翔实、及时准确的分析数据支撑。

(三)经验借鉴

1.融入城市发展、创新交通组织优化机制

为打破传统交通组织优化工作的局限性、滞后性,从"单打独斗"转变为"多元共治",成都公安机关交通管理部门抓住推进城市道路交通安全文明畅通提升行动的有利机遇,立足服务公园城市建设发展大局,进一步加强顶层设计,创新交通组织优化工作机制,提高共建共治的效率。

(1)创新"党政主导+捆绑考核"机制

深入贯彻落实公安部"上海会议"系列现场会议精神,主动积极向市委、市政府汇报争取,成立了由市长任组长的道路交通综合治理领导小组,并将领导小组办公室设在市公安局,抽调规划、建设、交通、城管等部门骨干合署办公;将交通组织优化作为深化科学治堵的重要抓手,牵头制定的《实施"成都治堵十条"推进科学治堵工作方案(2017—2022年)》《成都科学治堵三年攻坚方案(2018—2020年)》经市委常委会议、市政府常务会议审议通过,并连续3年被写入政府工作报告,纳入民生实事目标;同时,细化制定年度交通组织优化的具体任务,采取项目清单方式下发,对公安交警、相关部门与属地政府实施捆绑考核,强化政策、措施、经费保障,确保取得实效。

(2)创新"三位一体+多规合一"机制

为了将路面交通组织可能遇到的问题前置解决,成都公安机关交通管理部门以全局意识和专业思维,创新了交通组织优化工作的实施推进机制;充分发挥交警的话语权,推动形成城市规划、建设、管理"三位一体"运行机制,县级以上公安交警部门全程参与道路建设和重大项目规划、设计和评估验收,把交通组织优化思路和交通管理要求诉求纳入前期的规划设计阶段,在设计图纸上予以解决和完善,把大量的矛盾和协调工作"从路面转移到纸面";同时,积极参与编制《成都市"三网融合"绿色交通体系规划》《成都市慢行交通系统规划》等专项规划,把成都"新总规"的宏观愿景和科学治堵的战略目标,有机融入了各层次的交通专项规划,将交通承载上限作为城市规划的约束性指标纳入规划导则,促进城市交通与城市融合发展。

(3)创新"专业支撑+群众参与"机制

在交通组织优化方案的制定上,坚持问题导向、民意导向、效果导向,整合专业力量、社

会力量、群众力量,确保"找得准堵点、摸得清症结、提得好对策"。一方面,会同市政院、研究中心探索运用"成都市综合交通模型"技术平台和中观仿真,将其作为支撑重大项目、重点片区交通承载能力分析的科学依据;联合百度地图研发"成都交通实时监测与研判分析平台",强化政府、社会、企业等多元数据融合,跟踪评估路网运行水平,精准把握交通宏观态势,精准掌控交通时空分布,精准分析交通需求特性,精准洞察交通拥堵节点,以便及时制定针对性措施。另一方面,在制定影响范围较大的交通组织优化方案过程中,主动加强与社会各界、广大群众的有效沟通,广泛征求意见,调动社区、商场、医院、景区等单位的积极性,确保交通组织优化方案尽可能符合各方利益诉求,兼顾整体与局部效果,使得交通组织优化工作与人民生活品质改进提升相得益彰。

2.围绕结构升级、完善交通组织优化策略

坚持生态优先、绿色发展,将精细化交通组织理念融入规划构建"轨道+公交+慢行"三网融合绿色交通体系的全过程,持续强化"兴公交、优慢行、调需求"的交通组织措施,加速推动交通出行向绿色低碳、简约适度转变。

(1)用公交优先打造群众出行首选

大力推进公交专用道"连线成网",在市区单向 3 车道以上的主次干道全部施划公交专用道,在高架快速路全线设置了环线双向 BRT,部分潮汐机动车道仅允许公交车双向通行,公交专用道总里程达 952.8 千米、连线成网,切实维护公交专用道路权,在中小街道设置社区公交车辆专用泊位,减少公交车停靠干扰,优化乘客候车空间,提升公交车辆的行驶速度、可靠性和准点率。同时,全力保障轨道交通加速成网建设,遵循"三网融合"思路,每开通一条地铁线,就调整一批公交线,支持加密支线公交和社区公交车辆,确保每个地铁站至少有 3 条以上公交线路接驳,地铁站各方向 150 米内均可换乘公交;推动轨道交通和地面公交网络节点的融合,助推公交和慢行系统之间的衔接,形成全过程的公交出行链。目前,成都市中心城区每日利用轨道交通和常规公交出行人群已超过 780 万人次,公共交通占机动化出行率达到 53%。

(2)用慢行优化培育绿色出行习惯

充分考虑步行和骑行两种慢行交通需求,利用编制《成都市慢行交通系统规划》《成都市自行车道专项规划》等契机,将步道和自行车道纳入城市道路扩能改造、城市绿道建设工程同步推进,按照"重通行、优断面、强功能、提品质"的原则,重构路权分配体系,综合设置路口行人等候区、行人过街智能提示系统、人车安全通行组合标识、优化慢行过街信号等,打造安全连续、便捷舒适的慢行交通系统。特别是抓住共享单车进入成都的契机,在全国率先出台《成都市关于鼓励共享单车发展的试行意见》《成都市中心城区非机动车停放泊位设置导则》,强化共享单车线上线下联合监管,"瘦身"机动车道,拓宽非机动车道,设置专用自行车道,增设非机动车停车点,让自行车回归城市,引导广大群众享慢行、享生活。据统计,共享单车进入成都后,自行车出行比例增长 11.6%。

(3)用激励引导方式降低私车使用强度

设置 3 条 HOV 车道,并引入高科技的红外热成像设备自动抓拍,鼓励市民合乘出行、集约出行;联合城管、交通运输部门在全国率先发布《成都市关于鼓励共享单车发展的试行意见》,支持鼓励共享单车发展,着力解决群众出行"最后一公里",为破解驾车依赖打下了基础;全国首创推出"蓉e行"交通众治平台,发动200余家知名企业为233万"蓉e行"用户主动参与"私车停驶"提供奖励,"蓉e行"上线21个月,共有60.8万人次主动停驶私车,平均每车累计停驶天数超过30天,"绿色出行"实现了从社会共识到全民行动的关键突破。

3.聚集出行体验、整合交通组织优化措施

成都交通管理部门牢固树立"大城市、细管理"的理念,坚持运用绣花功夫,精细实施"路口提效、路段提速、路网提能"交通组织模式,点线面结合,充分发挥道路的通行能力,实现多模式交通运行的整体最优。

（1）绣花功夫促进路口提效

以明确路权、规范通行为切入点,从时间和空间两个维度,精细分离交通流,有效规范快慢秩序,提高路口的运行效率;为最大化利用路口剩余空间,在82个机非路口设置直行待行区和左转待转区,通过路口交通渠化、时空资源重复配置,形成路网效率的规模效应,相当于新增道路资源418.5车道·千米。开展信号灯智能配时攻坚,大力推动交通出行消红变绿,通行延误率减少6%。联动城管部门采取"投入小、工期短、见效快"的交通工程改造,通过局部道路施工、交通设施迁移、道路绿化迁改等"微创手术",消除了43个交通拥堵节点,优化了路口线性,减少了交通流交织,大幅提高了节点通行效率。

（2）精致设计助力路段提速

主导建立"项目施工设计、施工工艺设计、交通组织设计"三同步机制,持续打通97条断头路,有效消除道路"肠梗阻"。围绕优化道路利用率,针对成都通勤交通特点,综合设置3条HOV车道、6条潮汐车道,提高重要交通走廊通行能力,最大限度地满足时段性、方向性的不均衡交通流需求。围绕改善道路通行力,在确保安全的前提下,按照国家相关法规和标准,科学评估论证并将140条主要干道限速值提高10%～20%后,每条道路的通勤时间平均缩短1.5分钟。

（3）重塑肌理推动路网提能

按照"小街区、窄马路"理念,严管600条中小街道静态秩序,建立"1+N"的警协联动管控机制,使中小街道通行能力提高20%,有效分流主干道交通,缩短出行耗时。高标准启动"文商旅+"品质交通,以提升文脉价值、旅游价值、商业价值为导向,综合运用交通组织优化、工程技术改造等手段,精心打造推出了太古里"活力步行"商圈交通组织、熊猫基地"快进慢游"景区交通组织、华西坝"绿色畅行"医院片区交通组织,在解决城市交通拥堵难点问题的同时,服务了城市发展,提升了城市品质。

（四）教学讨论与拓展

1.问题设计

（1）在成都市"三网融合"模式中,如何平衡不同交通方式（轨道、公交、慢行）的资源配置?

（2）如何平衡轨道交通的高成本投入与绿色出行社会效益?

2.实践任务

（1）为某旅游城市设计"快进慢游"交通方案,需包含分流策略与慢行设施规划。

（2）假设某城市计划效仿成都模式,请设计一份"三网融合"初步方案。

（五）教学目标

1.知识整合

（1）理解绿色交通体系的核心要素与"三网融合"的协同机制。

（2）掌握交通组织优化的关键技术（如时空资源配置、接驳设计）。

2.实践技能提升

（1）能够运用数据分析工具评估交通拥堵问题。

（2）具备设计多模式交通接驳方案的能力。

3.价值观塑造

（1）树立可持续发展理念，认同绿色出行对城市生态的重要性。

（2）培养公共服务意识，理解交通治理中政府、企业与公众的协同责任。

资料来源：成都市"三网融合"绿色交通体系等资料。

二、零碳港口建设

全国首个零碳港口的建成

摘　要：本案例以山东港口渤海湾港集团有限公司潍坊港为研究对象，聚焦其作为全国首个实现全港区"碳中和"的港口建设实践，通过分析潍坊港在分散式风电开发、氢能应用、电能替代及智慧管控平台搭建等领域的创新举措，总结其"风—光—氢—储"多能互补模式对港口零碳转型的推动作用，探讨绿色能源消纳、多场景协同降碳等核心经验。本案例结合《交通强国建设纲要》及"双碳"目标背景，为港口绿色转型提供可复制的技术路径与管理范式，并为交通运输、物流工程等专业教学提供实践参考。

关键词：零碳港口；多能互补；分散式风电；氢能应用；智慧管控

（一）背景介绍

在全球"碳中和"目标的驱动下，港口作为能源消耗与碳排放密集的交通枢纽，面临巨大的减排压力。2021年，交通运输部将潍坊港列入"第一批公路水路典型运输和设施零碳试点项目"，要求其探索可推广的零碳港口建设路径。潍坊港地处渤海莱州湾南岸，拥有5 382米岸线及41个生产性泊位，是连接鲁中、鲁西地区与环渤海经济圈的重要节点。2023年，其货物吞吐量突破1.2亿吨，但传统能源依赖导致年碳排放量达9 010.62吨二氧化碳当量。在此背景下，潍坊港以"风能开发为切入点，多能互补为支撑，智慧管控为保障"的转型思路，于2024年10月通过中国船级社质量认证，成为全国首个全港区"碳中和"港口。在全球"碳中和"背景下，港口作为能源消耗和碳排放重点领域面临转型压力。潍坊港依托渤海湾区位优势，以年均7.2米/秒的风速条件和充足的光照资源，成为开展零碳港口试点建设的理想场所。2024年，通过风电、光伏和氢能综合应用，潍坊港完成年度9 010.62吨二氧化碳当量的碳中和认证。

(二)主要做法与成效

1.分散式风电开发引领能源革命

(1)技术创新:建设山东省首个陆上分散式风电项目,单台风机功率6.7兆瓦,叶片每转一圈发电12千瓦时,年发电量达6 915万千瓦时,满足港口3 500万千瓦时的自用电需求,余电上网创造收益。

(2)减排效益:相比燃煤发电,年减少二氧化碳排放5.7万吨、标准煤消耗2.1万吨,同步降低硫氧化物、氮氧化物等污染物排放。

2.氢能全产业链布局

(1)基础设施:建成600平方米加氢站,日加氢能力500千克,满足4辆氢燃料电池重卡日常需求,填补港口氢能应用空白。

(2)绿氢制备:启动200牛顿·立方米/小时风电制氢项目,年产绿氢8万千克,降低用氢成本120万元/年,实现"制—储—运—用"一体化。

3.电能替代与智慧管控

(1)设备升级:投用16台无人电动集卡、46台智能充电桩,计划实现作业机械全电动化,年消纳绿电1 000万千瓦时。

(2)平台建设:开发综合能碳智慧管控系统,实时监控碳排放数据,通过算法优化能源调度,使人工成本降低70%、机械能耗下降70%。

4.多场景协同降碳

(1)海水淡化:利用绿电运行分布式海水淡化装置,供水成本从6元/吨降至4元/吨,年新增绿电消纳100万千瓦时。

(2)绿色走廊:构建辐射400千米腹地的电动重卡运输网络,服务潍坊特钢集团有限公司等企业,实现"港口—产业"低碳联动。

(三)经验启示

1.科学规划与持续创新

潍坊港的成功经验告诉我们,科学的规划和持续的创新是实现绿色转型的关键。潍坊港在零碳港口建设过程中,始终坚持以科学规划为引领,不断创新技术和管理模式,逐步构建起了一套完整的绿色港口体系。

2.多能互补与协同降碳

多能互补能源体系的建设是潍坊港实现零碳目标的重要支撑。通过风、光、氢等多种清洁能源的互补利用,不仅提高了能源供应的稳定性和可靠性,还有效地降低了对传统化石能源的依赖。同时,港口还通过多场景协同降碳的方式,进一步推动了港口的绿色转型。

3.智慧化与绿色化融合

潍坊港在绿色转型过程中,注重智慧化与绿色化的融合发展。通过建设综合能碳智慧管控平台,实现了对港口能源使用和碳排放的智能高效管理。同时,港口还积极引入智能化技术,提升港口运营效率和服务水平,进一步推动了港口的绿色转型。

(四)教学讨论与拓展

1.问题设计

(1)潍坊港的分散式风电项目为何选择"自发自用+余电上网"模式?这种模式对港口能源结构优化有何启示?

(2)氢能重卡在港口场景的应用面临储运成本高、安全性要求严等挑战,如何通过技术创新与政策支持破解这些难题?

2.实践任务

(1)调研沿海港口零碳转型情况,针对存在的问题,提出可行性的对策建议。

(2)设计一个零碳港口的能源结构规划方案。

(五)教学目标

1.知识整合

(1)掌握零碳港口建设的概念与技术路径。

(2)理解《巴黎协定》《国家综合立体交通网规划纲要》等政策文件对港口低碳转型的指导意义。

2.实践技能提升

(1)提高学生对新能源技术和智慧管理系统的认识和应用能力。

(2)培养学生进行能源结构规划和成本效益分析的能力。

3.价值观塑造

(1)强化"生态优先"理念,使学生认识到港口绿色转型对海洋环境保护的深远意义。

(2)帮助学生形成系统的思维观,使其理解技术创新、管理优化、政策支持在复杂系统工程中的协同价值。

资料来源:"风"起处 无限好——山东港口全国首个"零碳港口"风电项目建设纪实。

第二节　绿色物流类教学案例

一、绿色物流包装

电商与快递业绿色包装体系构建迫在眉睫

摘　要:本案例通过分析电商与快递业传统包装体系存在的一次性材料浪费、环境污染等问题,借鉴国内外企业在推进绿色包装方面的实践,探讨行业如何基于循环经济理念构建绿色包装体系。本案例系统呈现了从问题识别到解决方案落地的全过程,为物流企业实现包装绿色化转型提供了实践范式。

关键词:绿色物流;循环包装;逆向物流;智能包装设计;3R1D 原则(减量 Reduce/重复使用 Reuse/循环再生 Recycle/可降解 Degradable)

(一)背景介绍

随着电商物流量年均 20% 的增速,我国快递包装材料年消耗量突破千万吨级。同时,面临纸箱回收率不高等诸多问题,以一次性包装为主的快递包装,不仅造成资源的浪费,也带来沉重的垃圾处置负担和环境污染,包装材料绿色转型的压力日益增大。2023 年年底,国家发展改革委等八个部门联合发布了《深入推进快递包装绿色转型行动方案》,提出到2025 年年底快递包装基本实现绿色转型。2024 年 6 月,我国正式实施了关于快递包装的强制性国家标准《快递包装重金属与特定物质限量》和推荐性标准《快递循环包装箱》也开始实施。两项新标准将倒逼物流快递企业向绿色包装方向转型发展。因此,具备绿色包装能力将成为快递企业从未来竞争中脱颖而出的重要优势。

(二)案例基本情况

1.国外快递业的绿色包装实践

UPS(United Parcel Service)作为全球领先的物流服务提供商之一,近几年通过其绿色包装战略,成功实现了节约成本和带来利润的目标。

(1)战略举措

①优化包装设计:减少包装材料的使用量和包装重量,提高包装效率。

②推广可回收包装材料:鼓励客户使用可回收包装材料,如再生纸浆、可降解塑料等,以减少对环境的影响。

③智能包装技术的应用:通过传感器监测包装的状态,实现包装的实时跟踪和管理。智能包装技术可以帮助 UPS 优化包装设计,减少包装浪费。

（2）成本节约

根据 UPS 内部数据统计，通过使用环保材料，UPS 每年节约了约 1 000 吨纸浆和塑料材料，降低了 10%的包装成本。优化包装设计使得包裹更加紧凑，减少了 8%的运输成本。

（3）收入增长

绿色包装方案提高了客户满意度和忠诚度，带来了更多回购订单，同时吸引了更多环保意识较强的客户，增加市场份额，结合政府奖励的环保基金，整体年收入增长 15%。

另一电商巨头亚马逊推出了"Frustration-Free Packaging"计划，旨在减少包装材料浪费，提高包装效率，降低碳排放。根据亚马逊公布的数据，自推出该计划以来，亚马逊已经成功减少了超过 24.4 万吨包装材料的使用量，相当于减少了约 500 万个标准尺寸的纸箱。

2.国内电商与快递企业推出绿色包装计划

（1）京东物流

京东物流致力于推广青流计划，采用可回收材料和环保包装设计。京东物流表示，通过绿色包装倡导计划已经成功减少了超过 100 万立方米的包装材料使用量，提高了包装效率，降低了包装成本。根据公布的数据，京东物流每年可减少超过 5 万吨碳排放量，相当于约 1 万辆汽车每年的碳排放量。

（2）顺丰速运

顺丰速运通过优化包装设计"丰 BOX"项目，采用可降解材料和循环利用包装，成功降低了包装成本。根据数据统计，顺丰在 2023 年通过绿色包装措施，节约了超过 5 000 吨纸浆和塑料，降低了约 15%的包装成本。同时，由于绿色包装的推广，顺丰客户对其环保形象更加认可，提高了客户忠诚度，给顺丰带来了额外的收入。

（3）中通快递

中通快递推出了"绿色包装倡导计划"，采用可降解材料和再生材料包装，减少包装材料的浪费。中通快递表示，其已经成功减少了超过 50 万吨的包装材料使用量，推动了绿色包装的普及。

3.绿色包装实现途径

（1）使用可降解包装材料。

（2）可循环使用包装。

（3）使用可减量的包装材料。

（4）可回收包装设计。

（5）智能包装算法设计。

（6）智能设备应用设计。

（7）完善包装材料的逆向物流体系。

（三）问题分析

1.电商及快递行业传统包装缺陷

（1）材料不可降解：PE 袋、胶带等造成白色污染。

（2）标准化不足：SKU 规格太多（2 000+）导致包装规格混乱。

（3）回收体系缺失：缺乏系统化逆向物流网络。

2.电商及快递行业推进绿色包装改革的难点

(1)成本矛盾:可降解材料单价高出传统材料 3~5 倍。

(2)消费者参与度低:问卷调查显示用户主动参与回收的占比较低(仅 28%)。

(3)技术瓶颈:循环包装清洁消毒影响周转率。

(四)解决方案

1.国家相关政策、标准即将实施,加快行业包装绿色转型

国家发展改革委等八个部门发布的《深入推进快递包装绿色转型行动方案》提出,到 2025 年年底快递包装基本实现绿色转型;推荐性标准《快递循环包装箱》也开始实施。两项新标准将倒逼物流快递企业向绿色包装方向转型发展。

2.评估当前包装方案

企业首先应评估当前的包装方案,找出存在的问题和改进的空间。

3.选择合适的绿色包装材料

根据产品的特性和需求,选择合适的绿色包装材料,如可降解塑料、再生纸浆等。

4.优化包装设计

优化包装设计可以减少包装材料的使用量,降低成本。中小企业可以考虑采用定制化包装解决方案,根据产品的特性设计个性化的包装方案。

5.考虑智能包装技术

智能包装技术可以帮助企业实现包装的优化设计和管理,减少包装浪费,提高包装效率,降低成本。

6.推广循环经济模式

中小企业可以与供应链合作伙伴共同推广循环经济模式,实现包装材料的回收再利用,减少资源浪费和环境污染。

7.寻求政府和行业支持

中小企业可以寻求政府和行业的支持,了解最新的环保政策和法规,获取相关的补贴和支持,降低绿色包装的成本。

8.技术突破路径

如应用区块链技术构建包装碳足迹追溯系统。

9.商业生态协同

(1)与厂商共建标准化产品数据库(对接商品尺寸数据、设计最优标准化包装系列)。

(2)推出碳积分激励制度(如用户回收 1 件包装=50 积分)。

(五)教学讨论与拓展

1.问题设计

(1)如何平衡绿色包装的环保效益与企业经济成本?

(2)智能包装技术可能引发哪些新型供应链风险?

2.实践任务

(1)查阅一款(类)商品"零废弃"包装方案案例,需包含材料选择、结构设计、回收利用路径等。

(2)建立快递行业包装全生命周期 LCA 评价指标体系。

(六)教学目标

1.知识整合

(1)掌握循环经济理论在绿色物流包装的使用。

(2)掌握包装生命周期评价方法。

(3)了解逆向物流网络设计原理。

2.技能提升

(1)供应链环境成本核算能力。

(2)多主体协同方案制定能力。

3.价值观塑造

(1)树立可持续发展理念。

(2)理解企业 ESG 责任。

(3)培养技术创新驱动的环境问题解决思维。

资料来源:陈齐.行业新标准:快递要变天[EB/OL].2024-07-08(2025-02-01).
https://www.headscm.com/Fingertip/detail/id/45303.html.

二、电子废弃物回收

国外电子废弃物回收体系对中国电子废弃物回收策略的启示

摘　要:电子废弃物是污染源,更是宝贵资源。本案例通过对比德国、日本的电子废弃物回收体系建设情况,分析中国当前电子废弃物回收存在的相关立法滞后、利益主体协同不足、逆向物流体系不健全等问题,探讨如何完善和构建符合中国特色的电子废弃物回收体系。本案例涵盖政策设计、技术整合、利益分配等维度,为学生提供循环经济理论应用与逆向物流体系构建的思路。

关键词:电子废弃物回收;逆向物流;生产者责任延伸;循环经济;利益相关者协同

(一)背景介绍

电子废弃物俗称"电子垃圾",是指被废弃不再使用的电器或电子设备,主要包括冰箱、空调、洗衣机、电视机等家用电器,计算机、手机等通信电子产品,以及电子科技淘汰品。

电子科技的快速发展使得电子废弃物成为世界上增长最快的生活垃圾,全球每年产生5 360万吨电子垃圾(联合国《2020年全球电子废弃物监测报告》),并预计2030年将达到7 400万吨。我国是全球电器电子产品第一大生产和消费国,也是电子废弃物产生总量的第一大国。电子废弃物是污染源,更是宝贵资源。欧盟通过《报废电子电气设备指令》(WEEE指令)实现45%的回收率;德国建立双轨制回收系统(DSD);日本实施《家电回收法》,建立零售端逆向物流网络,实现98%的冰箱材料再利用。2023年中国电子垃圾总量突破1 500万吨,正规回收率不足30%,非正规拆解还会导致重金属污染。本案例介绍了德国、日本等国家电子垃圾回收利用的相关法规与体系建设,以及我国电子垃圾回收利用现状和存在的主要问题,以启发学生借鉴国外经验,提出相关对策建议,尤其是思考如何从做好逆向物流的角度助力我国电子废弃物回收利用。

(二)案例基本情况

1.EPR制度

生产者责任延伸(Extended Producer Responsibility,简称EPR)制度是当今许多工业化国家循环经济法律制度中的重要制度之一。该制度通过使产品制造者对产品的整个生命周期,特别是对产品的回收、循环和最终处置负责,以提高资源利用率,减少废弃物的排放,保护和改善自然环境。

1991年,德国率先在《包装及包装废弃物指令》中引入EPR概念,确立了包装物生产者责任延伸制度。随后各发达工业化国家也纷纷在其循环经济立法中引入EPR概念,设定了生产者责任延伸制度,并在循环经济实践中取得了很好的效果。

1997年,经济合作与发展组织(OECD)在《EPR框架报告》中将生产者责任延伸定义为:"产品的制造商和进口商应承担其产品在整个生命周期中环境影响的主要部分,包括材料选择、生产工艺以及使用和弃置过程造成的影响。"该定义进一步将生产者的范围从制造商扩展到了生产成品的进口商。

2.德国的电子垃圾回收

德国是世界上循环经济立法最早的国家,也是率先在循环经济法中设立生产者责任延伸制度的国家。

(1)对废弃物闭环管理立法

1996年生效的《循环经济和废弃物处置法》规定生产者的责任范围从设计产品时须考虑产品的生产及使用过程中尽可能地减少废弃物的产生,直到接收产品使用后的废弃物及对这些产品和废弃物进行回收利用或处置。

(2)构建完善便捷的回收网络

德国回收电子垃圾主要有三个渠道。第一个渠道是德国市政处理部门开设的大型回收站,只要电子垃圾在规定的数量和大小范围内,居民可带上居住证明,在回收站开放时间把垃圾运到大型回收站自行卸车即可,不收取费用。对于超过一定限制的大型电子垃圾,须将其投放到指定回收站,同时需要收取一定的费用。不论是家庭还是商家,都可以直接将电子垃圾运送到回收站。第二个渠道是由环保公司提供的回收点,这种一般只针对企业和商家。第三个渠道是销售电子产品的商店,商家在销售的同时也负责回收旧电器和旧电池。大件的产品需要事先咨询。

（3）环保技术水平和资源回收利用效率高

德国在环保技术和资源效率市场的规模居世界第一，致力于从稀土成分含量很高的电子垃圾和其他废弃物（如荧光灯、磁铁和电池）中回收稀土材料来替代进口。

3.日本的电子垃圾回收

（1）相关法律体系完备

日本循环型社会的法制以体系完备、制度精细见称，被认为是循环经济立法最为完备的国家之一。日本迄今已形成了以《循环型社会形成推进法》为基本法，以《废弃物处理法》《资源有效利用促进法》为综合性法律，覆盖家电、容器包装、建筑、食品、汽车、绿色采购等六大领域循环利用专项法的法律体系。2000年生效的《循环型社会形成推进法》明确规定了生产者的责任。

2001年实施的《家电再生利用法》是世界上最早的一部家电再生利用法律，此后日本正式开启了废旧家电（冰箱、电视机、洗衣机、空调）"再商品化"，即从"生产、使用、废弃型"的传统模式转向"生产、使用、回收、再利用"的循环型模式。《家电再生利用法》明确规定了制造商、零售商、消费者的义务，以及中央政府、地方政府的职责，并制定了各方联动机制，以确保零售商将收集的废旧家电恰当地移交给制造商。以消费者义务为例，消费者在废弃大家电时，必须支付收集、运输以及再生利用的费用，如果消费者不按照法规处置，而私自进行丢弃、掩埋等，则构成"非法丢弃"行为，将依法对其进行罚款或判刑。

2013年实施的《废弃小型电子产品回收再利用促进法》（下称《促进法》）的回收对象包括手机、电话、电脑等。与冰箱、电视等大家电采取由零售商统一负责回收的制度不同，小家电回收办法由市町村地方组织自行决定。回收方式包括在公共场所设立固定回收箱、在小区设置定时定点回收站等。无论以何种方式回收，最终都必须交由经国家认证的有资质的回收企业处理。《促进法》还对回收过程中的信息保护进行了明确规定，如指导信息删除或为信息删除服务提供场所、在回收和处理各环节全程防止信息被盗等。

（2）建起废弃家电逆向物流网络

日本家电生产企业根据自愿组合的方式，成立了由松下、东芝组成的A组，索尼、日立、夏普等其他电器生产企业组成的B组。两组各自负责本组别产品的回收处理。进口的产品，则由家电产品协会确定其回收再商品化的费用和处理组别。回收点由有关物流公司等与A组、B组签订合作协议；A组的处理工厂由家电生产企业新建，以联合股份制方式运营，B组大部分依托现有的资源循环企业。日本全国境内有近7.5万家零售店和上万家邮局可接收废弃家电，资源整合成效显著。

（3）用回收电子垃圾制作奥运会奖牌

2017年4月，东京奥组委发起了一项为期两年的"每个人的奖章"活动，呼吁公民捐赠废旧电子设备，以便回收提炼所必需的金属，为2020年东京奥运会制作金、银、铜奖牌。有资料显示，2012年奥运会上颁发给运动员的奖牌总共耗费了9.6千克黄金、1 210千克银和700千克铜。两年中，日本共收到了78 895吨电子设备，包括621万部手机。最后从中提取了32千克黄金，3 500千克银和2 200千克铜，作为制作奥运奖牌的材料。

奥运会是全球非常重要的赛事，日本通过回收电子垃圾的方式制作奖牌的提议得以实现,借助国际奥组委在奥运会这一国际盛事上对环保的支持,在世界范围内向人们表达了需要关注电子垃圾的回收再利用问题。

4.中国的电子垃圾回收

（1）EPR 制度写入立法

为了规范废弃电器电子产品的回收处理活动,促进资源综合利用和循环经济发展,保护环境,保障人体健康,根据《中华人民共和国清洁生产促进法》《中华人民共和国固体废物污染环境防治法》的有关规定,2009 年,国务院发布《废弃电器电子产品回收处理管理条例》（以下简称《条例》）,并于 2011 年 1 月 1 日起施行。《条例》建立了废弃电器电子产品的目录制度、处理基金制度、处理企业资质许可制度以及处理企业报送信息制度。其中,处理基金制度是我国电器电子产品实施生产者责任延伸制度的重要体现。2020 年修订的《中华人民共和国固体废物污染环境防治法》首次将 EPR 制度写入立法中,并在电器电子产品、铅蓄电池、车用动力电池等产品中实施。

（2）回收模式呈现多元化

随着废弃电器电子产品 EPR 制度建设与实施的推进,特别是《条例》的实施,越来越多的生产企业、处理企业等或通过自身的营销（维修）网点构建逆向物流回收体系,或着力创建以旧换新、互联网+回收、智能回收、新型交易平台等多元化回收模式。商务部于 2016 年开始连续多年组织评选再生资源新型回收模式并将其汇编成案例集,将创新度高、覆盖面广、代表性强、示范推广性好的新型回收模式进行宣传推广。

（3）回收相关标准正在逐步完善

相对于欧洲各国、日本等,中国再生资源产业起步较晚,针对这类企业的产品回收处置缺乏相应的执行标准。令人欣慰的是,2024 年年底,《废弃电器电子产品回收规范》《公共机构废旧商品回收体系管理规范》《再生资源分拣中心建设和管理规范》等 7 项国家标准正式发布,2025 年 6 月 1 日起实施。制定技术创新的标准,能够推动再生资源行业向更高效、更环保、更高附加值的方向转型,并推动再生资源回收利用体系完善,提升循环水平。

（4）从 EPR 制度看废弃电子产品回收存在的问题

①处理基金管理尚需进一步规范化。一是基金制度对各类电器电子产品实施效果的差异显著,据《中国废弃电器电子产品回收处理及综合利用行业白皮书 2019》调查显示,由于各地区经济发展的差异,废弃物处理成本也存在差异,导致废弃物回收价格不同,其中房间空调回收价格受地区差异的影响最大。二是处理基金补贴效率较低。三是处理基金补贴品类太少。

②延伸责任承担不完全、回收渠道碎片化。现有制度仅仅强调生产者的经济责任,不承担实际回收和拆解处理、利用的物质行为责任。由于没有严格规定生产者废弃物回收的物质行为责任,废弃物的回收处理成为企业的自愿行为,销售者、消费者也缺乏主动协助回收废弃物的意识与行为,废弃电器电子产品的回收处理完全由市场自发调节,回收渠道碎片化（社区回收站、个体商贩、电商平台并存）、数据追溯缺失。制度设计中并未实现产品经生产者生产、销售者售出、消费者使用废弃、处理企业无害化处置等各环节上的有机联系,各主体之间的责任利益分配机制相对缺乏,利益分配失衡。

③消费者责任承担制度缺乏。在现行的 EPR 制度实践中,废弃电子产品回收主要依赖

消费者自发的环保行为,政府在制度建设与实施过程中虽然意识到了消费者参与的重要性,但并未将其作为责任主体看待。专业处理企业很难直接从消费者(或销售者)手中回收电子废弃物,例如,深圳2022年政府主导的"绿盾计划"试点项目,因回收成本倒挂(正规拆解成本比非正规渠道高40%)导致参与率不足15%。

(三)中国废弃电器、电子产品回收问题分析

1.制度有待完善

(1)EPR立法滞后,且《中华人民共和国固体废物污染环境防治法》未明确回收成本分担机制。

(2)缺乏跨区域协调机制,如长三角与珠三角回收标准不统一。

2.技术整合瓶颈

(1)废弃电器、电子产品智能分拣设备依赖进口,如德国TITECH光学分选机市场占有率超过70%。

(2)逆向物流网络数字化程度低、相关企业间数据共享程度低。

3.利益主体博弈

(1)生产企业规避责任,例如某手机厂商通过"以旧换新"将回收责任转移给经销商。

(2)非正规渠道价格优势挤压正规企业生存空间。

4.逆向物流体系不健全

(1)废弃电器电子产品逆向物流网络不完善。

(2)消费者缺乏便利的废弃电器电子产品专门处置渠道。

(四)解决方案

1.政策创新

(1)建立"绿色信用账户"制度,将EPR执行情况与企业征信挂钩。

(2)试点"电子垃圾处理券"模式,如台湾资源回收管理基金运作机制。

2.技术融合

(1)开发基于物料清单(BOM)的AI识别系统(如结合海尔产品数据库的逆向物流云平台)。

(2)应用数字孪生技术优化回收网点布局,降低逆向物流运输成本。

3.利益重构

(1)设计动态分成机制(如拆解企业获得稀有金属收益的55%,物流企业获得30%,生产者获得15%)。

(2)建立非正规回收商转型基金(如广州试点补贴个体户使其加入正规体系)。

(五)教训与启示

(1)制度与技术双轮驱动(荷兰通过区块链技术强化EPR执行,使违规成本提

升300%)。

(2)利益平衡决定可持续性(日本家电回收体系成功的关键在于消费者预付回收金制度)。

(3)数据共享是智慧供应链核心(德国GIRA平台实现全产业链数据互通,提升40%的拆解效率)。

(六)教学讨论与拓展

1.问题设计

(1)如何运用供应链金融工具解决回收企业的资金周转问题?

(2)如果你周围的商店或车站有回收企业设置的电子垃圾回收箱,你会把你废弃的手机投进去吗?解释理由。

(3)在"碳中和"背景下,逆向物流网络规划应如何平衡环境效益与运营成本?

2.实践任务

(1)设计某手机品牌的闭环供应链方案,要求包含回收渠道选择、利益分配模型、数据追溯系统三要素。

(2)设计一个包含电子垃圾产生、回收、处理、再生资源利用等主体构成的供应链网络结构示意图。

(3)模拟政府—企业—社区三方谈判,制定电子垃圾回收补贴政策。

(七)教学目标

1.知识整合

(1)掌握EPR制度框架。

(2)掌握逆向物流网络设计原理。

(3)熟悉循环经济政策工具。

2.技能提升

(1)培养供应链系统建模能力。

(2)多主体利益协调能力。

(3)智慧物流技术应用能力。

3.价值观塑造

(1)树立全生命周期管理理念。

(2)理解企业社会责任与商业利益的辩证关系。

资料来源:

[1]高石.看世界各国如何唤醒沉睡的电子垃圾宝藏[N].人民日报,2017-6-16.

[2]李文军,郑艳玲.中国废弃电器电子产品行业发展及EPR制度效应[J].数量经济技术经济研究,2021,38(1):98-116.

第八章

智慧交通物流类教学案例

第一节 智慧交通类教学案例

一、城市智慧交通建设

深圳智慧交通建设:创新驱动城市交通治理现代化

摘　要:本案例以深圳智慧交通建设为研究对象,分析了其在高人口密度、高交通压力背景下,通过体制机制创新、顶层设计引领、技术融合应用等举措,构建智能化交通管理系统的实践经验。本案例重点阐述了深圳在智慧交通基础系统、管理系统、应用系统等方面的具体做法与成效,总结了体制机制先行、产业培育、对外合作等可推广经验,并设计了教学讨论与实践任务,旨在为城市交通治理现代化提供理论参考与实践路径。

关键词:智慧交通;城市治理;数字化转型;交通管理系统

(一)背景介绍

深圳市作为中国超大型城市之一,常住人口密度居全国首位,交通管理面临巨大挑战。传统交通管理模式难以应对快速增长的出行需求与有限道路资源的矛盾。为此,深圳市以"信息化、智能化"为核心战略,通过技术创新与制度改革,全面推进智慧交通体系建设,探索超大城市交通治理现代化路径。

深圳智慧交通建设以"1+4+5"框架为核心(1个综合数据中心,智能公交、智能设施、智能物流、智能政务4大平台,感知、传输、数据、支撑、应用5层次技术体系),涵盖交通信息高速通道、分布式云平台、综合交通大数据平台等基础设施,并开发了智慧公交、智慧设施、智慧物流等应用系统,通过三级管理架构(1 个总中心、17 个分中心、58 个基层单元)和移动执法终端"交运通",实现了交通管理全流程智能化。

(二)主要做法与成效

1.智慧交通基础系统

(1)交通信息高速通道

深圳市打造了全市交通信息高速通道,支撑"大交通、大智能、大数据";建立了一个40G 带宽的包括一个共享核心环、三个共享汇聚环的波分骨干网,将所有管理的行业和下属单位相关的基础设施进行了联系,为智能交通系统运行提供基础链路保障。

(2)交通信息平台

①"1+N"分布式基础云环境技术平台

深圳市交通委员会(以下简称交委)逐步搭建了"1+N"分布式基础云环境技术平台,实现了交通大数据实时接入、高效运算、安全存储。"1"是指深圳市交委内部虚拟平台;"N"是指腾讯云计算平台、中国科学院华南超算节点、国家超算中心深圳节点等,用以支撑深圳市交委几大板块的智慧化应用功能的服务。

②交通地理信息共享平台——T-GIS

深圳市交委首创了面向全行业共享的交通地理信息共享平台——T-GIS,集成交通网络、交通设施、交通相关属性、交通运行和调度管理等交通专题地理信息,包括 10 套不同用途地图,165 小项城市基础支撑数据,185 小项交通基础数据,为智能交通系统运行提供信息共享基础。

③综合交通大数据平台

在共享数据方面,单靠政府部门自身建设所采集和共享的数据,未来已经不足以支撑交通管理和监测掌握城市交通运行状态的需求,更多的还要和社会上交通领域的企业和服务平台开展联系和共享。深圳市交委汇聚运行数据,共整合汇聚了 29 类 81 项交通行业数据,共享了 10 余个部门的数据,涵盖了 9.42 万路监控视频数据、13.9 万辆运营车辆车载终端数据、1 400 万张深圳通卡数据,还有每天约 40 亿条公安交警部门共享的运营车辆数据,市场监管部门共享的企业诚信信息,气象局共享的天气信息。

(3)交通视频监控

视频监控是智慧城市建设的重要组成部分,也是各种信息采集方式中最直观明确的一种,当然也是投资建设和运营维护成本最大的一种。目前,深圳市交委通过自建、整合、共享等方式,在全市范围内接入监控视频,实现了对全市地铁站、高速公路、客运场站、港口、口岸、城市重点道路路段等重要场站枢纽、主要通道、交通节点和交通集散地分场景的全面可视化监控,实时掌控运行状况:

①地铁站视频监控建设:通过整合方式,接入全市 5 条地铁线路监控视频,全面了解地铁站内部通道、站台、扶梯、出入口人流聚集情况,保障日常运营调度,提高应急处置能力。

②高速公路视频监控建设:通过整合深圳市 7 大高速公路监控中心、12 条高速公路、361 路监控视频,实时全面掌握高速公路出入口排队、路面车流通行、设施运行情况,为高速

公路日常运行及重大节假日保障提供决策支持。

③客运场站视频监控建设:通过整合方式,接入深圳市 46 个客运场站的 1 006 路监控视频,有效监管客运场站的运行、安全及服务。

④口岸视频监控建设:在口岸出租车、公交等管理区域建设 49 路监控视频,并通过视频分析等手段,为该类区域运行秩序、运力调配、应急协同提供可视化支撑。

⑤城市重点道路路段视频监控建设:通过自建、共享方式建设了 177 路市区重点路段的监控视频,为城市交通运行管理及公众信息发布提供支撑。

2.智慧交通管理系统

深圳市交委根据智能交通行业的应用需求,搭建了"1+4"(1 个综合交通数据中心,智能公交、智能设施、智能物流、智能政务 4 大平台)智能交通应用体系框架。

针对智能交通技术的发展趋势,构建了"5 层次"(感知层、传输层、数据层、支撑层、应用层)智能交通技术体系框架,构成深圳整个智能交通建设发展的顶层架构。为实现对城市交通的精细化管理,深圳市交委以综合交通运行指挥中心为载体,以交通基层管理单元(交管所、站)为处置中心,构建总中心(综合交通运行指挥中心)—分中心(职能单位和辖区局运行指挥智能分中心)—基层管理单元(以街道办为单元的基层交通管理机构)的"1+17+58"智慧交通三级管理架构,形成各司其职、协调联动、运转高效的"1+17"运行载体。

为确保"1+17+58"管理架构的高效运作,深圳市交委以手机为载体建立手机 APP——交运通,实现综合执法管理、设施建设与养护、运输行业管理、应急抢险保障和交通运行信息服务的信息采集、现场处理功能,同时后台建立面向全委全行业信息案件处置的智慧交通管理系统。通过执法人员配备装有"交运通"移动执法系统的手机终端,实现执法人员与手机人机绑定,同时后台建立具备视频监控、网格化管理的科技执法系统,实现对执法单元、人员的实时调度,提高打击黑车的掌控能力及执法准确性。

3.智慧交通应用系统

(1)智慧公交

①以大众出行为核心服务对象的智能化建设

公交出行作为城市公共出行使用频率最多的一种出行方式,在城市交通智能化建设过程中处于十分重要的地位,公交智能化建设势必先行。

在智慧公交系统建设方面,深圳市已实现了公交、出租车、网约车、轨道、停车等全方位动态监管。深圳 1.6 万辆常规公交车、2 万多辆出租车都装上了 GPS 定位系统,还建设了网约车出租监管平台,目前网约车审核发证数量占全国的 40%。深圳市 34 259 个路边泊位实现对路面停车电子收费管理。

深圳市以大众出行为核心服务对象的智能化建设情况如表 8-1 所示。

表 8-1 深圳市以大众出行为核心服务对象的智能化建设情况

项目	范围	内容
常规公交智能化	公交设施管理	建成公交行业基础设施管理平台,基本实现了公交基础设施全方位协同化管理
	公交规划决策	构建公交仿真模型体系,搭建公交线网规划决策支持系统,评估公交运行的整体效率
	公交行业监管	公交系统 GPS 监控平台、公交专用道违章抓拍系统
	公交运营调度	制定统一标准,指导企业建设公交智能调度系统,使企业调度系统与政府监管系统有效衔接
	公交信息服务	提供公交电子站牌服务、公交无障碍导盲服务
出租车智能化	管理措施	完善"准入—监管—退出"管理机制,提升出租车行业数字化智能化管理水平
	内部运行监测	构建出租车数字化监管指标体系,包括运营态势指标、安全监管指标、服务质量信誉考核指标、司机动态指标等
	服务应用	打造出租车统一电召平台,实现近 1.6 万辆出租车 24 小时全天候"应召"
	行业外部应用	提供出租车 GPS 数据的融合挖掘分析、出租车客流分析
地铁智能化		成立了轨道交通网络运营控制中心(NOCC),实现对地铁运营的综合监视、多线路运营协调、应急指挥、信息共享;汇聚轨道交通应急指挥中心(TCC)的信息,实现对地铁运营的监督管理、运营上报、统计分析、应急处置等
长途客运智能化		建立了长途客运智能化联网监控平台,通过对客车车辆运行状态(包括车辆超速、GPS 掉线、车内饰品、疲劳驾驶等)的实时监控,实现安全监管由事后处罚向事前预防转变、企业由被动接受管理向主动参与管理转变
路边停车智能化		深圳是全国首个实现路边停车收费全电子化的城市。驾车人士可以下载并使用手机 App——宜停车或拨打 96001 服务电话进行停车缴费、续时、补缴,全程实现电子自助交易,无须管理人员干预
交通运行指数	道路交通运行指数	通过在出租车上安装 GPS 终端,对出租车运行轨迹、速度、行程时间等数据进行分析和处理,量化评估全市道路网的运行状态,用红色代表拥堵、黄色代表缓行、绿色代表畅通,实现道路交通运行指数的实时发布,为交通改善提供数据支撑
	公交运行指数	以覆盖轨道交通、常规公交、出租车三种出行方式和步行、候车、乘车、换乘四大出行环节的 30 大项、64 小项考核指标,通过云数据汇聚评价全市公交服务质量,促使公交企业提升服务品质

②以交通枢纽为核心的智能化建设

对公交车、出租车等出行方式的智能化建设是"线形"的、动态的,而对公交车站、地铁站,包括机场、高铁站的智能化建设属于"点状"的、相对静态的,只有把点和线连接起来,才算是初步完成了整个交通运输系统智能化建设。

深圳市在机场枢纽智能化建设以及高铁枢纽智能化建设过程中,采用的方式异曲同工。围绕交通的两个时刻表(高铁是高铁时刻表,机场是机场时刻表)利用智能化手段,通过对交通枢纽的综合管理、指挥调度、信息服务,实现不同交通出行方式的动态衔接、高效组织,满足不同运输方式协同运转、应急联动和综合信息服务的要求,建立完善先进的智能交通系统,如空中航班与地面公共交通的高效衔接、满足乘客出行信息获取便捷性、提升换乘便利性、提高出行选择方便性、减少不必要的换乘距离等。

机场枢纽智能化和高铁枢纽智能化所采用的主要手段如下:

一是在运行监管方面,建立完善的视频监控系统,利用视频识别、地磁监测等技术,实现对整个交通枢纽的运行监测、安全监管、运力调配、运证管理、视频综合监测等。

二是在指挥调度方面,依托两个时刻表,围绕应急识别、预警、运力调配、信息发布等,全面提升交通枢纽的智能化管理和信息化服务水平。

三是在信息服务方面,通过布设可变情报板、信息诱导屏、触摸屏、站内广播、手机二维码应用等信息发布设施设备,提供枢纽内客流预报、预警与疏解,人流引导与车辆诱导等综合信息服务。

(2)智慧设施

在道路设施智能化方面,深圳市交委建设了道路设施(全市道路中心线、标识、标牌、标线、护栏、立交、交叉口等)智能化管理系统,从组织、对象、阶段三个层次全面管控道路设施全生命周期(规划、设计、施工、验收、运营、管理)各项业务,实现道路设施全生命周期的数据化管理。现在深圳一共有道路9 000多条,交通护栏1 500千米,标志标牌15万套,桥梁大概2 370座等。已建设设施监测系统,包括断面交通数据采集点(1 353地磁设备)、桥梁监测系统(包含3座桥梁)、边坡监测系统(包含7个边坡)、交通枢纽场站规划建设信息应用枢纽。

①深圳市建设首条"智慧道路"

2018年3月,深圳公安局交通警察支队宣布,正式启动"深圳智慧交通一期"工程,联合多家前沿顶尖企业,打造深圳"智慧交通",深圳道路交通管理工作达到新高度,力争在2~3年时间里,实现"国内领先,世界一流"的智慧交通管理总目标。在这样的背景下,深圳市交委将侨香路作为深圳首条智慧道路。2019年6月30日,深圳首条智慧交通样板工程——侨香路路面修缮及交通改善工程(以下简称侨香路工程)顺利完工。侨香路工程改造范围西起侨香路北环立交,东至香梅路交叉口,全长6.8千米。侨香路建设过程中更多地采用了物联网、大数据以及人工智能等新技术,完善了道路的感知、管控与服务设施,构建了智能化的设施管养和交通治理体系。改造工程完工后,其智能化主要体现在以下几个方面:一是对交通信号控制设施进行整体改造,可根据道路实时交通情况调整红绿灯时间及感应控制。二是新安装12个"高配版"路口抓拍设备。三是多功能路灯和路灯杆的应用,侨香路改造后全线新装了智慧路灯。这种智慧路灯实现了"多杆合一",包括多合一交通杆、多合一电警杆、多合一信号杆等三大类,实现路灯、视频监控、小型标志牌、路名牌、车检器等设备的整合,具有公交提醒、信息整理、视频监控等功能。四是路面设置传感器智能感应大货车、泥头车违章。通过智慧公路建设,有效帮助道路向着服务品质化、管理科学化和运行高效化转型。

②深圳打造全国首条5G智慧交通示范路

2020年5月,深圳交警联手深圳电信打出5G创新"组合拳",携手推出全国首条"5G智慧交通示范路"——新洲路,构建了5G智慧交管新试点,为深圳新基建发展注入新应用,为粤港澳大湾区和深圳先行示范区建设贡献更强动力。

一是5G交通专网,监控视频回传更快。据介绍,深圳是电信在全国的首个5G SA(独立组网)城市,深圳交警与深圳电信创新运用5G SA网络和5G虚拟专网技术,构建5G交通专网,在确保信息安全的前提下,大幅度提高道路监控视频回传的效率。此外,相较于传统的视频传输方式,5G无线传输具有更易部署、更便利、更稳定的优势。

二是四大感知,零时差接收实时路况。在新洲路,电子警察、车牌识别、视频监控、"鹰眼"四大交通视频及图片数据,已成功通过电信5G实时将高清视频和图片回传至专网。5G高速率、低延时,使得"云端"的工作人员能够几乎"零时差"收到实时道路交通情况。一旦发生拥堵、交通事故等状况,交警能够更快、更高效地调度处置,及时指挥疏堵保畅,保障城市"血脉"顺畅。

三是铁骑AI,"变身"移动电子卡口。据了解,深圳交警和深圳电信还将共同探索将"5G+AI"技术应用于深圳交警铁骑2.0,联手打造全国首支5G铁骑车队。通过"5G+AI"的应用,铁骑在行驶中就能自动识别沿途车辆,让布控车辆无所遁形,将高清视频通过5G专网实时上传云端,实现移动卡口、移动查缉、移动视频等"云-边-端"一体化精准管控新勤务。

四是5G信号全覆盖整条新洲路,实现了5G信号覆盖,市民发生轻微交通事故时,可通过5G网络在深圳交警微信公众号使用"轻微事故远程视频处理"。

(3)装配式立体停车设施

已建设多处装配式立体停车设施。

(4)智慧物流

①智慧港口

在港口智能化建设方面,深圳市交委通过IC卡技术、信息技术,实现了进出深圳盐田港区、蛇口港区、赤湾港区、大铲湾港区4大港区拖车信息统一管理、快速放行和作业调配,提高了港区作业效率和服务水平。

②危险品运输智能化监管平台

深圳市交委建设成立了危险品运输智能化监管平台,实时掌握1 738辆车的运行状况(运什么、运多少、去哪里、怎么走、开多快、谁开车、谁押运),全面监控危险货物运输申报流程,实现了危险品运输的全过程、可视化、自动化的安全防控。危险品货物运输的全过程监管,过去主要是依托GPS的位置信息,随着技术的发展出现了视频分析等先进的监管手段(比如,推行具有人脸识别和车内环境自主监测的新型智能车载终端),建立了深圳市营运车辆综合监测平台等。

（5）智能政务

①智慧执法系统

在综合执法方面，初步建立了指挥中心—非现场执法—案件处理—信息公布一体化执法流程。非现场执法这块，高速路治超非现场已经覆盖了全市 13 条高速路，国省道治超非现场在 2 条国省道试点应用。此外，利用 GPS 分析营运客车行为，比如，行驶路线、车速、运行时间等。

②驾驶培训管理系统

深圳市交委建成了深圳市机动车驾驶培训管理系统，实现了学员培训和考试信息共享、教练员和教练车信息管理、驾校综合信息统计分析。

（6）交通综合治理系统

在交通治理方面，初步建立了基于大数据的交通综合治理体系。这主要是针对城市交通拥堵治理的，因为北京、上海、广州、深圳等超大型城市都面临同样的城市拥堵治理难题。城市的道路拥堵直接影响了市民的生活体验，也影响了城市经济发展和建设，因此，现在各地相关管理者也比较关注交通综合治理的问题。基于交通综合治理的考虑和引导，市交委建立了大数据融合系统，用以分析、获取道路交通指数。通过多元数据融合，可以对城市的拥堵做自动化的规划，从而开展具体指导实际拥堵治理的相关工作。

（三）经验借鉴

1.体制机制先行

为了进一步加强深圳市智能交通建设和智慧城市建设，深圳市交委设立了专门的智能交通部门，即智能交通处；构建了"交委—智能交通处—总中心（综合交通运行指挥中心）—分中心（职能单位和辖区局运行指挥智能分中心）"的智能交通管理架构，实现了"智能技术""业务需求""应用对象"有效衔接；逐步建立了智能交通"统一规划、统一标准、统筹资金、分工负责、分步推进、分块实施"的"三统三分"（"三统"具体由智能交通处负责统筹、规划、指导、协调、审核、监督工作，"三统三分"具体由全委全单位负责承担本单位部门业务范围内智能化、信息化建设，运行、维护、安全管理工作）协同推进机制，各部门之间责权清晰、分工明确，保障智能工作有序、可控、高效完成。

综合交通运行指挥中心集"数据管理、运行监测、决策支持、信息发布和协同服务"5 大功能于一体，主要负责深圳市综合交通运行智能化平台系统的建设、管理工作；承担综合交通运输体系的运行监测工作，为城市交通管理提供决策支持等工作。

在数据管理方面，综合交通运行指挥中心通过接入深圳市交通行业的 8 大类（交通视频数据、城市公共交通、城际交通、两客一危、驾培、高速公路、应急指挥、交通气象）、29 个系统、51 项数据，初步构建了海、陆、空、铁、城的"交通数据中心"。

在行业监测方面，依托营运车辆 GPS 监控平台，对全市 14 700 多辆出租车、4 800 多辆长途客车、2 400 多辆危险化学品运输车和 2 900 多辆重型自卸车等进行监测，实现对车辆超速、GPS 掉线等违规行为的实时掌控；及时发现车流及客流拥堵情况，提供信息推送等。

对海量交通数据的分析和挖掘，为交通管理部门提供了科学、全面、深入的分析报告，并多途径、全方位向出行者发布实时交通信息，营造智慧交通出行环境。

2.顶层设计引领

深圳市坚持"开放共享、多元互动、协同共治"的理念,适时提出交通管理智慧化变革,以顶层设计为引领,搭建开放平台,汇聚行业智囊团,通过数据融合实现逐步推动城市交通从管理到治理、从治理到服务的根本性变革。

在顶层设计方面,深圳联合了多家科技企业,设计了深圳智慧交通顶层建设总体框架,建立了工作机制,以"统筹规划、分步建设"的思路打造城市交通大脑,实现了数据和业务的深度融合,在城市交通感知资源池的基础上实现了智慧交通的综合应用。

3.重视产业培育

在产业培育方面,深圳市交委成立了智能交通协会用以横向拓展行业业务,通过智能交通产业促进会纵向促进产业一体化,加速交通科技成果转化推广应用,优化升级交通产业结构,促进交通产业规模发展;专门成立了深圳市智能交通标准化技术委员会,着力构建深圳市智能交通标准化体系框架,加强对深圳市智能交通发展的规范管理。目前启动了28项应用技术标准编制,已完成编制13项,这其中有2项拟上升为交通运输部行业标准;已授权专利7项,已申请专利10项;已取得云存储数据安全访问系统、深圳市综合交通运行指挥、城市路况信息查询系统软件等软件著作权18项。

4.加强对外合作

深圳市交委极为重视对外合作,目前已与23家单位签订战略合作协议,包括深圳大学、清华大学深圳研究院、中国科学院深圳先进技术研究院、深圳广播电影电视集团、三大电信运营商、腾讯、百度、华为、车联网、凯立德等,为智能交通发展提供人才、技术、资金等资源保障。"北上广深城市交通年会"以及"北上广杭深TOCC/TICC"综合交通信息化工作创新论坛则致力于将自身打造成为一线城市间交通信息化先进经验交流平台。

(四)教学讨论与拓展

1.问题设计

(1)在深圳智慧交通建设中,如何平衡政府主导与社会力量参与的关系?

(2)在数据共享过程中,如何解决隐私保护与公共利益的矛盾?

2.实践任务

(1)模拟设计一座中型城市的智慧交通框架,要求包含至少3项深圳经验的应用。

(2)针对交通拥堵问题,利用大数据分析工具(如Python或Tableau),提出优化方案并可视化呈现。

(五)教学目标

1.知识整合

(1)理解智慧交通的核心技术架构(如物联网、5G、大数据)及其在城市治理中的作用。

(2)掌握"顶层设计—基层实施"协同机制的设计逻辑。

2.实践技能提升

(1)能够运用数据分析工具进行交通流量模拟与预测。

（2）具备跨部门协作与智慧交通项目规划能力。

3.价值观塑造

（1）强化"科技向善"理念，认识到技术应用需兼顾效率与公平。

（2）培养公共服务意识，理解智慧交通对市民生活质量的提升作用。

资料来源：深圳市交通运输委员会公开资料、《深圳智慧交通应用与经验借鉴》等。

二、港口海铁联运的数字化转型实践

宁波舟山港推进多式联运信息互联互通　打造海铁联运精品线路

摘　要：本案例聚焦宁波舟山港海铁联运的数字化转型实践，系统分析其在信息共享、系统开发、物流模式创新等方面的具体举措与成效。通过梳理港口与铁路的协同机制、自主研发的数字化平台应用以及"一单制"服务推广等核心内容，总结宁波舟山港在提升物流效率、降低运输成本等方面的成功经验，同时探讨信息孤岛、区域协同不足等现存问题。本案例结合最新政策与行业动态，为物流管理、交通运输等专业学生提供实践参考，培养学生解决多式联运复杂问题的能力。

关键词：海铁联运；信息共享；多式联运；物流协同；数字化转型

（一）背景介绍

宁波舟山港立足深水良港和集装箱远洋干线枢纽港基础优势，充分发挥港口航线资源和陆海联动机制作用，将港口航运资源延伸至内陆，通过推进多式联运信息互通，探索创新多式联运"一单制"，推出"一次委托、一口报价、一单到底、一票结算"全程运输服务产品，打造"宁波舟山港——浙赣湘（渝川）集装箱公海铁公多式联运"示范工程，稳定开行重庆、南昌、上饶、金义等地区至宁波舟山港的精品海铁联运线路。截至2023年年底，宁波舟山港海铁联运业务范围已辐射16个省（区、市）65个地级市，建成内陆无水港36个，带动宁波舟山港海铁联运箱量稳居全国第二，其中外贸箱量居全国第一。

（二）主要做法与成效

1.推进多式联运信息互通，实现物流全程监控

浙江省人民政府与中国国家铁路集团有限公司（下称"国铁集团"）签署战略合作框架协议，提出共建海铁联运高质量发展示范区，加快构建贯通国内国际的海铁联运通道，推动宁波舟山港加快打造世界一流强港。

国铁集团与宁波舟山港集团"集装箱铁路在途信息"已初步实现共享，以数据报文形式将"铁路在途节点信息""铁路场站进出场地查询信息"共2项数据接入宁波舟山港集团自主研发的"海铁联运物流协同服务系统"，为客户提供铁路集装箱在途跟踪、数据查询等比较基础的海铁联运信息化服务，实现了宁波舟山港海铁联运集装箱全流程在途信息跟踪。

港口与铁路部门实现共享的数据清单如表8-2所示。

表8-2 港口与铁路部门实现共享的数据清单

序号	开放接口及数据名称	实现功能	主要字段	数据提供部门
1	铁路在途节点信息查询接口	铁路在途信息动态实时展示	发站、到站、发车时间、到达时间、车号等	铁科院
2	场站进出场查询信息接口	依照箱号申报单号查询场站进出门时间等信息	进门时间、出门时间、箱型尺寸、空重、站点名称等	中铁集

2.研发应用新技术新装备、开发新系统,提升海铁联运效率

宁波舟山港引进智能装卸手持终端,结合海铁联运协同管理系统应用,全面升级装卸作业信息化水平,货运员通过智能手持终端输入集装箱箱号、车皮号、股道号、图片备注、超偏载检测数据等重要信息,即完成多式联运集装箱装卸作业电子数据传输,实现装卸作业全程无纸化操作,减少了大量的纸质单证流转,避免了不必要的人工错误。

宁波舟山港集团自主研发海铁联运协同管理信息系统,如图8-1所示。该系统整合码头、港区集装箱办理站、海铁一体化操作平台、短驳车队等与海铁联运相关的客户及业务操作,推出港区铁路集装箱办理站取送车、装卸车、口岸协同、车队驳箱、海铁联运箱快速中转运输等业务协同管理功能,实现了海铁联运全程运输业务无纸化运作。

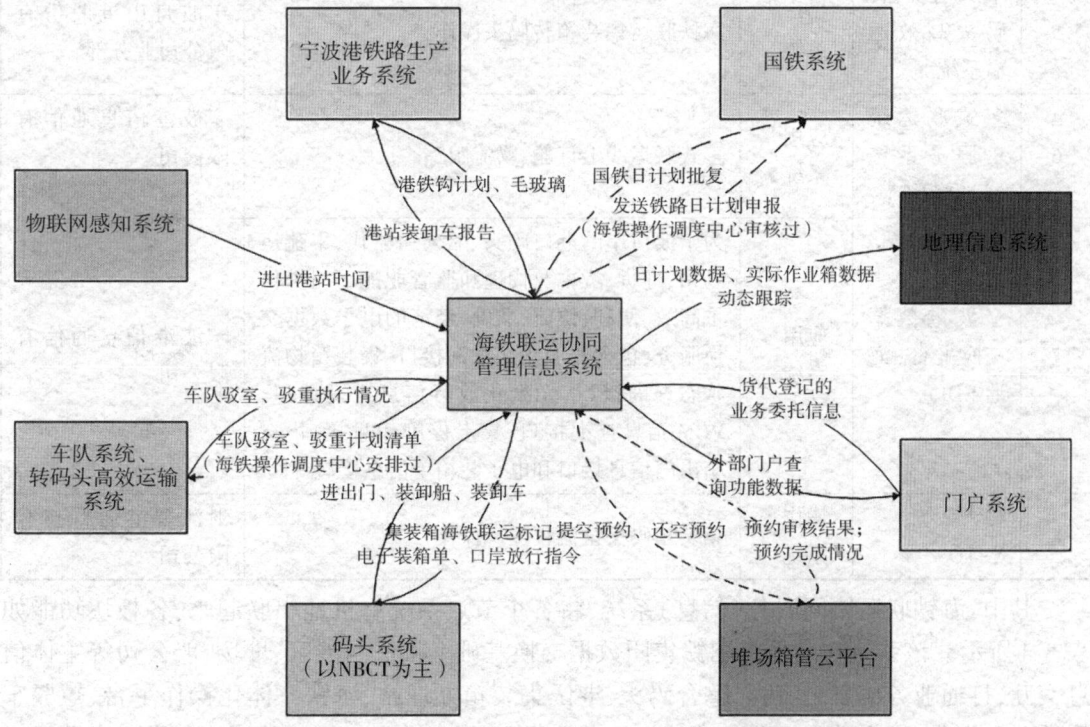

图8-1 "海铁联运协同管理信息系统"拓扑图

如图8-1所示,目前,海铁联运协同管理信息系统已完成海铁联运计划系统,海铁联运协同服务(信息)系统等8个系统的开发和应用。海铁联运协同管理信息系统已完成系统

功能如表 8-3 所示。

表 8-3　海铁联运协同管理信息系统已完成系统功能

序号	系统名称	类型	实现功能	管理/涉及公司(部门)
1	海铁联运计划系统	应用系统	海铁联运计划调度	宁波港铁路有限公司、宁波港国际物流有限公司
2	海铁联运协同服务(信息)系统	应用系统	海铁联运业务委托操作,"统一申报、统一调度、统一结费",提供从订舱到母港出运的全程一站式线上服务,申报各项托单的实时查询及全程跟踪服务	宁波港铁路有限公司、宁波港国际物流有限公司、宁波港信息通信有限公司
3	宁波港铁路生产业务系统	操作系统	生产计划提报,跟踪装卸作业、行车作业进程、运输生产安全监测	宁波港铁路有限公司
4	易港通平台(堆场箱管云平台)	应用系统	海铁空箱调运无纸化,形成集代理单位用箱申请、码头作业安排、铁路场站装车等数据信息于一体的业务平台	浙江易港通电子商务有限公司
5	车队系统、转码头高效运输系统	操作系统	海铁联运集装箱转码头操作	宁波舟山港股份有限公司业务部
6	多式联运统一服务系统(门户系统)	应用系统	多式联运线上订舱、物流跟踪	宁波港信息通信有限公司
7	宁波港数据交换平台(海港 EDI)	应用系统	为宁波口岸的港口码头、船公司船代、集疏运场站、理货、货主及代理和监管职能部门提供了高效、便利、快捷、准确、经济的电子数据交换服务,包含船舶动态查询接口、集装箱物流状态查询接口、无纸化放行信息查询接口、VGM 信息查询接口、集卡停牌信息接口、空箱出门信息接口和电子装箱单信息接口等	宁波港信息通信有限公司
8	码头系统 N-TOS	操作系统	集装箱码头全流程生产操作	浙江智港通科技有限公司

其中,海铁联运协同服务(信息)系统,将各个节点系统有机地串联起来,各板块功能如表 8-4 所示。该系统在加强与国铁集团数据交换基础上推进与港区、堆场、船公司等主体信息交互,打通业务信息全流程,整合码头、港区集装箱办理站、海铁一体化操作平台、短驳车队等业务操作,推出港区铁路集装箱办理站取送车、装卸车、口岸协同、车队驳箱、海铁联运箱快速中转运输等业务协同管理功能,实现海铁联运全程运输业务无纸化运作,客户通过系统配套的手机客户端实现"统一申报、统一调度、统一结费"托单业务,提供从订舱到母港出运的全程一站式线上服务,有效提高了海铁联运运营效率。

表 8-4 海铁联运协同服务（信息）系统各板块功能

序号	功能模块	实现功能	主要字段	涉及部门
1	业务查询	装车计划和装卸执行情况查询、发送查询、到达查询	装车时段、卸车时段、发站、到站等	中国铁路上海局集团有限公司
2	铁路到达	集装箱信息修改、倒换箱操作等	内外贸、箱型尺寸、车名、车次、航向等	中国铁路上海局集团有限公司
3	发送业务	空箱进门预约、空箱计划申报、集装箱日计划申报等	申报单号、申报状态、发送标记、发送回执等	宁波舟山港
4	预约模块	发送重箱预录入、空箱进门预约等	箱状态、码头、火车停靠地、计划日期等	宁波舟山港
5	订单管理	下单、委托单管理、批量修改等	提单号、箱号、委托编号、受理状态等	宁波舟山港

自 2021 年上线至今，海铁联运协同服务（信息）系统已拥有入驻用户单位覆盖货代、船代及各受理机构 800 余家，累计完成订单数量超 30 万单，实现了海铁联运业务全程的信息化、可视化、一体化。客户通过手机或网站即可实时掌握海铁联运集装箱物流动态，货物运输的透明度和安全性大幅提高，该功能受到了客户广泛好评。

3.创新海铁联运全程运输提单，海铁联运线路延伸至内陆腹地

宁波舟山港不断丰富海铁联运"一单制"的内涵，通过船公司签发海铁联运全程提单，将收货地从沿海港口延伸至内陆城市，实现了海运提单的功能延伸。宁波舟山港率先在"渝甬通道"运营平台中推动多家主流船公司签发海铁联运全程提单，为内陆企业降低了大量异地订舱及用箱成本。近些年，宁波舟山港海铁联运"一单制"业务不断增长，目前已有15 家主流船公司可签署海铁联运全程提单，业务覆盖至重庆、合肥、武汉、向塘等 30 余条海铁联运线路，出口重箱超 10 万标准箱，为内陆企业降低异地订舱及用箱成本约 2 500 万元。

4.创新海铁联运运输模式，提升海铁联运运能

宁波舟山港在绍兴开行海铁联运普通集装箱双层运输。加快甬金铁路双层高箱运输试验线建设，在义乌苏溪至宁波舟山港开展双层高箱海铁联运业务，创新运输组织模式。

（三）经验借鉴

1.以信息互联为驱动力，以数字化赋能提升服务效能

宁波舟山港搭建数字协同发展平台，推动港口、船公司与铁路部门实现系统对接与数据共享，打破海铁联运上下游信息壁垒，实现集装箱海铁联运全程信息可视化跟踪、业务承揽、生产协同、商务结算、智能化应用等功能，以数字化赋能提升服务效能。

2.以"一单制"推广为突破口，以精品线路发展海铁联运

宁波舟山港通过搭建海铁联运服务平台，统一与多家主流船公司签订海铁联运全程运输协议（海铁联运 CCA 协议），开启多式联运门到门"一单制"运输，在重庆、郑州、西安等地区大力推广船公司签发海铁联运全程海运提单，以"一单制"推广为突破口，打造海铁联运精品线路，提升多式联运综合管理效能和服务水平。

3.以模式创新为抓手,以优质服务拓货源增腹地

宁波舟山港在义乌、金华、绍兴、合肥等重要节点开行点对点循环班列,稳定货物运输时间,有效提高班列运行效率;开通"无轨站",将铁路车站"搬"到舟山综保区,降低粮食等大宗散货客户的用箱成本;通过"一头多板"创新实施"最后一公里"甩挂运输,有效解决场站堆存及装卸能力不足问题;开行海铁联运客户专列,解决客户缺箱缺舱难题,通过个性化服务做优做强做大海铁联运业务。

(四)案例分析引导

1.主要做法与成效分析

(1)信息互通方面,引导学生关注政府合作协议的重要性以及数据共享对实现物流全程监控的作用,思考在其他类似项目中如何推动不同部门之间的信息共享。

(2)技术应用方面,分析智能装卸手持终端和自主研发系统对提高作业效率和实现无纸化运作的贡献,探讨新技术在物流行业的应用前景和推广难点。

(3)模式创新方面,研究"一单制"业务和运输组织模式创新对拓展海铁联运线路和提升运能的影响,鼓励学生思考其他可能的创新模式。

2.经验借鉴探讨

(1)以信息互联为驱动力,讨论数字协同发展平台在打破信息壁垒、提升服务效能方面的优势,引导学生思考如何构建类似的数字平台。

(2)以"一单制"推广为突破口,分析其对打造精品线路和提升综合管理效能的作用,探讨在不同地区推广"一单制"可能面临的挑战和解决方案。

(3)以模式创新为抓手,总结宁波舟山港通过个性化服务拓展货源和腹地的经验,让学生思考如何根据不同客户需求提供差异化的物流服务。

(五)教学讨论与拓展

1.知识理解

(1)请阐述宁波舟山港在推进多式联运信息互通方面采取了哪些具体措施,这些措施是如何实现物流全程监控的?

(2)分析宁波舟山港自主研发的海铁联运协同服务(信息)系统与海铁联运协同管理信息系统在功能上的差异与联系。

2.实践应用

(1)假设你是一家内陆企业的物流负责人,请你结合案例内容,谈谈如何利用宁波舟山港的海铁联运服务降低企业的物流成本?

(2)如果你负责规划一条新的海铁联运线路,可以从案例中借鉴哪些经验来确保线路的高效运营?

3.价值观思考

(1)宁波舟山港通过一系列举措提升了物流效率和服务水平,这对行业的可持续发展有何积极意义?

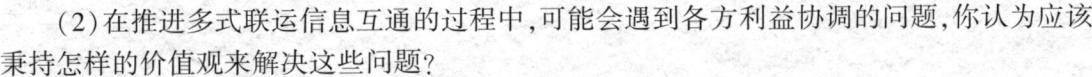

(2)在推进多式联运信息互通的过程中,可能会遇到各方利益协调的问题,你认为应该秉持怎样的价值观来解决这些问题?

(六)教学目标

1.知识整合

(1)学生能够系统地梳理宁波舟山港海铁联运数字化转型的主要做法,包括信息互通、技术应用、模式创新等方面的内容,并理解各举措之间的内在逻辑关系。

(2)学生可以将案例中的实践经验与物流管理、交通运输等专业知识相结合,加深对多式联运相关概念、理论和政策的理解。

2.实践技能提升

(1)培养学生分析和解决实际问题的能力,通过讨论案例中的现存问题,如信息孤岛、区域协同不足等,让学生提出可行的解决方案。

(2)提升学生的决策能力,引导学生在模拟的物流场景中,运用案例中的经验和方法,做出合理的物流规划和运营决策。

3.价值观塑造

(1)让学生认识到数字化转型和创新在物流行业发展中的重要性,树立勇于创新、积极进取的价值观。

(2)培养学生的合作意识和社会责任感,理解多式联运的发展对于降低社会物流成本、促进区域经济协同发展的意义,从而在未来的工作中能够为行业的可持续发展贡献力量。

资料来源:交通运输部服务司《交通物流降本提质增效典型案例(首批)》。

第二节　智慧物流类教学案例

一、智慧港口物流

惠龙易通创新港口物流新模式

摘　要：与互联网融合发展已成为产业发展的必经之路,物流产业因其固有的业务特点,如资源分散、流动、信息化程度低等,在跨界融合中难度很大。对于传统物流企业而言,"互联网+"相当于一场新的革命。本案例是一家民营港口企业在不到20年的发展历程中,不断创新,借助互联网+、大数据、云计算等技术应用,成功实现了传统公用码头向现代物流贸易港的转型升级。本案例是"互联网+物流"创新模式的成功典范,目的是让学生了解我国物流企业是如何在互联网时代的大潮中,迎接挑战,不断创新,提升物流服务规模和质量,助力经济发展的。

关键词：惠龙易通;创新;物流集聚区

(一)背景介绍

惠龙易通的全称是惠龙易通国际物流股份有限公司。在惠龙易通官网的企业介绍中,有这样的描述:国家高新技术企业,连续三年入选中国独角兽企业榜单,是集互联网、物联网和车联网于一体的人工智能数字交易平台;获商务部"电子商务示范企业"、交通运输部"智慧交通与现代物流创新示范基地"、工信部"互联网与工业融合创新试点企业"、人社部"全国物流行业先进集体"、公安部"2019年网络安全管理优秀团队";分别荣获商务部全国商业联合会和交通运输部公路学会科技进步奖一等奖、以第一提报单位获国家科学进步一等奖提名。这家民营企业在物流领域创新了什么样的商业模式? 让我们一起走近惠龙易通。

(二)案例基本情况

1.惠龙易通公司简介

惠龙易通的前身镇江惠龙长江港务有限公司(以下简称惠龙港)创建于2003年,2008年启动惠龙港国际钢铁物流电商项目,2013年变更注册成立惠龙易通国际物流股份有限公司。

惠龙港地处长江和京杭大运河的十字交会处,长江深水航道的终点段,常年可航行5万吨巨轮,沪宁、宁通、京沪、沿江、宁杭等多条高速公路,沿江高等级公路和312国道,机场快速通道在此汇集,南面与京沪铁路货运站相距只有1 200米,具有江海河、水铁公六位一体的交通运输优势,是国内外钢铁转运、分销、集散、出口及期货交割最经济、最理想的位置。

惠龙港地处长三角腹地,紧邻扬州、泰州、南京、常州等多个城市;周边 10 平方千米范围内集聚了以中国第二重型机械集团公司为代表的一批装备制造企业,以广西柳工集团有限公司为代表的一批机械制造企业;50 平方千米范围内集聚了 50 余家造船厂;60 平方千米范围内集聚了 10 余家汽车制造厂;100 千米辐射半径范围内的钢材年需求量超过 2 000 万吨。

2.创新成为惠龙易通发展的主旋律

惠龙港的发展历程虽然不长,却通过不断创新,实现多次升级。

(1)创新经营理念,实现传统公用码头向现代物流贸易港升级

传统的港口功能主要是货物装卸、堆存、中转等,2003 年惠龙港创建伊始,遵循服务创造价值的理念,通过为广大客商搭建"三个平台、两个中心、一站式服务"的经营理念,成功实现了传统公用码头向现代物流贸易港的创新升级。

①三个平台:融资平台、钢材期货交割和现货电子交易平台、大区域营销平台

融资平台:惠龙港与多家金融机构合作并签订融资协议,还注册成立了独资的货物监管和担保贷款公司,以自身资信与实力为银企融资提供钢材质押贷款货物监管及贷款担保服务。银行可以没有风险地放贷,便承诺以最高质押率、最低贷款利率及最快放款速度为广大入驻惠龙港的企业提供融资服务。入驻企业在惠龙港做生意,贷款不难,成本不高。

钢材期货交割和现货电子交易平台:惠龙港是上海期货交易所已核准的最大钢材期货交割库,为参与钢材期货交易的双方创立了便捷的交割平台,同时惠龙港与"我的钢铁"网合作建立了网上钢材现货交易平台和钢材行情分析网站。买卖双方支付的货款和保证金汇到签约银行的专用账户,货款收付出现问题由银行负责,货款支付后钢材的货权转移由惠龙港负责。网上交易双方、商业银行、惠龙港共同签订协议并各司其职,实现钢材现货网上交易。惠龙港已建立从钢材进港、堆存到出库全程视频图像可视化系统,虽在异地,网上交易钢材如同身临其境、清清楚楚、明明白白。

大区域营销平台:惠龙港发挥自身港口码头和水铁公联运优势,东西沿长江、南北沿京杭大运河,整合社会资源,建立二级分销、转运站;与沿江、沿河区域性龙头企业合作,上联钢厂,下接区内外钢铁贸易商和终端用钢大户,形成钢材分销网络化、物流大型化、节约化格局,扩大分销区域。

②两个中心:钢材加工中心、钢材配送中心

钢材加工中心:惠龙港将引进与合资相结合,按周边用钢分类建立完善的钢材加工体系,根据周边装备、机械、船舶、汽车制造等生产厂的需要,将钢材加工成半成品直接配送到终端用户,使周边用钢企业可以零库存生产,减少资金占用,缩短生产周期。钢材在市场内集中规模加工,不但节约二次转运、装卸费用,还降低加工成本,提高了钢材成材率。

钢材配送中心:惠龙港与运输企业合作建立钢材配送中心,成立江海直达运输船队,以矿石进港转运至长江上游钢厂,返程装钢材进惠龙港,开展双向对流运输,成立江河直达配送船队、陆上运输车队,建立运输网络管理系统,将返程的空船、空车集中,为进驻客商开展顺带配送运输服务,既可降低 30%左右的运输成本,又可节约能源。

③一站式服务

惠龙港与地方政府一起,联合会计师事务所、律师事务所、航空售票中心为广大客商提供全方位的一站式服务,如为客商代办工商注册、税务登记、银行开户、验资、船舶靠港、签

证等手续,免收手续费;将所有交易铺位装修一新,将通信、宽带、空调全部安装到位,免收租金;为进驻企业钢材质押贷款提供钢材监管服务,免收监管费;没有钢材质押时,直接以惠龙港担保为进驻企业提供担保贷款服务。

惠龙港依托自身港口码头、铁路货站的接卸联运优势,通过提供不断完善的优质服务,吸纳、集聚天下客商,努力搭建各种服务平台,帮助客商降低融资成本、运输成本、加工成本、经营成本,提供各个环节的物流增值服务;依托进驻企业创造了千亿级钢铁物流市场,为带动地方经济发展做出很大贡献。

(2)创新商业模式,构建智能物流电商交割库(ECL)

2008年,惠龙港启动了惠龙港国际钢铁物流电商项目。在经营公用码头的基础上,惠龙港搭建了水铁公多式联运集散平台、担保与质押监管相结合的融资平台、ERP信息化平台、期货交割平台等八大服务平台,完成了物流贸易港的转型升级,税费贡献率超过传统公用码头30倍。

在物流贸易港的基础上,惠龙港通过运用商品入库智能寻找货位系统、收发货无纸化系统、客户异地开单系统等八大物流信息化系统,建成一个可复制的标准化智能物流电商交割库(ECL),2014年园区开票交易销售超600亿元。

(3)交易模式再升级,搭建惠龙易通电子商务平台

在ECL的基础上,协同银行、电信、保险、燃气等运营商,惠龙港首创国内货运集配电子商务平台——惠龙易通电子商务平台(简称惠龙易通)。惠龙易通于2014年11月27日上线,将信息技术全面应用于物流业务全过程,形成信息技术"全融合"、专业服务"全覆盖"、效率提升"全流程"、知识产权"全自主"的四大运行特色。惠龙易通整合电信、保险、银行等多方资源,汇集了全国的车船及货主会员,运用稀疏矩阵快速优化算法建立了平台大数据,使得物流管理全过程实现了电子单证、在线支付、产品服务及信用管理等环节的高效服务,解决了物流过程中成本高、运行效率低、社会商品库存率高等矛盾。货方会员的待运货物与车船会员的空驶运力,以电信手机为终端通过系统线上自动配对;承运货物在保险公司投保,出现事故在线理赔;货运双方会员在银行签约开户,费用在线结算,首创中国第一家货运集中配送运输场内交易电商新模式。惠龙易通被工信部授予"国家智能物流与电子商务创新示范区"。

(4)首创"无车无船主承运人电商模式",破解物流难题

惠龙易通没有一辆货运车、一艘货运船,却借助"互联网+"技术,将众多车主、船主、货主及其资源整合在一个平台上,每年完成数亿吨的物流订单。走进公司信息数据中心可以看到,数百名员工正在电脑前处理物流订单,墙面上巨大的电子屏滚动显示着全国各地的即时交易信息。通过这张"全国物流全息地图",可以快速地查找到会员信息、运价指数、公路物流园、配货站、加油站、服务区等信息,甚至红绿灯、桥梁、隧道、渡口等路况。在北斗定位运营平台技术的加持下,还可以实时监控货运车辆行驶状况。

更核心的技术在于,这不仅是简单的"信息撮合平台",还可以打造互联货物在线运输"天网"和互通货物线下保障"地网",将传统物流升级为"天地融合一张网,信息交换一朵云,货运交易一单制,全程服务一体化"的智慧物流产业链。此外,该平台能保障任何一个加盟单位都不可能产生虚假订单和业务。

惠龙易通电商平台通过在线智能配对,保证空驶车船"有货可运",有效解决了物流效

率低、成本高、社会商品库存率高等突出矛盾,能够极大地提升社会效益。以 50 万会员、年承运 6 亿吨货物计算,每年可节约运输成本 49 亿元,节约燃油 100 万吨,减少碳排放 318.5 万吨。平台有效解决供需双方信息不对称的问题,优化运输方式和路径,降低社会物流成本。同时,惠龙易通汇集全国码头、铁路货站、公路场库与 1 200 万家企业的相关信息,通过发挥大数据的价值,优化水铁公联运的路径,有效地帮助企业降低了物流成本。

在无车承运实践领域,惠龙易通走在我国前列。2008 年,惠龙易通率先推出无车无船承运项目,2012 年上线运行。2016 年 8 月,交通运输部参照惠龙易通无车承运人模式的流程,在全国范围内组织开展无车承运人试点。惠龙易通在相关技术、流程及商业模式方面拥有多项专利。如今,这种无车承运的网络货运模式已经成为物流行业的新动能之一,在全国复制推广,推动着我国新一代智能物流的发展和转型升级。

(5)以创新为途径落实企业社会责任

为大众创业提供平台,为社会就业提供渠道,是惠龙易通在不断锐意创新、领跑行业发展的过程中结出的又一硕果。惠龙易通把运和销结合起来一体化发展,为大众创业创建了一个 B2B 型的孵化器,只要掌握终端用钢量或用油量有 500 吨以上的客户资源,就可以在惠龙易通大宗商品交易平台上,实现个人创业的梦想,让参与大宗商品交易的人生意更好做。

3.不断创新的背后是对人才的渴求与尊重

图 8-2 是惠龙易通与众不同的公司组织架构,首席科学专家的出现及其在组织架构中的位置令人不得不对这家民营企业刮目相看,进而,其荣获的诸多创新荣誉也就可以理解了。

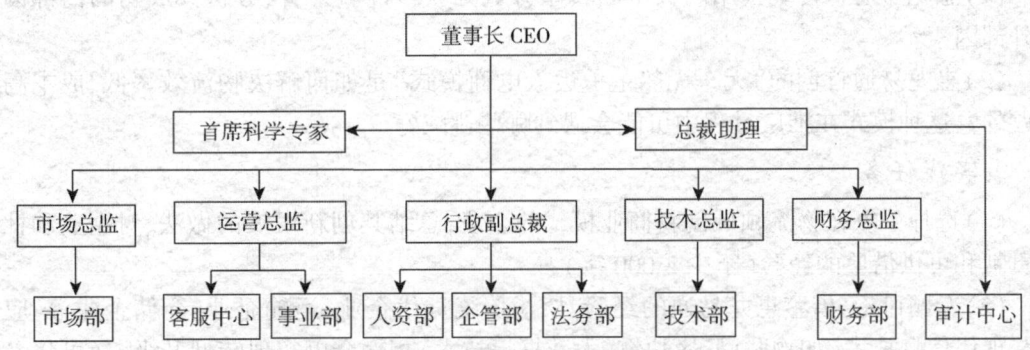

图 8-2 惠龙易通与众不同的公司组织架构

数据是平台的灵魂,对各类客户的精准服务需要强大的数据支撑,为此,公司力邀世界顶级运筹学与优化算法专家参与平台设计。2013 年 7 月 10 日,惠龙港国际 Michael Saunders 院士工作站在硅谷的摇篮斯坦福大学正式挂牌成立。Saunders 是新西兰皇家科学院院士,斯坦福大学教授,世界顶级的运筹学与优化算法专家。作为惠龙港货运集配电子商务平台的首席科学家,Saunders 教授及其团队为平台系统的架构设计、运力和货源的智能配对、配送路径的优化等提供了专业的解决方案。

惠龙数据中心拥有大量采自各种渠道的企业商户、物流基地、货运码头的详细信息,平台在运营过程中也会产生大量的非结构性中间数据。对这些大数据的整理、分析、挖掘需要精深且量身定制的统计模型和算法设计,惠龙港国际 Michael Saunders 院士工作站的任务是将惠龙易通平台打造成开放式、智能化、有灵魂的顶级电子商务平台。实现这一功能的团队获得了 2013 年江苏省"服务业创新团队"第一名,骨干成员都是公司力邀回来的专家,他们不仅是信息平台的技术研发者,同时也是惠龙易通各部门的管理者,中国的快速发展为科学家们提供了实现自我价值的土壤和环境。团队的最终目标是利用电子商务的手段,建立虚拟交易市场和物流集成信息平台,扩大服务范围,形成全国范围的合作网络,逐步打造国内领先的专业 B2B 网上交易平台和专业第三方物流服务商。

对惠龙港现代物流集聚区来说,2014 年 12 月 13 日是可以载入企业发展史册的一天。这一天,习近平总书记现场视察惠龙易通,还与 Michael Saunders 教授亲切交谈。习近平总书记赞扬企业的创新精神,希望企业继续努力,不断寻找新的商机和发展新的商业模式。

(三)经验借鉴

(1)勇于创新与新技术应用贯穿始终,推动企业持续发展、转型升级。

(2)本着为客户创造价值的目标,搭建多元服务平台。

(3)重视人才,并注重挖掘数据资源,优化业务流程。

(4)实现企业发展与社会责任的统一,这有助于提升企业的社会形象和品牌价值,也能为企业赢得更广泛的社会支持。

(四)教学讨论与拓展

1.问题设计

(1)惠龙易通从传统公用码头不断转型升级并获得许多荣誉,分析其成功的内部因素和外部因素?

(2)惠龙易通首创的"无车无船主承运人电商模式"是如何解决物流效率低、成本高等问题的?这种模式在推广过程中可能会遇到哪些挑战?

2.实践任务

(1)选择一家在物流领域创新商业模式的企业,总结其创新发展的做法、对企业和社会的贡献和可供借鉴的经验(至少 2 000 字)。

(2)专题讨论:借鉴惠龙易通的经验,谈谈传统货代企业、运输企业、仓储企业等,应如何与现代信息技术(如物联网、区块链、大数据等技术)相融合以实现转型升级。(可将参与讨论的学生分组、每组分配一类传统企业。)

(五)教学目标

1.知识整合

(1)了解物流企业在互联网时代的创新模式和发展趋势。

(2)掌握物流服务平台的种类、功能和作用。

(3)理解物流企业社会责任的内涵和重要性。

2.实践技能提升

(1)培养学生分析和解决实际问题的能力。

（2）提高学生的创新思维和实践能力。

（3）增强学生的团队协作和沟通表达能力。

3.价值观塑造

（1）培养学生的创新精神和创业意识。

（2）引导学生树立社会责任意识。

（3）拓宽学生的国际视野和增强其竞争意识。

资料来源：惠龙易通国际物流股份有限公司官网（http：//www.hletong.com/index.html）。

二、数字供应链平台

供应链平台数字化发展之路——以"云上营家"为例

摘　要：全程供应链管理是对整个供应链（从供货商、制造商、分销商到消费者）的各个环节进行综合管理，以促进整个供应链生态圈成本最优化和效率最大化。本案例通过"云上营家"平台的功能展示，以及平台面临的向智慧供应链升级的挑战，让学生体会全程供应链管理如何推动物流行业快速发展，加深学生对相关课程知识的应用和国家推进供应链创新与应用相关政策的理解。

关键词：供应链管理；数字化转型；智慧物流；四流合一；生态协同

（一）背景介绍

"云上营家"是云南建投物流有限公司拥有自主知识产权的全程供应链平台。云南建投物流有限公司（以下简称Y公司）是集商贸、物流、电子商务、供应链金融、信息服务等多种经营于一体的现代物流与供应链服务企业，是国家认定的5A级物流企业、5A级供应链服务企业，入选全国供应链创新与应用示范企业、全国商贸物流重点联系企业、商务部首批线上线下融合发展数字商务企业、云南省跨境直达运输试点企业等。

"云上营家"平台（www.inja.com）（以下简称平台）聚焦大宗商品、消费品等业务领域，构建综合物流、综合金融、数字化三大平台，通过互联网、物联网、云计算等现代信息技术集成与应用，实现物流、管理流、资金流、信息流、商务流在生态圈内最经济的互动，从而为客户提供强劲的市场竞争力。平台入选国家新型消费示范项目，荣获2017年度"第三届建筑业企业信息化建设案例"、2017年度"工程建设行业互联网发展优秀实践案例"，中国物流与采购联合会2018年度"智慧供应链优秀案例"及"科技进步奖"三等奖等多个奖项。

（二）案例描述

1."云上营家"平台的核心业务

平台聚焦大宗原材料和消费品领域的全程供应链服务。大宗原材料主要包括钢材、水泥、煤炭、有色金属；消费品主要是生鲜、鲜花、现代装饰品等。客户则为供应链条上的各类采购方与供应商;提供的服务包括采购、加工、物流、金融、管理等。

以大宗商品业务板块为例,货种包括钢材、水泥、铜、铝、煤炭等大宗商品,Y公司以专业的供应链管理能力汇聚上下游优质资源,整合物流、金融、科技、研发的力量,构建大宗商品领域的供应链生态,为客户提供最具优势的大宗商品与配套服务。

(1)解决传统业务痛点

Y公司针对大宗商品传统流通过程中的痛点,制定解决方案,如表8-5所示。

表8-5　大宗商品供应链解决方案

传统业务痛点		解决方案
大宗商品流通涉及环节多,但服务功能相对单一,资源整合难度大,多环节成本高	一站式的大宗物资供应	覆盖钢材、水泥、铜、铝、煤炭、周转材料等多种大宗商品,提供集物资采购、物流配送、金融增值、数字化服务、产品研发于一体的大宗商品一站式服务,达到整体最优
煤炭产品参数不同,难以及时精准满足用户需求	产研协同精准满足需求	深耕煤炭领域的产品研发,构建完善的煤炭采购和配煤仓储体系,覆盖大范围的用户需求,及时为不同的客户提供最精准的煤产品与服务
大量的线下业务,管理成本与难度大,严重制约业务的快速发展	全程无忧可视化	提供采购管理、招投标、合同签订、订单执行、物流配送、履约结算端到端的完整供应商产业链服务,提高供应商产业链管理水平
资金成本是制约企业业务快速发展的重要因素	金融赋能大宗流通	以强大的供应链整合能力,形成高效便捷和低成本的融资优势,为上下游企业提供充足的金融服务,加快大宗商品流通

资料来源:根据"云上营家"平台(www.inja.com)资料整理。

(2)赋能产业发展

Y公司的全程供应链管理与产业链深度融合,积极赋能区域产业发展。以钢材为例,Y公司在建筑用钢、冶金原料、钢铁再生资源等细分领域精耕细作,与中国宝武钢铁集团有限公司等省内外各大资源厂商形成长期战略合作关系,经营品类包含型材、管材、金属制品、废钢等。Y公司在京津冀、长三角、粤港澳大湾区、成渝经济圈等核心经济圈,全国各中心城市,以及老挝、缅甸、泰国等东南亚地区均设有经营网点,拥有云南省内昆明、曲靖、大理以及省外的广州、武汉等地的钢材现货库及区域中心仓,还能基于客户需求为客户提供智慧物流、供应链金融、信息资源等配套增值服务,年均供应量超200万吨。

2.数字化赋能的现代物流体系和强大的运力组织能力

(1)现代物流体系

数字化赋能构建现代物流体系,以支持Y公司核心产业链业务需求为基础,统筹不同板块资源,为伙伴提供统一便捷的物流服务,持续提升社会化、专业化、柔性化的物流服务能力,包括综合物流服务、网络货运服务、仓储服务、园区服务、通关服务、卡车后市场服务等。

(2)运力组织能力

Y公司通过运输网络调度与运力调度,实现对大型工程建设所需物资的快捷、高效、安全运输,并通过平台建设实现全流程可追溯。Y公司的可调配社会车辆为5.2万余辆、年运力能力为 3 500 万吨,可提供多元运输解决方案,运输货种覆盖普货、大件、冷链、危化品、跨境物流等。

3.多元金融服务

聚焦金融活水赋能供应链价值创造,围绕自由贸易环节,打造数字凭证、票据融资、订单融资、普惠融资等金融产品,为客户提供财资、供应链金融和金融增值等与产业链各环节相匹配的多元金融服务,搭建起产业交易主体透明的信用平台,以系统标准、渠道多元、风险可控的综合金融体系服务于上下游客户。合作金融机构超过 30 家,授信额度超过 75 亿,为上下游合作伙伴融资超 10 亿,服务中小企业占比超 90%。

4.数字化建设成效显著

自 2016 年开始建设"云上营家"平台以来,借助多年的业务实践和领先的数据智能技术,Y 公司将研发与采购、金融、仓储、加工、运输、销售、支付、结算等全流程深度融合,真正意义上实现供应链的信息流、商流、物流、资金流四流合一。平台打造的供应链生态活环境不断为企业和社会创造价值,截至 2025 年 1 月底,平台服务在建项目 13 414 个、累计成交金额 860 亿元;平台总用户数 83 321 个、企业买家 5 250 个、供应商 21 740 家;Y 公司营业收入也实现了持续高速发展,由 2018 年的 158 亿元到 2023 年的 400 亿元。

(三)问题分析

1.供应链平台面临数字化向智慧化升级挑战

"云上营家"平台无疑走在我国供应链平台数字化建设的前列。伴随着云计算、大数据、人工智能技术的应用,供应链平台企业面临着由数字化向数智化、智慧化升级的挑战,探索供应链平台智慧化发展路径势在必行。

平台类企业具备天然的大数据资源基础。以"云上营家"平台为例,平台吸纳和云集了产业链上下游众多客户企业,伴随着业务开展逐渐沉淀了多维度大量的业务数据,这些数据蕴含着极大的商业价值,收集、挖掘和分析数据对企业和行业发展尤为重要。然而,大数据应用需要处理大量结构化和非结构化数据,涉及数据采集、存储、清洗、分析、数据仓库构建、业务建模、多种形式数据可视化展现等多个环节。如何通过大数据挖掘、建模分析,实现按需生成各类图表及分析面板,为企业发展提供决策依据,为客户提供更加智能、高效的服务,是供应链平台向智慧化升级的必经之路。

2.数字化向智慧化跃升需要多维突破

供应链平台型企业从数字化向智慧化升级,需要突破传统数据驱动的单点优化,向"自主决策、动态协同、价值共创"的智能化生态体系演进。为此,需要从诸多方面实现突破。

(1)数据治理升级

数字化阶段多依赖结构化数据(如订单、物流轨迹),忽视非结构化数据(图像、语音、环境传感器数据)的挖掘。智慧化阶段则需要深化数据维度,实现全要素数据融合。

例如,华为供应链大脑将全球 2 000+供应商、50+物流枢纽纳入同一虚拟空间,实现供应中断风险模拟准确率达 92%。这里就用到了动态知识图谱与数字孪生技术。运用动态知识图谱建立供应链实体(供应商、物料、物流节点)关系网络,实时更新关联规则(如某区域暴雨→运输延迟概率→替代路线启动)。运用数字孪生技术构建物理供应链的虚拟镜像,支持实时模拟与预测(如新供应商接入后的网络韧性测试)。

(2)算法与决策体系升级

数字化阶段多为规则引擎、统计模型主导,应对复杂场景能力弱。智慧化阶段则擅长多目标优化算法、人机协同决策。

例如,京东智能供应链的"AI采购经理"在3C品类实现85%自动化采购决策,人工干预率低于5%。运用AI和人类专家协同决策,决策结果反哺AI模型优化(如人工驳回的AI采购方案自动触发模型再训练)。

(3)供应链流程重构

传统模式为线性价值链(采购→生产→配送),智慧化重构如网状价值生态,允许客户、供应商、物流商等角色随时接入共创(如客户参与产品设计→供应商调整原材料采购→物流定制包装方案)。例如,西门子供应链平台开放API接口,允许客户直接调用产能数据,自助预约工厂档期,订单响应速度提升40%。

(4)生态协同机制升级

跨链协同能力,如运用"区块链+隐私计算",实现跨企业数据共享(如联合库存数据)而不泄露商业秘密;智能合约2.0支持条件触发式自动结算(如货物签收后自动释放尾款+支付物流费用)。创新利益分配机制设计,如动态价值分成,根据各节点贡献度(数据质量、响应速度)自动分配收益;发行供应链生态通证,用于激励优质行为(如供应商按时交货获得供应链生态通证,可兑换优先采购权)。例如,马士基TradeLens平台通过区块链记录全球50%集装箱数据,参与方可凭贡献值获得数据查询特权。

(5)风险防控体系升级

提高风险预测能力,如运用复杂事件处理(CEP)引擎,实时监测数百个风险指标(汇率波动、港口罢工、供应商舆情),预测供应链中断概率。运用对抗性机器学习,模拟黑客攻击、数据投毒等场景,增强系统鲁棒性。同时,提高供应链韧性,如构建多级缓冲池,动态调整安全库存、备用供应商、替代运输路线等缓冲资源;自愈机制:设备故障自动触发无人机配送、维修人员上门等响应链条。例如,特斯拉供应链系统在2021年芯片危机中,通过实时监测全球芯片库存,自动切换车机系统设计,减少了75%的芯片依赖。

(6)人机交互体验革命

人机交互升级,如仓库管理员通过AR眼镜查看货架库存热力图,语音指令调度机器人;供应链经理可通过自然语言查询"华东区下周暴雨对运输成本的影响",获取多维度分析报告。决策民主化,如"平民数据科学家",提供低代码分析工具,允许业务人员自主建模(如销售经理构建促销活动库存影响模型);众包优化,如开放部分优化问题至开发者社区,悬赏求解最佳方案。例如,菜鸟网络开放算法大赛,吸引全球团队优化"双十一"物流路径,最优方案可降低18%的车辆行驶里程。

(7)绿色可持续深化

碳链追踪,如全生命周期碳账本,记录从原材料开采到产品回收各环节碳排放数据;智能碳关税计算,自动生成符合各国规则的碳关税报告。赋能循环经济,如逆向供应链自动化,AI识别退货商品价值,决策翻新、拆解或环保处理路径。共享产能平台,将闲置工厂产能上线交易,减少重复建设。例如,联想全球供应链平台可实现97%的退货产品自动分拣再制造,年减少电子垃圾 1.2 万吨。

此外,未来的智慧供应链平台在服务的客户群体、服务功能、服务附加价值等各方面都将拓展和提升。如除了满足供应链上下游企业的业务需求,还应通过数据沉淀和数据挖掘,助力政府制定相关产业链、供应链发展政策。

(四)教学讨论与拓展

1.问题设计

(1)传统供应链向智慧供应链转型需突破哪些关键瓶颈?结合案例说明技术如何驱动这一过程。

(2)结合案例说明如何通过供应链金融缓解中小企业融资难题。

2.实践任务

(1)分析某消费品企业(如鲜花电商)的供应链痛点,基于"云上营家"平台经验提出数字化升级方案。

(2)如果你被选入"供应链平台智慧化升级项目组",假设采购方有 1 项采购需求,作为智慧供应链平台要实现以下功能(场景),平台需要整合哪些数据资源?使用什么模型或方法?①采购环节的智能供需匹配与供应商推荐;②运输环节的动态运力调度、车辆路径优化、异常事件预警与应急响应;③供应链金融信用评估;④供应链需求预测与库存优化;⑤绿色供应链与碳足迹分析(可以将学生分组,每组针对 1 种需求进行分析,然后分享)。

(五)教学目标

1.知识整合

(1)理解供应链数字化转型的核心要素(四流合一、生态协同)。

(2)掌握智慧供应链的关键技术(动态知识图谱、数字孪生、AI 决策)。

2.实践技能提升

(1)能够设计供应链全流程数字化解决方案。

(2)具备分析供应链风险并提出动态优化策略的能力。

3.价值观塑造

(1)强化"技术赋能产业"的创新意识。

(2)培养"绿色可持续"的供应链管理理念(如碳追踪、循环经济)。

资料来源:"云上营家"平台(www.inja.com)、云南建投物流有限公司官网(www.ynjtwl.com)。

第九章
平安交通物流类
教学案例

第一节　平安交通类教学案例

一、港口特大火灾爆炸事故

天津港"8·12"特大火灾爆炸事故：风险管控失效与应急管理反思

摘　要：2015年天津港"8·12"特大火灾爆炸事故是一起由危险化学品管理失控引发的特别重大生产安全责任事故，造成165人遇难、直接经济损失近70亿元。本案例通过分析事故背景、直接原因、监管责任、应急处置及环境影响，揭示企业在安全生产中的主体责任缺失、政府多部门监管失职及应急响应机制漏洞等问题，并结合后续政策改进提出风险管控与应急管理的启示，为案例教学提供实践参考。

关键词：天津港爆炸；危险化学品；安全生产；监管失效；应急管理

（一）背景介绍

天津港作为中国北方最大的综合性港口，承担着大量危险化学品的仓储与运输任务。瑞海国际物流有限公司（以下简称"瑞海公司"）位于天津港危险品物流区，其通过虚假申报、行贿等手段非法获得危险品经营资质，长期违规超量存储硝酸铵、氰化钠等高危化学品。2015年8月12日，该公司危险品仓库发生特大火灾爆炸事故，暴露了我国危险化学品全链条监管的深层漏洞，引发全社会对安全生产、政府监管及应急能力的全面反思。

（二）案例基本情况

1.事故背景与直接原因

瑞海公司通过伪造规划文件、勾结监管部门等手段,在未获批的情况下建设危险品仓库,并违规存储硝酸铵(800 吨)、氰化钠(680 吨)等 7 大类高危化学品。事故的直接原因为硝化棉湿润剂散失导致积热自燃,引发硝酸铵爆炸,总能量相当于 450 吨 TNT。

2.事故后果

(1)人员伤亡:165 人遇难(含 110 名消防员),798 人受伤,8 人失踪。

(2)经济损失:直接经济损失 68.66 亿元,损毁建筑 304 幢、车辆 1.2 万辆、集装箱 7 533 个。

(3)环境影响:大气、地表水及土壤严重污染,事故中心区土壤修复耗时 5 年,地下水治理持续至 2023 年。

3.改进成效

(1)政策改进:事故后,国务院修订《危险化学品安全管理条例》,强化危险品全生命周期监管;建立"全国危险化学品风险监测预警系统",实现动态监控。

(2)环境修复:事故中心区土壤修复工程于 2020 年完成,地下水治理仍在持续监测中;周边居民健康监测未发现异常,渤海湾生态未受波及。

(3)应急体系优化:推行"一企一策"应急预案,配备专业救援装备。比如,2022 年天津港消防演练响应时间缩短 40%。

(4)司法进展:瑞海公司 49 名责任人已获刑,最高判处死缓;多名官员因渎职罪被判刑。

（三）"数说"事故:核心数据与问题剖析

1.调查与处置

(1)调查规模:国务院调查组调阅资料 600 余万字、监控视频 10 万小时,询问 600 余人。

(2)处置结果:清运危险品 1 176 吨,耗时 1 个月完成现场清理;74 名官员受党纪政纪处分,49 名企业人员被追刑责。

2.爆炸物与杀伤力

(1)核心物质:硝酸铵(剧烈分解爆炸)、氰化钠(剧毒)、硝化棉(易燃)。

(2)威力成因:硝酸铵爆炸释放冲击波与有毒气体,叠加仓储密集化加剧破坏力。

3.监管责任分析

(1)天津交通、港口、海关、安监、规划和国土、市场和质检、海事、公安以及滨海新区环保、行政审批等部门单位,未认真贯彻落实有关法律法规,未认真履行职责,违法违规进行行政许可和项目审查,日常监管严重缺失。有些负责人和工作人员贪赃枉法、滥用职权;天津市委、市政府和滨海新区委、区政府未全面贯彻落实有关法律法规,对有关部门、单位违反城市规划行为和在安全生产管理方面存在的问题失察失管。

(2)港口危险货物监管主管部门,未依照法定职责对港口危险货物安全管理督促检查,对天津交通运输系统工作指导不到位。

（3）相关机构对天津海关危险品进出口监管失察。

（4）中介机构弄虚作假，违法违规进行安全审查、评价和验收。

4.瑞海公司的问题

（1）瑞海公司严重违反有关法律规定，是造成事故发生的主体责任单位。该公司无视安全生产主体责任，严重违反天津市城市总体规划和滨海新区控制性详细规划，违法建设危险货物堆场，违法经营和储存危险货物，安全管理极其混乱，安全隐患长期存在。

（2）危险化学品仓库建在居住区附近，属于未批先建。之所以能够未批先建，在于有关规划国土部门帮助瑞海公司违法取得了规划许可。瑞海公司通过审批的图纸写的是普通货物，但设计图纸里写的是危险货物，也就是通过暗度陈仓的方式骗取规划许可，然后施工建设。

5.消防处置漏洞

（1）信息缺失：企业隐瞒硝酸铵存储情况，消防员缺乏关键信息支撑决策。

（2）应急缺陷：现场缺乏专业预案，撤离不及时导致二次爆炸伤亡。

6.环境影响评估

（1）短期：氰化物污染地表水，爆炸粉尘致空气质量指数爆表。

（2）长期：土壤重金属超标，地下水修复需持续至2030年；未波及渤海湾生态。

（四）教训与启示

1.企业主体责任

（1）建立合规管理体系，严禁"未批先建"与数据造假。

（2）配备危险品专用救援装备，进一步完善"事前演练—事中联动—事后复盘"机制。

2.监管协同机制

（1）建立跨部门联合执法机制，打破监管信息孤岛。

（2）推行"双随机、一公开"检查，遏制权钱交易。

3.科技赋能治理

（1）应用物联网、AI技术实时监控危险品存储状态。

（2）开发应急指挥系统，提升信息透明度和决策科学性。

4.人文教育

（1）强化企业公共安全责任意识，纳入高管考核指标。

（2）开展全民安全生产教育，提升社会监督能力。

（五）教学讨论与拓展

1.讨论问题

（1）制度设计：如何通过"双随机、一公开"等机制防止监管腐败？

（2）应急决策：若消防部门无法获取关键信息，应如何制定最小化伤亡的应急预案？

(3)国际对比:对比美国得克萨斯州化工厂爆炸案,分析我国在危险品监管中的改进空间。

(4)伦理反思:企业追求利润与公共安全责任冲突时,管理者应如何权衡?

2.实践任务

(1)模拟设计一套危险品仓库规划审批流程,要求涵盖安全评估、环境审查及多部门协同环节。

(2)制定一份危险化学品事故应急预案,包含信息通报、人员疏散及污染控制模块。

(六)教学目标

1.知识整合

(1)理解危险化学品管理的法律框架与技术标准。

(2)掌握安全生产责任事故的多维度分析模型。

2.实践技能提升

(1)能够识别企业安全生产中的系统性风险。

(2)具备设计跨部门协同应急方案的能力。

3.价值观塑造

(1)强化"生命至上、安全第一"的公共管理伦理观。

(2)培养管理者在利益与责任冲突中的职业道德判断力。

资料来源:国务院《天津港"8·12"瑞海公司危险品仓库特别重大火灾爆炸事故调查报告》、生态环境部《天津港爆炸事故环境修复评估报告(2023年)》、《中国应急管理报》相关报道(2015—2023年)。

二、道路货车超载事故

超载之殇:从宏远物流公司货车侧翻事故看企业安全管理责任

摘 要:本案例以宏远物流公司货车因严重超载导致侧翻、造成重大人员伤亡的真实事件为背景,剖析交通运输企业安全管理漏洞、驾驶员违规操作、监管缺位等核心问题。通过事故还原、法规解读与实践任务设计,引导学生掌握超载行为的法律界定、风险量化评估方法及企业安全管理体系的构建逻辑,强化"安全优先于效益"的职业价值观。

关键词:超载运输;企业责任;安全管理;风险防控;法律规制

(一)背景介绍

根据公安部交通管理局统计,2024年全国货车交通事故中,超载引发的事故占比达34%,且超载车辆事故致死率是正常车辆的3倍以上。交通运输企业为追求利润最大化,往往忽视车辆核载标准,加之监管技术手段滞后、部分驾驶员法律意识淡薄,导致超载乱象屡禁不止。本案例从企业视角进行事故分析,揭示超载运输的连锁危害,探索系统性治理路径。

(二)案例基本情况

2024年10月12日,宏远物流公司(主营建材运输)驾驶员张某驾驶核载30吨的重型半挂牵引车(实际装载钢材62吨,超载107%),途经G75高速公路某长下坡路段,因刹车过热失效,车辆失控侧翻,侧翻后撞击对向车道一辆载有5人的小型客车,造成3人死亡、2人重伤。调查发现:企业通过篡改GPS数据逃避动态监控,驾驶员连续驾驶超10小时。

事故发生后:企业被吊销道路运输经营许可证,罚款200万元;驾驶员张某及企业安全主管李某被追究刑事责任;高速公路设施损毁修复费用超500万元。

(三)问题分析

1.企业层面

(1)利益驱动:为降低单次运输成本,默许"多拉快跑"模式,通过技术手段伪造载重数据。

(2)管理缺位:未落实车辆日常检查制度,使驾驶员安全教育流于形式。

2.个体层面

(1)驾驶员疲劳驾驶、超载经验主义(认为超载刹车距离可控)。

(2)缺乏应急处置技能(未掌握长下坡路段点刹降温技巧)。

3.监管层面

(1)动态监控系统存在漏洞,超载检测依赖人工抽查。

(2)跨区域执法标准不一,企业利用监管盲区跨省运输。

(四)解决方案

1.企业安全管理升级

(1)引入AI载重监测系统:通过车载传感器实时上传货物重量、重心数据,与交管平台联动报警。

(2)建立"安全绩效工资制":将驾驶员薪酬与违规记录反向挂钩,对超载行为一票否决。

2.技术防控手段强化

(1)推广非现场执法:在重点路段设置动态称重装置,自动识别超载车辆并追溯企业责任。

(2)开发疲劳驾驶预警系统:通过面部识别监测驾驶员状态,设强制休息提醒。

3.法律与教育协同

(1)推动《中华人民共和国道路交通安全法》修订:将企业法人超载责任刑责化(参照"重大责任事故罪")。

（2）开展"安全运输示范企业"认证：通过政策倾斜激励合规经营。

（五）教训与启示

1.教训

（1）超载的经济成本远高于收益：本案企业受到的 200 万元罚款与停运损失，远超超载节省的 30 万元运输费。

（2）技术造假难逃法律追责：篡改 GPS 数据构成"毁灭证据罪"，加重刑罚。

2.管理启示

（1）安全文化应嵌入企业基因：定期组织驾驶员参与事故现场模拟（如 VR 侧翻体验）。

（2）建立"吹哨人制度"：鼓励员工内部举报违规行为，对其给予奖励与保护。

（六）教学讨论与拓展

1.问题设计

（1）若你是企业安全主管，你应如何平衡运输效率与合规载重？需列举至少 3 项具体措施。

（2）设计一套针对超载车辆的 AI 识别算法逻辑框架（须包含数据采集、风险判定、预警机制）。

2.实践任务

（1）模拟企业安全审计：根据《道路运输车辆动态监督管理办法》，核查某运输公司 3 个月的 GPS 数据与载重记录，撰写合规报告。

（2）制作"超载风险计算器"：输入车辆核载、实际载重、道路坡度等参数，自动输出刹车距离、侧翻概率等风险值。

（3）组织辩论赛：辩题为"治理超载应以重罚企业为主，还是以技术改造为主"。

（七）教学目标

1.知识整合

（1）掌握《中华人民共和国道路交通安全法》第 48 条、第 92 条关于超载的界定与处罚标准。

（2）理解运输企业车辆运行过程安全事故处理流程与注意事项。

2.实践技能提升

（1）能运用动态监控平台数据排查企业违规行为。

（2）具备制定运输安全应急预案的能力。

3.价值观塑造

（1）树立"生命至上"的运输伦理观，抵制利益至上主义。

（2）培养企业社会责任意识，主动参与行业安全生态建设。

资料来源:货物超偏载事故技术分析案例、车辆超载事故案例汇编、生产安全事故典型案例警示教育等。

第二节 平安物流类教学案例

一、跨境电商应急物流

"跨境通"物流:风险预警与敏捷响应中的供应链韧性构建

摘 要:本案例围绕跨境电商物流企业"跨境通"展开,深入剖析其在全球化运营中应对诸多风险的实践,通过详细阐述"跨境通"构建风险预警系统、多元化物流网络及数字化应急响应机制的具体举措,呈现其实现供应链韧性与客户满意度双提升的过程。本案例旨在为物流管理等相关专业学生提供跨境电商物流风险管理的实践参考,助力其理解和掌握行业关键策略与应对方法。

关键词:跨境电商物流;风险预警;敏捷响应;供应链韧性

(一)背景介绍

近年来跨境电商的爆发式增长推动物流全球化布局,但物流环节的复杂性与不确定性加剧,海运延误、海外仓封控、数据泄露等问题频发,企业亟须构建系统性风险管理框架。国际物流涉及多国政策、文化差异及技术壁垒,单一环节的失控可能导致全链瘫痪。如何实现风险前置预警与快速响应,成为行业的核心挑战。

(二)案例基本情况

"跨境通"是一家在跨境电商物流领域具有一定规模和影响力的企业,致力于为客户提供一站式的跨境物流解决方案,涵盖国际运输、仓储管理、清关报关、配送服务等多个环节。随着跨境电商物流业务的不断拓展,"跨境通"在运营过程中逐渐面临一系列严峻的风险挑战。

(1)海关政策方面,不同国家和地区的海关法规和监管要求差异较大,且政策调整频繁。例如,某些国家突然提高进口关税、提高商品检验检疫标准,这使得"跨境通"的货物通关时间延长、物流成本大幅增加,甚至出现货物滞留的情况。

(2)运输环节的问题也频发,自然灾害如暴雨、飓风等可能导致运输路线中断,交通拥堵、罢工等因素也会影响货物的按时交付。此外,国际物流市场竞争激烈,运输价格波动较大,进一步增加了成本控制的难度。

(3)在数据安全领域,随着数字化运营的深入,"跨境通"积累了大量客户信息和业务数据。然而,网络攻击、数据泄露等安全事件时有发生,不仅损害了客户利益,也对企业的信誉造成了负面影响,导致部分客户流失。面对这些风险,"跨境通"意识到必须采取有效措施,提高供应链韧性,以保障企业的可持续发展。

(三)主要做法与成效

1.构建风险预警系统

(1)"跨境通"投入大量资源构建了一套完善的风险预警系统。该系统整合了多渠道的数据来源,包括政府官方网站、行业资讯平台、社交媒体等,实时收集海关政策变动、运输市场动态、网络安全威胁等信息。通过大数据分析和人工智能算法,对这些信息进行深度挖掘和分析,提前识别潜在风险,并根据风险的严重程度和可能性进行分类预警。

(2)成效显著。通过风险预警系统,"跨境通"能够提前得知海关政策的调整,及时调整物流方案,避免了因政策突变而导致的货物滞留和高额罚款。例如,在某国海关即将实施新的商品归类标准前,预警系统及时发出警报,"跨境通"迅速组织人员对相关货物的申报文件进行调整,确保货物顺利通关,减少了不必要的损失。

2.多元化物流网络

(1)"跨境通"积极推进物流网络的多元化建设,以降低运输中断等风险对物流服务的影响。一方面,与多家不同的运输供应商建立合作关系,包括国际知名的航运公司、航空公司和本地物流企业,确保在某一运输方式出现问题时,能够迅速切换到其他替代方案。另一方面,优化物流路线布局,开辟多条备用运输路线,特别是针对一些关键市场和高风险地区。

(2)有效提升了物流服务的稳定性和可靠性。在一次因港口罢工导致主要运输路线中断的情况下,"跨境通"迅速启动备用方案,通过调整运输路线和运输方式,成功将货物按时送达客户手中,客户满意度得到了有效提高。同时,多元化的物流网络也提高了"跨境通"在运输价格谈判中的话语权,有助于降低运输成本。

3.数字化应急响应机制

(1)"跨境通"建立了数字化应急响应机制,以快速应对各类突发风险。利用先进的信息技术,实现了物流信息的实时监控和跟踪,企业能够随时掌握货物的位置、状态等关键信息。一旦发生风险事件,系统能够自动触发应急流程,迅速调配资源,协调各部门之间的工作。

(2)有效防范各类风险。通过数字化应急响应机制,"跨境通"在面对数据安全事件时,能够快速采取措施进行数据加密、备份和恢复,有效减少了数据泄露带来的损失。同时,在运输延误等情况下,"跨境通"能够及时向客户推送货物动态信息,为其提供个性化的解决方案,如重新安排配送时间、提供补偿等,大大提高了客户的满意度。自实施该机制以来,客户的投诉率显著降低,企业的市场竞争力得到增强。

(四)经验借鉴与启示

1.重视风险预警体系建设

跨境电商物流企业应充分认识到风险预警的重要性,投入必要的资源构建完善的风险预警系统。整合多渠道数据,运用先进的数据分析技术,实现对潜在风险的精准识别和提前预警,为企业应对风险争取宝贵的时间。

2.推动物流网络多元化

物流网络多元化是提高供应链韧性的关键。企业应与多家运输供应商建立长期合作关系,优化物流线路布局,增加备用方案。这样在面对各种突发情况时,能够灵活调整物流策略,确保货物的及时运输和交付。

3.强化数字化应急响应能力

数字化技术在应急响应中发挥着重要作用。企业应加强数字化建设,实现物流信息的实时监控和跟踪,建立自动化的应急响应流程。通过数字化手段,快速调配资源,及时与客户沟通,提高应对风险的效率和效果。

(五)教学讨论与拓展

1.问题设计

(1)跨境电商物流企业的风险识别需覆盖哪些层次?如何平衡风险防控成本与运营效率?

(2)数字化工具在应急管理中可能引发哪些新风险(如数据依赖、算法偏见)?应如何规避?

2.实践任务

(1)选取一家真实跨境电商物流企业,分析其近三年的风险事件,设计风险评估矩阵。

(2)模拟"东南亚洪水导致物流中断"场景,制定包含运输替代、客户沟通、保险理赔的应急方案。

(六)教学目标

1.知识整合

(1)能够系统梳理跨境电商物流企业面临的各类风险,理解风险产生的原因和影响。

(2)掌握应急管理"PDCA 循环"(计划—执行—检查—改进)框架。

2.实践技能提升

(1)培养学生运用数据分析和信息整合的方法识别和评估跨境电商物流风险的能力。

(2)提升学生设计物流应急预案、制定风险应对策略的实践操作能力。

3.价值观塑造

(1)培养学生在面对复杂多变的市场环境时,树立积极应对风险的意识和勇于创新的精神。

(2)培养学生在危机中的领导力与团队协作精神。

资料来源:对"跨境通"物流企业的实地调研和访谈记录、"跨境通"物流企业内部的运营数据和相关报告。

二、新冠疫情+船舶搁浅事件对全球供应链的影响

疫情时期"长赐"号搁浅事件对于全球供应链的影响

摘　要：本案例选择 2020 年新冠疫情期间国际物流领域发生的"长赐（Ever Given）"号搁浅事件引发的全球经济贸易连锁反应，使学生体会到，国际物流对于世界经济贸易的重要性。稳定的全球供应链体系是当下国际秩序的"物质基础"，也是国际关系的"经济基础"，更是世界和平与发展的"压舱石"。

关键词：新冠疫情；"长赐"号搁浅；苏伊士运河堵塞；全球供应链；供应链脆弱性

（一）背景介绍

2020 年新冠疫情在全球蔓延后，国际物流领域出现集装箱短缺、运力紧张、运价上涨现象。2021 年 3 月，"长赐"号搁浅苏伊士运河事件进一步导致港口拥堵加剧、船舶效率降低、运价持续推高。2021 年 5 月底，世界最大的单体码头盐田港因发现疫情管控升级又拉低了港口作业效率；同时，苏伊士运河堵塞延误的大量船舶集中到达中国港口，进一步加剧了船舶等待和货物积压。正可谓，物流受阻、零售停摆、生产中断，一连串的风险叠加，使得全球供应链备受打击。

（二）案例基本情况

1.疫情下的国际物流

2020 年 3 月，马士基旗下"Gjertrud Maersk"号集装箱船有多名船员被确诊感染新冠病毒，为了保证船员安全，马士基宣布取消海员换班计划，这一决定导致 749 艘船受到影响。这只是疫情下航运业的一个缩影。国际航线上的许多船公司船员不能正常换班，许多国家采取停工停产措施，国家之间的联系被切断，国际物流领域人力短缺、运力急剧下降，出口的集装箱不能及时运回，"一箱难求"成为国际物流领域最常出现的词汇。于是，运费大涨，2020 年第四季度美西航线运价较年初涨了近 300%；"甩箱"的现象频频发生；中国港口很多订单被积压，不能及时交付。同时，疫情下航空运输采取"熔断"机制，空运货物也转向了海运。

2.全球航运重要航道之一苏伊士运河堵塞

2021 年 3 月 23 日（当地时间），一艘长约 400 米、名为"长赐"号的集装箱船（悬挂巴拿马国旗）搁浅在苏伊士运河航道，一个多星期才从运河脱困，导致地中海和印度洋上数以百计的船舶被"堵塞"。

苏伊士运河为欧、亚、非三洲交接地带的要冲，是从亚洲到欧洲最短的路径，比绕行非洲最南端好望角（Cape of Good Hope）减少近 5 000 千米的航程。苏伊士运河是亚欧之间最繁忙的石油、精炼燃料、谷物、工业制品等货物贸易通道之一。数据显示，全球海运物流中，约 15% 的货船要经过苏伊士运河。2020 年有高达 1.9 万艘船只行经此处。每天经过苏伊

士运河的商船,承载着约 100 万桶原油和 8% 的液化天然气,以及占全球贸易至少 12% 的商品,苏伊士运河已成为全球航运乃至全球国际贸易的重要动脉。

运河拥堵使得全球供应链"如鲠在喉",一周中有油船、货船和其他船只大约 370 艘滞留在运河两端。每天约有 30 艘集装箱船通过苏伊士运河,堵塞一天就意味着 5.5 万个集装箱延迟交付。每艘货船承载的商品背后都是全球产业分工体系的一部分,因此,货船是等待还是绕行非洲南端的好望角成为两难选择:等待,不确定何时能通行,每天都要付出额外成本;绕行,则意味着要额外延长数周的航期及付出连带成本。

3. 疫情+运河堵塞+盐田港疫情管控升级

2021 年 5 月 21 日,盐田港西作业区查出无症状感染者,传播链条与港口作业有关。深圳港随即加强了防疫管控措施,检测频率与流程的增加影响了作业效率。所有国内外等待靠岸的货船,全部在码头附近的海域排队等待检查,确认安全后才能进入码头。5 月 27 日至 31 日,盐田港暂停接收出口重箱 5 天……

盐田港是世界上最大的单体集装箱码头、世界上最繁忙的港口之一,2021 年 1—2 月盐田港进港船舶 1 200 艘,按此计算,5 天停摆影响的船舶高达 102 艘;如果按照当年一季度盐田港完成 366 万 TEU 计算,停摆 5 天积压的集装箱将高达 21 万 TEU,按照一台集卡车装载 2TEU 计算,装载 21 万 TEU 的集卡车首尾相接将超过 1 600 千米。当时的情形正如全球最大航运公司马士基集团 5 月 31 日晚公告中提示的:盐田港疫情管控升级,码头堆场密度持续升高,西区作业仍未恢复,东区生产效率仅为正常水平的 30%,预计未来一周码头将继续拥挤,船舶延误时间延长至 7~8 天……

恰在此时,"长赐"号搁浅事件后续影响也开始显现,5 月以来,受此前运河拥堵影响的数百艘集装箱货船集中抵达中国,包括盐田港在内的中国主要集装箱港口均出现严重拥堵。多重危机干扰下,全球海运航班紊乱、船舶延误加剧、集装箱一箱难求,运价一涨再涨,全球供应链屡受冲击。

4. 中欧班列十年磨一剑

自 2011 年 3 月 19 日我国首列由重庆至德国杜伊斯堡铁路集装箱班列开通后,我国成都、西安、郑州、武汉、苏州、义乌、东莞等稳定开行中欧班列的城市已达 30 多个,通达欧洲 25 个国家 224 个城市,如德国汉堡、波兰华沙、西班牙马德里、俄罗斯莫斯科等。目前已有西、中、东 3 条中欧班列运行线,分别经由新疆霍尔果斯、内蒙古二连浩特与黑龙江绥芬河出境。通常情况下,中欧铁路运输时间只有海运的 1/3,运价较海运高一些,但仅为航空运价的一半左右。中欧班列自开通至新冠疫情发生以前,因为货源不足等种种原因,多个班列依靠地方政府补贴。

然而,在疫情叠加运河拥堵时期,中欧班列运量迅速增长,2020 年中欧班列累计开行 1.24 万列,较 2016 年增长 6 倍之多;运送 113.5 万 TEU,较 2016 年增长 50%,综合重箱率达 98.4%,年度开行数量首次突破 1 万列,单月开行平均在 1 000 列以上。中欧班列发挥了至关重要的作用。

(1)保障防疫物资运输:疫情防控期间,中欧班列积极参与国际合作,防疫物资被源源不断地运往欧洲各国,为全球抗疫贡献了中国力量。

(2)稳定供应链:在海运受阻、港口拥堵、作业效率降低等情况下,中欧班列正常运行,成为连接中国与欧洲的重要物流通道,保障了沿线国家生产所需原材料和零部件的供应,以及产品的输出,维持了产业链的稳定运转,避免生产因物流问题长时间中断。

(3)缓解运力紧张:当全球海运集装箱短缺、运力不足时,中欧班列作为陆路运输方式,提供了额外的运输能力,分流了部分货物运输,缓解了国际物流运力紧张的局面。

(4)稳定运输价格:海运运价因各种因素持续推高,而中欧班列相对稳定的运价,为企业提供了更具性价比的运输选择,降低了企业的物流成本,有助于企业稳定经营。

(三)教训与启示

疫情叠加运河拥堵,人们对于国际物流供应链的重要性有了深刻的认识。例如,汽车制造业高度依赖全球供应链,疫情导致芯片制造企业停工,全球汽车生产受到严重影响,多家汽车制造商不得不减产或停产。此外,疫情还导致劳动力短缺,港口作业效率下降,货物积压,进一步加剧了供应链的紧张局势。

"长赐"号在苏伊士运河搁浅,阻断了全球重要的贸易通道,这一事件凸显了全球供应链对关键运输节点的高度依赖。这表明,任何一个关键运输环节的中断都可能对全球供应链造成巨大冲击。

经过十几年的不懈努力,中欧班列已构建起横跨亚欧的庞大物流网络,在疫情与运河拥堵的多重危机下,中欧班列为稳定全球供应链发挥了重要作用,成为"一带一路"倡议下国际合作的典范。

(四)企业的应对措施——打造韧性供应链

1.多元化供应商网络

企业应避免过度依赖单一供应商或地区,可以在不同国家和地区寻找具有竞争力的供应商,建立本地供应商和全球供应商相结合的多元化供应体系,以确保在面临供应链风险时能够迅速调整供应来源,维持生产的连续性。

2.加强供应链数字化建设

利用物联网、大数据、人工智能等技术,实现供应链的实时监控和可视化管理;通过数字化手段,及时掌握供应链各环节的动态信息,提前预警潜在风险,并采取相应的应对措施。

3.建立战略储备和应急机制

企业应根据自身业务特点和市场需求,建立必要的战略储备,以应对突发情况。同时,制定完善的应急机制,明确在供应链中断时的应对流程和责任分工。此外,企业还可以与物流供应商建立应急运输方案,在运输受阻时能够迅速调整运输路线和方式。

4.加强供应链合作伙伴关系

供应链上的企业应加强合作与协同,建立长期稳定的合作伙伴关系,通过信息共享、风险共担、利益共享等方式,提高供应链的整体抗风险能力。

（五）教学讨论与拓展

1.问题设计

（1）除苏伊士运河以外,国际物流网络上还有哪些咽喉要道一旦遇突发事件将对全球供应链造成重大影响? 为什么?

（2）分析2023年"红海危机"爆发的原因、对全球航运及经济贸易的影响,以及航运业的应对策略。

2.实践任务

（1）分析俄乌冲突对世界能源、粮食贸易带来的影响,完成至少2 000字的分析报告,要求有数据分析,并注明数据来源。

（2）专题讨论:面对频发的影响国际航运乃至全球供应链的危机事件,站在国家、制造业、国际航运业的立场,应采取怎样的措施加以应对?（可将参与讨论的学生分组,每组分配一个立场。）

（六）教学目标

1.知识整合

（1）掌握疫情对全球供应链的冲击机制。

（2）理解不同运输方式在时效性、稳定性和成本等方面的特点。

（3）了解供应链风险管理和应急策略。

2.技能提升

（1）数据分析与论述能力。

（2）沟通与协作能力。

3.价值观塑造

（1）培养全球视野和责任感。

（2）树立创新意识和应变能力。

（3）强化团队合作意识。

资料来源:苏伊士运河大堵塞与全球供应链的"黑天鹅"事件的后续影响及反思。

第十章

综合交通物流类
教学案例

第一节　综合交通类教学案例

一、国际医药器械多式联运

跨国医药器械多式联运方案设计与成本优化分析

摘　要:本案例以英国多元医药有限公司在土耳其安卡拉设立子公司为背景,探讨跨国运输方案的设计与优化。多元医药有限公司需将价值 25 万英镑的手术器械从英国谢菲尔德运至土耳其安卡拉,面临 3 种交付方案(一次性装运、分两批装运、按月装运)和 3 种运输方式(海运、公路运输、空运)的选择,通过分析各方案的变动成本、运输时间、风险及灵活性,最终确定分两批装运结合公路运输为最优方案。本案例揭示了跨国物流中成本与时效的权衡、供应链灵活性优化及包装设计对运输成本的影响,为跨国供应链管理提供了实践参考。

关键词:多式联运;运输成本优化;跨国物流;供应链管理;影子价格

(一)背景介绍

多元医药有限公司是英国谢菲尔德一家中型手术器械制造商,2022 年营业额约为 500 万英镑,净利润 75 万英镑。2023 年,公司计划在土耳其安卡拉设立全资销售子公司,以应对当地医疗需求增长。2024 年预计订单量为 25 万英镑,需设计高效、经济的运输方案。公司需解决跨国运输中的成本控制、时效性及供应链协调问题。

（二）案例基本情况

多元医药有限公司是位于英国谢菲尔德的一家中型公司,该公司制造钢制手术器械,如镊子、切骨刀和手术剪刀。2022 年,多元医药有限公司的营业额约为 500 万英镑,净利润75 万英镑,雇员 150 人。在过去一年的时间内,公司取得了相当的成功,建立起近 100 万英镑的适度资金储备,每年可以从银行获得利息。

2023 年,由于已经有 10 年时间成功向土耳其出口产品,多元医药有限公司决定使用其资金储备在安卡拉建立一个新的全资销售子公司。考虑到土耳其政府宣布将提高国家的医疗水平,公司管理层希望此举能够应对未来的需求增长。新的子公司计划 2024 年 1 月开张,已经租下房子,包括办公室、陈列室和储藏室,储藏室为 90 平方米,尽管面积稍小,但如果必要的话,足以容纳一整年的库存量。

多元医药有限公司的销售经理估计,2024 年土耳其的总需求量按成本价计算将达到25 万英镑的订单量,需求量相当均匀地分布在全年之中。但是,他相信如果公司以新的销售办公室的形式实实在在出现在当地,销售量还会大大增长。

2024 年 6 月,公司要求配送部经理克里斯蒂娜·梅森(Christine Mason)确定产品从谢菲尔德工厂运至安卡拉子公司的最适当的方法和支付时间表。

（三）问题分析

1.交付备选方案

梅森意识到依据交付时间表和运输方式会有多种选择,但是考虑到成本因素,她决定首先考虑 3 种可能的交付备选方案:

方案 1:2023 年 11 月或 12 月将全部交货量一次性装运,为次年 1 月的开张做准备。

方案 2:2023 年 11 月或 12 月将全部交货量的一半装运,其余部分在 2024 年 5 月或6 月装运。

方案 3:从 2023 年 11 月或 12 月开始,按月装运等量的货物。

2.生产

手术器械是用购自波佩曼公司(F.G.Pöoppyman)的锻钢制造的,该公司是谢菲尔德一家落锤锻造公司。原材料约占总制造成本的 25%,而制造成本大约是销售价格的 50%。

在梅森确定了上述三个交付备选方案后,她与波皮曼公司的生产经理马丁·迪森特(Martin Decent)举行了一次会谈,讨论不同的方案将会如何影响制造时间表。经过讨论,迪森特最终确定按以下方式进行生产:

(1)对于备选方案 1 和方案 2,全部产品将在装运前 4 周制造完成。

(2)对于备选方案 3,从第一次装运的 4 周前开始,每月完成固定比例的产品的制造。

迪森特说,无论采用哪种制造时间表,制造成本基本上是一样的,但为了得到波佩曼公司提出的 10% 的批量购买折扣,他在 1995 年 10 月购买了全部的原材料以满足土耳其1996 年的需求。

3.运输

然后梅森前往伍兹国际货运代理公司(Woods International Forwarder)了解海运、陆运、空运至土耳其的运费报价和服务水平,该公司是当地一家货运代理。她告诉伍兹国际货运代理公司的代理人史蒂夫(Steve)3 种正在考虑中的交付方案,并解释了多元医药有限公司标准的国内及出口装运的产品包装方法,包装采用 50 厘米×50 厘米×40 厘米的硬纸板箱,手术器械用塑料袋独立包装后装入纸箱中,每层用棉纸隔开。平均每个包装纸箱重约 10 千克,内含大约价值 500 英镑的手术器械。

几天以后史蒂夫电话回复,表 10-1 显示的是梅森记录下的电话交谈的信息,史蒂夫解释他不能提供全部所需的信息,因为他发往位于伊斯坦布尔的伙伴公司的传真还没有得到回复,在传真中他询问了土耳其境内的详细的运输费用。

表 10-1　来自梅森前往伍兹国际货运代理公司的信息

选择运输方式	方案设计				
A.海运	(a)专用集装箱	集装箱类型	可容纳包装纸数	交付给收获人所需的总费用(英磅)	集装箱先运至谢菲尔德的工厂(装箱的头 3 个小时免费,此后每小时为 10 英镑)。交付安卡拉的收货人,从英国费利克斯托港至土耳其梅尔辛港:航行 21 天,每 10 天一个航班,发货人比船期广告日至少提前 2 天将集装箱集中到港口。从梅尔辛港至安卡拉的时间:2 天公路运输(运价未知)
		20 英尺集装箱	250~300	1 290 英镑	
		40 英尺集装箱	600	1 935 英镑	
	(b)集装箱拼箱服务	纸箱数	费用(英镑)		价格包括从谢菲尔德交付至伊斯坦布尔港的货舱,船期时间表等信息与选择 1 相同,从伊斯坦布尔至安卡拉的间接费用未知,因为伍兹国际货运代理公司没有收到伊斯坦布尔伙伴公司的传真答复
		<40	每箱 12		
		40	共 393.86		
		100	共 885.35		
		250	共 2 044.69		
B.横越大陆公路运输	(a)整车运输,可装运 600 个纸箱,费用2 975英镑				从谢菲尔德交付给安卡拉的收货人运输时间需 8~12 天注:卡车直接从英国驶往土耳其,途中采用滚装式轮渡或由海底隧道经过英吉利海峡,从希腊至土耳其采用滚装轮渡经过伊斯坦布尔海峡。费率报价包括轮渡费用和其他所有途中费用
	(b)公路拼装服务	纸箱数	费用(英镑)		
		40	633		
		100	1 070		
		250	1 710		
C.空运	拼装费率	纸箱数	费用(英镑)		从谢菲尔德抵达安卡拉机场(通关前)运输时间需 2~3 天,每天有班机从伦敦希思罗机场至安卡拉安卡拉机场以后的运输由收货人负责(运行未知)
		1	97.50		
		2	132.55		
		5	229.48		
		10	396.80		
		40	1 152.93		

由于史蒂夫似乎根本无法确定来自土耳其的回复何时可以收到,甚至不知道能不能得到答复,在查看了电话记录后,梅森决定开始分析手头已有的信息。当她开始分析时,她所考虑的是上述三个交付时间表是不是符合实际的最佳选择,但是,她认为目前应当采取的最好措施是根据现有的数据详细地分析这三个选择,从中得到一个基本观点,以便与其他可能出现的方案做出比较。

4.来自货代的其他信息

(1)海关通关

在土耳其,海关通关的时间是不可预知的,平均需要 1~3 天。海运和空运集装箱,需要在土耳其雇用一家货代来安排海关通关所需的文件,费用为每船(飞机)30~40 英镑。代理可由伍兹国际货物代理公司来安排。

(2)保险费

海运拼装货 ⎫
公路拼装货 ⎬ 可保价值的 0.5%

集装箱整箱装运(海运) ⎫
整车装运(公路) ⎬ 可保价值的 0.425%
空运拼装货 ⎭

可保价值的计算方法是:

$$可保价值=(货物价值+运费)\times10\%$$

(3)需要的特殊文件

土耳其需要 EUR1,这是欧盟的"原产地证",以 15 英镑从英国商会获得,商会签署该证,以证明产品产自欧盟。EUR1 必须与货物一同装船。

(4)体积/重量比和空运费率

史蒂夫偶然提及多元医药有限公司使用的纸箱体积不能小于 40 厘米×40 厘米×40 厘米,较小的纸箱可以容纳同样重量的产品,即 10 千克,而空运费率要低得多,采用其他运输方式,运价也会低一些。他解释道:空运费率是同时依据重量和体积制定的,采用的标准比例是 6∶1(体积与重量的比例),运费通过计算体积和重量哪一个产生的费率更大来确定,即 6 立方米计费相当于 1 吨的重量。

多元医药有限公司使用的纸箱的体积与重量的比例是 10∶1,结果每箱 10 千克的装载实际上要按 16.7 千克来收费,因为它们是按体积而不是按重量来收费的。

如果使用更小的纸箱(0.06 立方米)费率将会减少,具体如表 10-2 至表 10-4 所示。

表 10-2　海运拼装运输:谢菲尔德—伊斯坦布尔

纸箱数	费用(英镑)
40	260.43
100	594.18
250	1 350.31

表 10-3　空运拼装运输:谢菲尔德—安卡拉机场

纸箱数	费用(英镑)
1	97.50
2	101.00
5	162.00
10	260.00
40	846.00

表 10-4　公路拼装运输

纸箱数	费用(英镑)
40	432.00
100	833.00

梅森考虑了这些因素以后,她认识到包装纸箱需要重新考虑,在不损坏手术器械产品的前提下或许可以减少纸箱内垫牢手术器械的棉纸数量。

之后她联系了公司包装材料的供应商,被告知制造每个较小尺寸的纸箱的费用是 0.40 英镑,与现有纸箱相同,但最小订货数量是 5 000 个。

(四)解决方案:不同运输方案的测算与比较

基于以上案例材料,多式联运公司提出了如下解决方案。

1.运输成本构成

(1)固定成本主要包括所运输的手术器械的采购成本和纸箱费用。变动成本的高低将主要影响总成本的变化,做方案选择时,应根据运输方式的变动成本进行决策。

(2)海上运输变动成本包括海上运费、海关通关费、保险费、ERU1 以及货物在土耳其境内的公路运输费用。

(3)公路运输变动成本包括公路运费和保险费。

(4)航空运输变动成本主要包括运费、海关通关费、ERU1 和保险费。

2.拼装方案的最优化求解及影子价格

三种运输方式中都存在拼装问题,应根据不同的拼装费率,采用线性规划手段,确定最优化方案。

设拼装变量为 x_i,对应的价值向量为 c_i,约束向量为 a_i,资源向量为 b_j。

确定目标函数,最小化运输成本 z,即

$$\min z = \sum_i^n c_i x_i$$

约束条件为

$$\sum_i^n a_i x_i = b_j$$

从而计算出运输最小成本,确定拼装的最优方案,并且得到各种方案的影子价格,即灵敏性分析。

3.不同方案下变动成本计算

（1）方案一：一次性装运 500 个纸箱

选用专用集装箱运输时：20 英尺集装箱需要装 2 箱；40 英尺集装箱需要装 1 箱；公路运输时间为 2 天。

选用集装箱拼装服务时：按原有的纸箱尺寸，成本最低的拼箱方法为 250 个 1 箱，共 2 箱；改为用小纸箱后，拼箱方法相同。两者的影子价格分别为 8.2 英磅和 5.4 英磅。

选用公路整车运输时：不满一车以一车运。选用公路拼装服务时：成本最低的拼装方法为 250 个 1 箱，共 2 箱；改为用小纸箱后，拼箱方法为 100 个 1 箱，共 5 箱。两者的影子价格分别为6.8英磅和8.3 英磅。

选用空运时：成本最低的拼装方法为 40 个 1 箱，共 12.5 箱；改为小纸箱后，拼箱方法相同。两者的影子价格分别为 28.8 英磅和 21.2 英磅。

基于方案一的海陆空变动成本计算如表 10-5 所示。

表 10-5　基于方案一的海陆空变动成本计算　（单位：英磅）

| | 海运 | | | | 公路装运 | | | 空运 | |
| | 专用集装箱 | | 拼箱 | | 整车运输 | 拼装 | | 原来 | 改小纸箱 |
	20′	40′	原来	改小纸箱		原来	改小纸箱		
运费	2 580	1 935	4 098.38	2 700.62	2 975	3 420	4 165	14 411.63	10 575
通关费	35	35	35	35				35	35
ERU1	15	15	15	15					
公路运费	300	300	100	100					
保险费	107.3	107	127	126.3	107.5	126.7	127.1	112.3	110.7
合计	3 037.3	2 392	4 375.38	2 976.92	3 082.5	3 546.7	4 292.1	14 558.93	10 720.7

如表 10-5 所示，变动成本最低的为选用海运专用 40 英尺集装箱方案，总变动成本为 2 392英镑；其次为改用小纸箱后的集装箱拼装方案，总变动成本为 2 976.92 英镑，但还应考虑纸箱最小订货数量为 5 000 个所带来的一定量的损失；第三可选方案为专用 20 英尺集装箱方案，总变动成本为 3 037.3 英镑。

（2）方案二：分两批装运 250 个纸箱

选用专用集装箱运输时，单航次中 20 英尺集装箱需要装 1 箱。

选用集装箱拼装服务时，按原有的纸箱尺寸，单航次中成本最低的拼箱方法为 250 个 1 箱；改为小纸箱后，拼箱方法相同。两者的影子价格分别为 8.2 英磅和 5.4 英磅。

选用公路拼装服务时，单次成本最低的拼装方法为 250 个 1 箱；改为小纸箱后，拼箱方法为 100 个 1 箱，共 2.5 箱。两者的影子价格分别为 6.8 英磅和 8.3 英磅。

选用空运时，按原有的纸箱尺寸，单航次中成本最低的拼箱方法为 40 个 1 箱，共 6 箱零 10 个；改为小纸箱后，拼箱方法相同。两者的影子价格分别为 28.8 英磅和 21.2 英磅。

基于方案二的海陆空变动成本计算如表 10-6 所示。

表 10-6　基于方案二的海陆空变动成本计算　　　　　　（单位:英磅）

	海运			公路装运			空运	
	专用 20 英尺 集装箱	拼箱		整车运输	拼装		原来	改小纸箱
		原来	改小纸箱		原来	改小纸箱		
运费	2 650	4 089.38	2 077.62	5 950	3 420	4 165	14 411.66	10 575
通关费	70	70	70				70	70
ERU1	30	30	30				30	30
公路运费	500	500	150					
保险费	107.4	127	126.3	108.8	126.7	127.1	112.3	110.7
合计	3 357.4	4 816.38	2 453.92	6 058.8	3 546.7	4 292.1	14 623.96	10 785.7

如表 10-6 所示,变动成本最低的为改用小纸箱后的海运集装箱拼装方案,总变动成本为 2 453.92 英镑,但还应考虑纸箱最小订货数量为 5 000 个所带来的一定量的损失;其次选用海运专用 20 英尺集装箱方案,总变动成本为 3 357.4 英镑;第三可选方案为用原设计纸箱的公路运输方案,总变动成本为 3 546.7 英镑。

(3)方案三:按月等量装运 42 个纸箱

选用专用集装箱运输时,单航次中 20 英尺集装箱需要装一箱。

选用集装箱拼装服务时,按原有的纸箱尺寸或改为小纸箱,拼箱方法都为 40 个 1 箱,2 个纸箱单独装箱。

选用公路拼装服务时,42 个 1 箱,2 个纸箱单独装箱。

选用空运时,按原有的纸箱尺寸,单航次中成本最低的拼箱方法为 40 个 1 箱,2 个纸箱单独装箱;改为小纸箱后,拼箱方法相同。两者的影子价格均为 21.2 英磅。

基于方案三的海陆空变动成本计算如表 10-7 所示。

表 10-7　基于方案三的海陆空变动成本计算　　　　　　（单位:英磅）

	海运			公路运输			空运	
	专用 20 英尺 集装箱	拼箱		整车运输	拼装		原来	改小纸箱
		原来	改小纸箱		原来	改小纸箱		
运费	15 480	5 014.32	3 413.16	35 700	7 596	5 184	14 526.92	10 659.6
通关费	420	420	420				420	420
ERU1	180	180	180				180	180
公路运费	1 000	1 000	600					
保险费	112.8	108.4	107.7	121.4	109.5	108.5	112.4	110.8
合计	17 192.8	6 722.72	4 720.86	35 821.4	7 705.5	5 292.5	15 239.32	11 370.4

如表 10-7 所示,变动成本最低的为改用小纸箱后的海运集装箱拼装方案,总变动成本为 4 720.86 英镑;其次为改用小纸箱后的公路拼装方案,总变动成本为 5 292.5 英镑;第三可选方案为用原设计纸箱的海运集装箱拼装运输方案,总变动成本为 6 722.72 英镑。

4.各类运输方案优劣势分析

如表10-8所示,不同运输方案的优劣势如下:

(1)海运方案的优势在于:相对成本低,利于环保,有利于保护货物和减少货损,运价变化不敏感。劣势在于:花费时间长,班轮运输时间不灵活,时效性差。

(2)公路运输方案的优势在于:节省时间,汽车运输方式灵活多变,不需要经过货代报关,对运价变化不敏感。劣势在于:不环保,容易导致货损。

(3)空运方案的优势在于:运输时间短,适合对时间要求比较高的情况。劣势在于:成本太高,对运价的变化十分敏感。

表10-8 海陆空运输时间及其他相关指标

相关因素	海运	公路运输	空运
运输时间	25~27 天	8~12 天	2~3 天
拼装服务的影子价格	5~8 英镑	6~8 英镑	21~28 英镑
其他	10 天一个航班	可每天安排车辆	每天都有班机

(五)解决方案:最优方案的确定与成本效益分析

1.最优方案的确定

(1)最低成本方案

首先,最低成本方案为方案二中改用小纸箱后的海运集装箱拼装方案,总成本为2 453.92英镑。其次,为方案一中海运专用40英尺集装箱拼装方案,总成本为2 392英镑;但是还应考虑购买小纸箱的最小订货数量为5 000个所带来的一定量的损失,2006年的运输量仅为500个纸箱,这所带来的损失一定会超过65英镑,可见,计算的最低成本方案并不能实现实际的成本最小化。

(2)最优方案

在总成本最低的几个方案中,方案二中的用原设计纸箱的公路运输方案,总成本为3 546.7英镑。将其与上面得出的最优的海运方案相比,总成本相差1 092.78英镑。相对25万英镑的总货物价值,仅占到0.4%。同时公路运输有很多优势,例如运输时间大约为海运的1/3,灵活可变,计算出的影子价格中两种方案相差不多;并且由于是分两批货物运输,生产的强度可以降低,库存量大为减少,降低了库存成本;此方案还能够根据子公司销售情况的反馈,实时地调整生产设计及计划。

因此,最优方案应为方案二:2023年11月或12月将全部交货量的一半装运,其余部分于2024年5月或6月装运;运输方式为采用原设计纸箱的公路运输方案;拼装方案为250个纸箱整体拼装运输。

2.运输方案的实施

在2023年11月装运前4星期,12.5万英镑的产品被制造完成,运往谢菲尔德的工厂。采用50厘米×50厘米×40厘米的硬纸板箱装货,共装250纸箱,然后通过货代公司找到可以拼装的卡车运输。卡车直接从英国驶往土耳其,途中采用滚装式轮渡或经海底隧道经过英吉利海峡,从希腊至土耳其采用滚装轮渡经过伊斯坦布尔海峡,最终交付给安卡拉的收货人。运输时间需 8~12 天。2024 年 5 月装运前 4 星期,其余 12.5 万英镑的产品被制造完成,运输过程与第一批相同。

3.成本效益分析

该最佳方案的运输费用为 1 935 英镑,海关通关费用为 35 英镑,ERU1 为 15 英镑,额外的公路运输费用约为 300 英镑,所花费的保险费用为 107 英镑,可保价值为 25 167 英镑,总可变成本为 2 392 英镑。

如果采用这种专用集装箱运输,则其灵敏度应低于拼装集装箱的方案。经计算,拼装集装箱的影子价格为 5~8 英镑,所以该方案的影子价格应该会小于这个范围。再加上纸箱费用为 200 英镑,产品制造成本为 25 万英镑的固定成本,则总成本为 252 592 英镑。销售总价格为 50 万英镑,所得利润约为 24.7 万英镑。

(六)总结与反思

1.解决方案的优点

(1)论证充分,针对客户要求,提出了若干候选运输方案,并对其进行成本效益分析,以确定最佳方案。

(2)将风险分析作为评价方案优劣的要件之一,对各候选方案进行了影子价格分析,从而确保运输方案的可靠性。

2.解决方案的缺点

(1)运输时间与风险评价过于简单,应予以进一步完善。

(2)方案实施有待进一步完善,比如保障体系的构建、运作流程等。

3.主要教训

(1)平衡成本与时效:最低成本未必最优,需结合供应链整体效益。

(2)包装设计的潜在价值:优化包装可显著降低运费,但需权衡批量采购风险。

(3)供应链灵活性:分批次运输提高应对市场变化的弹性。

4.改进方向

(1)深化风险评估(如通关延误、运输中断)。

(2)探索混合运输模式,如海运+末端公路运输,进一步优化多式联运方案。

(七)教学讨论与拓展

1.讨论题

(1)除了案例中提到的 3 种交付方案和 3 种运输方式,你认为还有哪些可能的运输方案?请分析其优缺点。

(2)如果土耳其当地的医疗需求出现突然增长,公司应该如何调整运输方案?

(3)在跨国运输中,应如何降低货物损坏的风险?请结合案例进行分析。

(4)请对比分析一次性装运、分两批装运和按月装运在不同市场需求情况下的适用性。

2.实践任务

(1)分组模拟不同运输方案,并对其敏感性进行分析。

（2）撰写风险应对预案，涵盖运输延误、成本波动等场景。

（八）教学目标

1.知识整合

（1）学生能够系统掌握跨国医药器械运输的流程，包括医疗器械的包装要求、报关报检的具体环节、运输方式（如航空运输、海运等）的选择依据和操作步骤。

（2）深入理解医药器械在跨国运输过程中涉及的法规和标准，如不同国家和地区对医疗器械的准入政策、质量认证要求、标签和说明书的规范等。

（3）学会运用相关工具和方法进行运输成本核算、风险评估以及运输方案的优化设计，能够根据实际案例分析提出合理的运输解决方案。

2.实践技能提升

（1）通过对跨国医药器械运输案例的分析和讨论，培养学生的逻辑思维能力和问题解决能力，使学生学会从复杂的运输情境中识别关键问题，并运用所学知识进行有效解决。

（2）提高学生的团队协作和沟通能力，通过小组合作完成案例分析任务，让学生学会倾听他人意见，分享自己的观点，共同制定运输方案，提升团队协作效率。

（3）锻炼学生的信息收集和整理能力，引导学生从案例、文献、网络等多种渠道获取跨国医药器械运输的相关信息，并对信息进行筛选、分析和整合，为解决实际问题提供依据。培养学生分析和解决实际问题的能力，学会运用成本分析、风险评估等方法来设计和优化跨国运输方案。

3.价值观塑造

（1）增强学生对跨国医药器械运输行业的责任感和使命感，使学生认识到医药器械运输的质量和安全直接关系到患者的生命健康，培养学生严谨、认真、负责的工作态度。

（2）培养学生的国际视野和跨文化交流意识，让学生了解不同国家和地区在医药器械运输方面的文化差异和商业习惯，尊重并适应多元文化环境，为未来从事跨国业务奠定基础。

（3）激发学生对物流行业的兴趣和创新精神，鼓励学生关注行业发展动态，积极探索新的运输模式和技术，为跨国医药器械运输行业的发展贡献自己的智慧和力量。

资料来源：本案例依据虚构企业情况编写，相关数据和信息来源于企业内部报告、市场调研等。在实际教学过程中，可以根据需要结合相关的行业报告、学术论文等资料进行拓展和深化。

二、欧美国家多式联运组织方式

欧美国家多式联运组织方式创新及其对中国的启示

摘　要：本案例聚焦欧美国家在多式联运领域的创新实践，系统梳理其技术模式、政策支持与市场推广策略,分析箱驮运输/驮背运输(COFC/TOFC)、滚装运输、公铁两用挂车(Roadrailer)等典型联运形式的特点与成效。通过对比欧美经验与中国多式联运发展现状,提炼技术突破、政策协同、标准化管理等核心经验,旨在为中国优化多式联运体系提供借鉴。本案例结合教学需求设计问题与任务,助力学生理解多式联运的全球趋势与实践路径。

关键词:多式联运;技术创新;政策支持;标准化管理;运输效率

(一)背景介绍

全球物流业正加速向集约化、低碳化转型,多式联运因其高效、低成本的优势成为各国交通体系优化的核心战略。中国当前多式联运以集装箱和整车滚装运输为主,而欧美国家已形成多样化的联运模式(如箱驮运输、滚装运输),技术成熟且政策体系完善。本案例通过解析欧美多式联运的创新实践,为中国突破运输组织瓶颈、提升物流效率提供参考。

(二)案例基本情况

1.欧美国家多式联运组织方式

(1)美国

迄今为止,美国发展了多种形式的箱驮运输(以集装箱为标准运载单元,包括国际标准箱和53英尺国内标准箱)、驮背运输(主要以53英尺厢式半挂车为运载单元)、滚装运输。最典型也是应用最广泛的是箱驮运输(COFC)和驮背运输(TOFC)两大多式联运体系。

(2)欧洲国家

与美国多式联运标准运载单元限于集装箱和厢式半挂车有所不同,欧洲多式联运使用三种基本的标准化运载单元,即除集装箱和厢式半挂车外,还有可脱卸箱体(Swap-body)。且欧洲国家的集装箱仅限于国际标准箱,半挂车主要以40英尺为主。不过与美国不同,欧洲国家没有发展公铁两用挂车,但发展了独特的滚装运输(特指卡车整车直接开上铁路并通过铁路长途运输)。

2.发展历程

多式联运作为集约高效的现代化运输组织模式,产生于1960年左右,并在1980年后随着集装箱技术的成熟开始快速发展。

(1)早期探索:20世纪50年代,美国开始尝试将集装箱和半挂车用于铁路运输,初步形成了箱驮运输和驮背运输的概念。

(2)技术突破:60年代至70年代,随着铁路平板车技术的改进,COFC和TOFC逐渐成熟并广泛应用。

(3)政策支持:80年代以后,美国政府出台了一系列政策,鼓励多式联运的发展,进一步推动了COFC和TOFC的普及。

3.主要特点

(1)高效运输:COFC和TOFC通过将集装箱或半挂车直接放置在铁路平板车上,缩短了装卸时间,提高了运输效率。

(2)成本节约:相比传统的公路运输,铁路运输成本更低,COFC和TOFC结合了公路和铁路的优势,降低了整体运输成本。

（3）灵活性高：COFC 和 TOFC 可以根据货物的种类和数量灵活选择运输方式,适应性强。

（三）主要做法与成效

1.技术创新驱动效率提升

（1）双层集装箱运输：为了进一步提高运输效率,美国普遍发展了铁路双层集装箱运输,增加了单次运输的货物量。

（2）自动化装卸设备：引入先进的自动化装卸设备,减少人工操作,提高装卸速度和安全性。

（3）成效：美国 COFC 运输效率提升 50%,欧洲滚装运输成本下降 25%。

2.政策支持构建发展环境

（1）税收优惠：政府对多式联运企业给予税收减免,降低企业运营成本。

（2）基础设施建设：加大对铁路和港口等基础设施的投资,提升多式联运的硬件条件。

（3）标准化管理：制定统一的多式联运标准,规范市场秩序,提高运输服务质量。

（4）成效：美国多式联运占比达 40%,欧洲铁路货运量增长 18%。

3.市场推广提升行业参与

（1）宣传培训：通过各种渠道宣传多式联运的优势,提高企业和公众的认知度。

（2）合作机制：建立多式联运联盟,促进各运输企业之间的合作,形成合力。

（3）成效：美国企业联运采用率提升至 65%,欧洲中小企业参与度提高 30%。

（四）经验借鉴

1.技术创新是关键

技术创新是多式联运发展的核心驱动力。美国通过发展双层集装箱运输和自动化装卸设备,显著提高了运输效率和安全性。中国应加大技术研发投入,推动多式联运技术的创新和应用。

2.政策支持不可或缺

政府的政策支持是多式联运发展的有力保障。美国通过税收优惠、基础设施建设和标准化管理等措施,为多式联运创造了良好的发展环境。中国也应借鉴这一经验,出台相应的政策,支持多式联运的发展。

3.市场推广需加强

市场推广是多式联运普及的关键环节。美国通过宣传培训和合作机制,提高了多式联运的市场认知度。中国应加强对多式联运的市场推广,提高企业的积极性和社会的认可度。

（五）教学讨论与拓展

1.问题设计

（1）欧美国家多式联运的技术创新如何解决运输效率与成本的矛盾？对中国发展公铁联运有何启示？

（2）政策支持在多式联运发展中扮演何种角色？中国可借鉴欧美国家哪些政策工具？

2.实践任务

（1）设计一种适用于中国内陆城市的水铁公多式联运方案，包括技术、政策和市场推广等方面的具体措施。

（2）模拟制定一份多式联运推广政策草案，包含税收激励、基础设施投资、企业合作机制等内容。

（六）教学目标

1.知识整合

（1）掌握多式联运的核心技术模式（如 COFC/TOFC、滚装运输）与政策框架。

（2）理解标准化管理在跨运输方式衔接中的关键作用。

2.实践技能提升

（1）能够分析多式联运场景的技术需求并提出优化方案。

（2）具备政策设计与市场推广策略的制定能力。

3.价值观塑造

（1）培养"低碳高效"的物流发展理念，强化多式联运在可持续发展中的价值。

（2）树立"协同创新"意识，重视跨部门、跨行业合作对运输体系优化的意义。

资料来源：交通运输部规划研究院编制的《多式联运发展技术指引》等。

第二节　综合物流类教学案例

一、境外 EPC 项目工程物流

境外 EPC 项目工程物流管理

摘　要：伴随着国家"走出去"战略的实施，我国企业中标的境外 EPC 项目日益增多。境外 EPC 项目工程的物流管理复杂度高、难度大。本案例对我国 C 公司承接的境外 EPC

项目的物流前期考察、运输方案制定、物流服务供应商选择与招标、包装、报关等环节的工作内容及出现的问题进行研究,便于学生深刻体会境外 EPC 项目工程物流的特点、面临的风险和管理难点,并理解 EPC 项目物流管理对整个项目质量、工期、成本的影响。

关键词:EPC;境外项目;国际物流

(一)背景介绍

EPC(Engineering Procurement Construction,设计—采购—施工)是指从事工程总承包的企业受业主委托,按照合同约定承担工程项目的设计、采购、施工和试运行工作,并对承包工程的质量、安全、费用和进度等全面负责。在 EPC 模式中,Engineering 不仅包括具体的设计工作,而且可能包括整个建设工程内容的总体策划以及整个建设工程实施组织管理的策划和具体工作;Procurement 也不是一般意义上的建筑设备材料采购,更多的是专业设备、材料的采购;Construction 包括施工、安装、试车、技术培训等。所以,EPC 项目又被称为"交钥匙工程"。

伴随着国家"走出去"战略的实施,我国越来越多的企业进入境外工程项目市场,中标的境外 EPC 项目日益增多。物流是境外 EPC 项目至关重要的环节,是整个项目实施和运行的先决条件。狭义上它指的是项目实施所需的物资从供应地(产地)到项目施工现场的转移;广义上它指的是根据项目施工进度的需要,将采购、仓储、包装、运输、装卸、出口报关、搬运、货物单证(信息)处理、目的地清关等统一有序结合的操作过程。

由于境外 EPC 项目物流通常具有货物种类多、货值高、物流环节多、风险大、费用高、关联方众多、强时效性但整体周期长等特征,而且其中许多物流活动内容都是由施工现场的实际情况和物资设备本身的特点所决定的,一旦出现差错可能影响整个项目工程的进度、质量及成本控制,因此其管理复杂度更高、难度更大。

本案例以我国 C 公司承接的境外 EPC 项目工程物流部分环节的工作内容及出现的问题进行研究,便于学生深刻体会境外 EPC 项目工程物流的特点、管理难点,理解 EPC 项目物流管理对整个项目质量、工期、成本的影响。

(二)案例基本情况

1.C 公司 B 项目概述

2010 年,德国某投资商 H 集团计划在哈萨克斯坦阿克套市(Aktau)谢特佩(Shetpe)地区投资修建水泥厂一座(以下简称 B 项目),在经过一系列磋商谈判工作之后,于当年10 月,H 集团与中国某总承包企业 C 公司就 B 项目签订了 EPC 合同。合同规定:C 公司将在保证安全、保证质量的前提下,在 H 集团的动态监管下,制订进度计划,全面负责 B 项目的设计、采购、监造、发运、土建、安装、调试、技术服务并通过达标达产考核,最终将运行良好的工厂交付 H 集团整体接管。

为完成 B 项目工程物流工作,C 公司在项目管理部下设物流部。物流部全程参与 C 公司项目管理部组织的前期考察,还专门做了物流环境和物流市场考察,向项目管理部提供了备选物流服务供应商名单,以便项目管理部组织物流服务供应商招标工作。此外,物流部下设境内物流以及 B 项目现场物流两块业务。境内物流团队统筹设备计划、催交催运、港口操作、单证制作、租船订舱、安全综合管理等境内物流工作。B项目现场物流团队统筹现场的港口卸船、单证管理、内陆运输及现场仓储管理等境外物流工作。

需要说明的一点是,该项目对于在合同规定期限内不能完工的处罚条款非常严苛。

2.项目运输方案的选择

C公司在竞标之前就对该项目做了详细的前期考察,在合同签订后,C公司派遣工作小组对该项目的物流环境做了详细的调查,并制定了两套详细的物流方案及一套备选方案。

(1)方案一:江海联运

该项目位于哈萨克斯坦西部,距离里海港口阿克套港约80千米。工作小组在实地考察后,了解到中国另一家总承包企业J公司在此之前承建了位于阿塞拜疆巴库(Baku,里海港口)附近的某EPC项目,并通过物流供应商S公司及W公司成功组织了设备发运的江海联运工作。因此,工作小组首先制定了江海联运方案:货物从上海装船发出,经红海航线、黑海航线抵达乌克兰港口赫尔松(Kherson)港或马里乌波尔(Mariupol)港,办理转关手续后,装俄罗斯内河驳船,经"亚速海—顿河—伏尔加河—里海"抵达阿克套港,在阿克套港清关后,再通过汽车运到HKCP现场。

但是要完成该方案有较大的技术局限性:

首先,货物从启运工厂装车到B项目现场卸车,中途需要经历至少3次装卸操作,要保证较低的货损率,就必须提高货物的包装强度。

其次,货物从启运工厂装车到B项目现场卸车,全程所需时间逾3个月,加之俄罗斯内河运输属于高纬度作业,需要避开11月至次年3月的冰封期,给整个项目的计划进度带来诸多不确定影响。

再次,驳船的装载吨位一般都是千吨级,且没有船吊,机动性很低,势必造成在海船转驳船的过程中,出现"一转多"及"借助岸吊"甚至"堆存待驳"的情况,加之转关操作及内河运输均在第三国乃至第四国(乌克兰、俄罗斯)境内进行,其复杂性及诸多难以预知的因素极易使货物在途经各国时"节外生枝",增加物流成本。

最后,阿克套港主要从事干货贸易及石油管道运输,其硬件设施对B项目的设备存在诸多限制:B项目的设备最大件的重量超过140吨,但是港口最大吨位级别的吊机只有80吨的工作能力,调查发现阿克套港南部约30千米处的库雷克(Kuryk)港装备了一个1 000吨级别的岸吊,但是该码头属于私人码头,且没有海关监管区,B项目的物资需要在库雷克港装卸,还需要在哈萨克斯坦海关部门办理特别的批准手续;另外,即使解决了阿克套港的吊装能力,在车辆进出港口的必经之路上还架设有诸多输油管道,其限高均不能满足B项目设备的通过尺寸,因此,还需要跟哈萨克斯坦石油部门协调垫高输油管道。

(2)方案二:全程铁路运输

B项目所在地谢特佩是一个小镇,镇上有一个铁路站,车站编号663503,且车站与HKCP现场之间修建了一条铁路专线,同时H集团计划在项目现场划定一块区域向哈萨克斯坦海关申请建立海关监管区,这一先决条件直接催生了该项目的全程铁路运输。可以就近从中国各铁路站装车,将货物运至新疆阿拉山口口岸办理出口报关并出境,然后在哈萨克斯坦多斯特克口岸换装后,直接运至B项目现场卸入海关监管区,最后再办理清关,全程仅需约30天,较江海联运方案具有巨大的优势。

但是,铁路运输也有其特殊性需要考虑,如:货物必须以重心为中心进行对称包装、车皮规格限制、尺寸限制、重量限制、不可叠装限制、标重计费影响、车皮计划影响、中铁春运影响、哈铁极寒气候影响、宽轨窄轨的换装影响、铁路沿线的偷盗影响等各种限制及影响,且 C 企业是初次接触铁路运输,缺乏铁路发运方面的操作经验。

（3）备选方案:全程公路运输

自中哈边境的公路口岸霍尔果斯出发,经过阿拉木图、奇姆肯特、克孜勒奥尔达、阿拉尔斯克等地,到达谢特佩,哈萨克斯坦境内运输距离约 4 600 千米,加之 C 公司的设备采购多集中在国内的江浙、华北、西南等三个地区,从这些地区出发到霍尔果斯,距离短的近 5 000 千米,最远的超过 6 000 千米,再加上境外部分可达上万千米的运输距离,需要翻多少座山？过多少条河？路况如何？未知数太多,成本不可控,安全不可控,时间不可控,还需要根据货物的实际情况做详尽的方案,因此,公路运输仅为备选方案,万不得已不做选择。

（4）方案确定

根据上述调查结果,C 公司对 B 项目的设备清单做了详细的排查,做出如下安排:铁路运输限制范围内的物资首先采取铁路运输,超出铁路运输限制范围的大件货物,将在 2011 年 6 月,采用江海联运方案。

3. 铁路运输服务供应商的选择

2010 年年底,C 公司在经过对哈萨克斯坦物流环境的实地调研后,将 B 项目的物流工作划分为"铁路运输""江海联运"两个部分,决定启动该项目的物流招标工作。以下是铁路运输供应商的选择过程。

在铁路运输方面,C 公司经过对众多物流企业的初步考察后,最终锁定了 T、Y、J、K 及 W 等五家铁路运输服务公司。

T 公司是中国在铁路行业影响力最大的国企,但当时其专门从事国际铁路联运业务的部门能力一般。

Y 公司是在中国水运领域影响最大的国企,江海联运能力很强,同时也开展海陆联运业务。

J 公司是一家民营企业,是由电子商务转型发展为国际物流的,发达的网络营销是 J 公司的先天优势,但相较于 T 与 Y 两家大公司,J 公司人力资源严重不足,业务范围较小。

K 公司是一家外企,是由中国人在哈萨克斯坦成立的一家物流公司,专做铁路运输,曾与境内物流公司合作在中亚地区完成过四个 EPC 项目。

W 公司是一家国企,海陆空综合能力很强,一直是 C 公司的物流供应商,双方合作已经完成了好几个 EPC 项目。

针对本项目操作经验而言,K 公司虽有实际业绩,但 C 公司考虑到合作过程中一旦发生商业纠纷便属于国际纠纷,无疑会加大处理难度,于是,首先将 K 公司排除在外。

于是,C 公司向 T、Y、J 及 W 四家公司发出了招标邀请。

在技术标的评定中,T 公司充分体现了其在铁路行业的强势,但其具体技术方案不够细致;Y 公司则表现出了在大件运输方面很强的专业性;J 公司没有特别突出的表现;W 公司虽然与 C 公司合作基础很好,但受 2008 年金融危机的影响,在金融危机之前承接的海外 EPC 项目普遍于 2010 年起陆续完工,又没有新项目继续,导致其精悍的物流人员流失严重。

同时,C公司还意外地发现境外K公司竟然跟Y和W均是合作关系。

于是,这一轮下来,淘汰了T与J,余下的Y与W进入下一轮商务开标。

在商务开标中,Y公司略胜一筹,同时,C公司还考虑到在哈萨克斯坦注册的K公司,很可能会对项目有所帮助,于是给了Y公司一个有条件中标,即指定K公司为哈萨克斯坦物流合作方,Y公司也爽快答应了,就这样,铁路运输的合同谈判顺利完成。

4.B项目物流合同履行中出现的问题

(1)铁路车皮计划被严重延误

B项目启动后,为完成工程进度计划,项目物流部争分夺秒,在与Y公司的合同执行过程中,各个环节都非常完美,唯独车皮供不应求严重影响了项目进度,甚至出现2011年都过完了,当年5月、6月申请的车皮计划还没有批复下来的问题,致使整个项目因为设备发运受限而窝工,工程进度计划向后推迟近一年,C公司因此损失惨重。于是,2012年2月,为了缓解车皮计划延误带来的压力,C公司将更多的项目物资调整到江海联运的服务合同项下。

(2)订舱量与交货量之间经常出现差异

由于EPC项目产品众多,国内生产厂家生产不同步,排产计划难以协调,导致有的厂家已经备好货物送至项目在国内指定的港口,而有的厂家仍然因各种原因无法按时完工交货。这样就导致订舱空间浪费,甚至物流费用上升。

在海运合同中有关于"订舱量与交货量之间出现差异"的相关条款规定。一般允许订舱量有5%~20%的误差,具体误差取决于物流合同条款谈判中双方的约定,通常总承包企业希望误差尽可能大,物流公司则希望误差尽可能小。

例如,在本项目中,双方约定这一差异为10%。例如,按原计划,本月有10个设备供应商共计10 000计费吨要发运,故月初订舱10 000计费吨。订舱完毕后,突遇某几个设备供应商因生产进度延滞造成交货量少2 000计费吨,已超出合同规定的误差,按规定C公司需向物流公司缴纳亏舱费。而有的时候,订舱完毕后,另一设备供应商告知满足交货条件,需补充交货2 000计费吨,同样超出合同规定的误差,按规定如果该批货物最终有不超过1 000计费吨的货物没有装上船,C公司不得向物流公司追究甩货责任。

实际操作中,在订舱结束后供货商延迟交货或因项目需要临时补充发货的情况时有发生,为减少由此带来的额外费用,并保证盈交货物(超出订舱量的货物)尽可能不被甩货,物流部必须尽力与物流公司协商,想办法解决问题。

(3)货物集港时间超出规定范围

船公司和港口对于货物集港的时间都有相应的规定,一般允许5~20天的集港时间。与订舱的情况一样,具体时间也取决于物流合同条款谈判中谈判双方的约定,C公司希望集港时间尽可能长,物流公司则希望集港时间尽可能短。

实际操作中,经常会出现供货商提前到货,可能面临港区拥堵或被拒收的情况,协调不成的话可能需要临时租用场地存放货物;也可能出现因延误报关错过装船期,也需要租用场地存放货物,由此会带来额外的费用,甚至会影响项目工期进度。

(4)货物运输途中破损

在对运输到项目现场的货物进行检查时,会出现货物包装破损、货物破损现象。因

EPC项目设备本身货值就高,实际操作中,由于货物包装不符合要求或运输途中绑扎不合理等导致货物受损,可能产生较高的二次采购成本,并连带影响工程进度。如果项目急需的设备机具运到现场无法使用,会导致项目管理团队不得不以更高价格在当地寻找相关资源替代,以保证满足相关工期的整体要求。例如,项目中某仪表设备在内陆运输过程中,因绑扎不合理,运输途中造成倾倒挤压,设备部分损毁,需要维修更换才能使用。

(5)被海关要求补缴税款

在境外EPC项目中,因项目货物庞杂,一旦实际发货与申报不符,出现误报、漏报,甚至在货物中夹带其他物品等情况,无论国内出境还是由目的港入境,一旦被海关发现都会延误通关,轻则被罚款,重则货物被没收,申报单位的资信等级也会降低。例如,在某催化剂出口报关过程中,因项目报关人员对催化剂成分不了解,未按海关的规定进行申报,致使少缴纳关税数万元。该公司不仅被海关要求补缴税款,而且资信也被降级。

(三)问题分析

1.运输方案选择困境

江海联运存在装卸次数多、运输时间长、受气候限制、物流成本高以及港口硬件设施不足等问题;铁路运输有包装、车皮、尺寸、重量等诸多限制,且C公司缺乏操作经验;公路运输距离长、路况不明、成本和时间不可控。

2.供应商选择问题

在选择铁路运输供应商时,虽考虑了各公司的优势与不足,但对车皮供应能力这一关键因素评估不足,导致后续车皮计划被严重延误。

3.合同履行问题

(1)生产厂家排产计划不协调,致使订舱量与交货量差异大,产生亏舱费和甩货问题。

(2)供货商交货时间难以把控,造成货物集港时间超出规定范围,增加额外费用并影响了工期。

(3)货物包装和绑扎不合理,导致运输途中货物破损,增加二次采购成本且影响工程进度。

(4)报关人员对货物成分不了解,申报不符,导致补缴税款和申报单位的资信降级问题。

(四)解决方案

1.运输方案优化

综合评估各运输方式的优缺点,制定更灵活的运输方案。对于铁路运输,提前与铁路部门沟通协调车皮计划;对于江海联运,优化港口选择和装卸流程,降低物流成本。

2.供应商管理

在选择供应商时,除考虑企业规模、业务能力等因素外,要重点考察其关键资源的供应保障能力,如车皮供应通力、订舱能力等。建立供应商绩效评估机制,对表现不佳的供应商及时采取措施。

3.合同履行管理

（1）加强与设备供应商的沟通协调，建立生产进度跟踪机制，尽量减少订舱量与交货量的差异。

（2）与物流公司协商合理的集港时间，并制定应急预案，应对供货商提前或延迟交货的情况。

（3）严格执行货物包装和绑扎标准，加强运输过程中的监管，减少货物破损。

（4）加强对报关人员的培训，加强其对货物成分和海关规定的了解，确保申报准确无误。

（五）教训与启示

1.运输方案需全面评估

在选择运输方案时，要充分考虑各种潜在的风险和限制因素，制定应对措施。

2.供应商选择要谨慎

选择供应商时要综合考量多方面因素，特别是关键资源的供应能力，避免因供应商问题影响项目进度。

3.加强供应链管理

境外 EPC 项目物流涉及众多环节和关联方，要加强与各方的沟通协调，建立有效的供应链管理机制，确保物流过程的顺畅。

4.重视专业人才培养

培养具备国际物流、报关等专业知识和经验的人才，提高项目团队的整体素质和应对问题的能力。

（六）教学讨论与拓展

1.问题设计

（1）在选择境外 EPC 项目运输方案时，应如何平衡运输成本、时间和风险？

（2）如何有效管理物流供应商，确保其提供稳定可靠的服务？

（3）对于 EPC 项目中订舱量与交货量差异、货物集港时间等问题，有哪些更好的解决办法？

2.实践任务

（1）分析境外 EPC 项目工程物流中质量、工期、成本之间的关联与影响。

（2）如果你是某境外 EPC 项目物流部业务主管的话，你将如何避免 B 项目物流合同履行中出现的问题？制定一份详细的改进方案。

（七）教学目标

1.知识整合

让学生了解境外 EPC 项目工程物流的特点、流程和管理难点，掌握运输方案选择、供应商管理、合同履行等方面的知识，并能够将这些知识进行整合运用。

2.技能提升

培养学生分析问题和解决问题的能力,通过案例分析和讨论,提高学生在物流方案设计、供应商评估、供应链协调等方面的实际操作技能。

3.价值观塑造

培养学生的风险意识、责任意识和团队合作精神,让学生认识到物流管理对整个项目成功的重要性,培养学生严谨、细致的工作风格。

资料来源:专题研究及经验分享:海外 EPC 项目的物流实务(公众号:联易航,2016 年 11 月)。

二、大件物流

大件物流方案策划与实施

摘　要:随着我国社会经济快速发展,大型设备制造和运输需求越来越多。制定科学合理的大件物流方案,是保障货物安全、迅速、经济运抵目的地的先决条件。本案例选择我国核电 AP1000 项目机组自韩国进口大件设备的运输方案的策划与实施中的主要流程、重点环节以及难点问题,使学生深刻体会大件物流的特点和难点,熟悉项目管理、物流方案设计等理论与方法的应用。

关键词:大件设备;大件运输;物流方案策划

(一)背景介绍

1.大件货物分类

大件是大型物件的简称,通常指在重量、体积上超过一定限度的设备(货物),以及其他难以用传统或通用的方式装卸和运输的货物,具体标准因不同运输方式而异。

(1)国内道路运输相关分类

根据我国交通运输部颁布的《道路大型物件运输管理办法》(交公路发〔1995〕1154号),大件货物是指符合下列条件之一的货物:

①货物外形尺寸:长度在 14 米以上或宽度在 3.5 米以上或高度在 3 米以上的货物。

②重量在 20 吨以上的单体货物或不可解体的成组(捆)货物。

大件分类具体分级如表 10-9 所示。

表 10-9　大件分类具体分级

大件等级	大件长度(米)	大件宽度(米)	大件高度(米)	大件质量(吨)
一级	14≤长度<20	3.5≤宽度<4.5	3.0≤高度<3.8	20≤质量<100
二级	20≤长度<30	4.5≤宽度<5.5	3.8≤高度<4.4	100≤质量<200
三级	30≤长度<40	5.5≤宽度<6.0	4.4≤高度<5.0	200≤质量<300
四级	长度≥40	宽度≥6.0	高度≥5.0	质量≥300

根据行业规范,针对不同的物项尺寸重量,结合货物自身属性(如形状不规则、特殊包

装保护措施等）等因素对大件货物运输进行分类管理。

（2）国内水运相关分类

对重大件货物的单件重量、长度标准,各航线、各类港口规定不一。我国主要航线的标准是:①远洋航线 5T/12M;②沿海航线 5T/12M;③长江、黑龙江干线 2T/10M;④其他内河航线 1T/7M;等等。

2.大件货物物流特征

大件货物往往是投资上亿的国家重点工程项目和国防建设的关键设备或核电设备,关乎国家安全和国计民生。近年来,伴随着我国企业中标的海外 EPC（Engineering Procurement Construction）项目的日益增多,我国企业承担的大件设备国际物流项目也越来越多。大件货物不仅形状不规则、超重、超长、超大,而且通常科技含量较高、货值高、工期要求严格,部分设备由于其精密性,对运输中的减震要求较高。因此,大件货物装运技术含量高,物流作业更复杂,风险大,物流费用高。运输过程中某一环节考虑不周,都将影响整个工程项目的运行,甚至会造成巨大的经济损失。制定科学合理的大件物流方案,是保障货物安全、迅速、经济运抵目的地的先决条件。

3.案例所属项目简介

AP1000 项目是中美两国在核能领域进行的高科技合作项目,项目所在地为浙江三门和山东海阳,国核工程有限公司（以下简称国核工程）是项目核岛总承包单位,具体承担项目 4 台机组的工程建设管理。本案例是其中自韩国进口的主设备反应堆压力容器、蒸汽发生器的运输方案决策和实施。AP1000 项目机组最大件蒸汽发生器单件长约 32 米,重约700 吨。

（二）案例基本情况

1.项目运输组织

（1）运输管理模式

大件运输管理模式一般分为两种:运输总承包方式和设备供应商负责方式。前者是指总承包商经过招投标确定运输承运商,负责将设备运输至指定地点,总承包商对承运商的管理责任大,运输成本低;后者是指设备供应商负责将设备运输至指定地点,总承包商对承运商的管理责任小,运输成本高。

确定合理的运输管理模式是后续执行顺畅的保障。我国某项目曾经采用设备供应商负责方式,在设备装船离港后,经历了船舶通信中断、延期抵达、拒绝开舱卸货等情况。这类情况可能的原因有承运船与船公司的经济纠纷,设备供应商与其指定承运商的费用问题等。这不仅会产生额外费用,还可能影响到工程的进度。有鉴于此,国核工程采用了运输总承包方式,将此类大件设备的运输活动纳入管理,通过招投标流程,确定具备足够专业技术能力和运输资源的承运商,从而保证大件设备的运输方案标准化,运输组织管理人员相对稳定,运输资源统筹协调,运输过程的安全可控。

（2）前期调研

国核工程组织物流人员前往韩国斗山制造厂进行前期考察调研,重点了解蒸汽发生器、压力容器等设备的运输包装特点,实地考察码头条件,包括水文条件、码头泊位的容纳能力、码头吊机的最大起吊能力等。与制造厂专业人员召开协调会,听取厂家对运输包装的介绍,包括设备重心吊点设置、运输托架结构以及包装保护和维护方式,同时也促进对双方的了解,建立工作合作关系,以便后续运输顺畅。

（3）运输方案决策

进口大件设备的运输主要包括远洋运输、报关报检、驳船转运、现场吊装卸船、场内陆运5项作业单元。国核工程经调研、考察不同运输方案的可行性,得到两种可行的运输方案（如表10-10所示）。

表10-10　两种可行的运输方案比较

方案	过程	优点	缺点
进口港转驳运输方案（转驳方案）	远洋重吊船靠泊制造厂码头,完成装船后,行驶至上海港,利用重吊船自带吊机卸货至转运驳船上,办理进口清关商检手续后,由驳船将货物运输至现场码头,最后在陆运至指定地点卸船	远洋重吊船可选性大,船舶及船公司符合国际航运规范,专业能力强,定船前置期短,自带船吊,操作更灵活。转驳方案是常用的远洋运输方式	在进口港进行转驳时,需要重新对设备解除捆扎加固,再次起吊设备至驳船上,增加操作风险
直航运输方案（直航方案）	与转驳方案不同,直航方案使用内外贸兼营的船舶,到达上海港完成清关商检手续后不转驳,直接将货物运输至现场码头	无须在进口港转驳,直达现场码头,可减少风险	同时,满足船龄、船舶规范的要求且有日韩航线经验的内外贸兼营船舶资源少,如遇到设备连续交货,无法找到并锁定符合要求的船舶,存在无法按时交货的风险,可能给项目进度带来不利影响

另外,AP1 000项目机组最大件蒸汽发生器单件长约32米,重约700吨,这也对重吊船的起吊能力提出了要求,在船吊不满足的情况下,需租用浮吊卸船,会增加费用和协调难度。

从经济性考虑,经测算,两种运输方式的运费较为接近。

综合以上因素,本着安全第一的原则,国核工程决定采用直航方案。

（4）主要流程

在确定运输方案后,国核工程召集相关单位,包括承运商、报关行、现场接收单位等,召开前期运输卸船协调会,建立工作接口,按工作流程明确各方职责,在实际工作中按流程和职责划分有序开展工作。

直航方案的主要流程如下:

①根据采购合同与交货条款,明确运输任务和目标。

②确定相关单位的责任划分与接口。

③召开运输协调会,确定各方同意的运输实施方案。

④选用符合条件的内外贸兼营的承运船舶。

⑤获取装货港和进口港船舶代理公司信息,并提出配合电放和提单签发前输入舱单的具体要求。

⑥装船前即协调办理预付运费,确保船开时运费到账。

⑦协调发货人配合出具电放保函事宜。

⑧协调装船港船代在开船后第一时间办理电放。

⑨协调国内进口港船代向海关发送舱单。

⑩舱单发送后立即进口申报,争取海关以最短时间放行。

⑪向出入境检验检疫行政部门申请货物至项目现场开箱查验。

⑫同步办理船舶外贸转内贸手续。

⑬清关、商检、船舶外贸转内贸手续完成后不卸船,直航项目现场码头。

⑭靠泊业主码头前,通知办理海事申报,并协助船方办理解系缆。

⑮船舶靠泊现场码头,卸货至岸上平板车,陆运至现场指定地点。

2.方案实施中的重点环节

（1）选用船舶

除满足对船龄和船舶规范的要求,且有近期韩国航行的记录外,同时需满足内外贸兼营,可以避免转船装卸的风险;舱口宽度和舱容适度,可以满足舱内装载免受锈蚀风险;符合装船港和卸船港码头的吃水要求,避免船舶搁浅。

（2）电放提单

中韩航线运输时间短,为了尽快清关,采取电放提单的方式,力争在船到国内进口港一天内完成清关,不卸货,直接运至现场码头。此操作模式必须事先与发货人沟通,确定相关接口,发货人事先向船公司提交电放提单保函,收货人在第一时间取得电放提单后寄给发货人,收货人在电放提单上背书后换取提货单,完成清关过程。

此过程中同时需要船代的积极配合,在承运船舶驶离装船港后,第一时间提前输入舱单,为后续的换单争取时间。

（3）提前输入舱单

海关接受申报时须核实舱单信息,国内船代一般是在到中国港口后向海关发送舱单,但这种流程难以满足高效率中转的要求,容易产生长时间等待的情况。因此,协调国内船代提前输舱单尤为重要。这种做法需满足以下 2 个条件。

①承运船已装船离港,且国内船代已接收到国外船代发送的舱单信息。

②有确定的国内港口泊位信息。

（4）船舶内外贸转换手续

完成清关过程后,由承运商办理船舶内外贸转换手续,涉及检疫、海关、边防和海事等相关部门,在保证单证、人员和物项无瑕疵的情况下,事先与各部门沟通,若准备充分,一般可在一个工作日内完成手续。

（三）问题分析

经过前期的实地调研和运输方案分析比较,采用直航方案可以减少在国内进口港吊装转驳的中间环节,降低风险,但同时也需要处理好以下难点问题,才能够达到此项目对于大件运输的安全、进度和经济性要求：

（1）直航方案无须转船，但内外贸兼营、适合大件运输的可选船舶数量少；同时，费用谈判难度大。

（2）电放提单操作要求高，协调难度大。

（3）直航方案船舶到达上海港须完成清关商检手续，为节省时间，还需同步办理船舶外贸转内贸手续等，涉及多个部门，协调难度大。

（四）解决方案

1.运输管理模式

选择运输总承包方式，通过招投标确定具备专业技术能力和运输资源的承运商，将运输活动纳入管理，保证运输方案标准化、人员稳定和资源统筹协调。

2.运输方案决策

综合考虑安全、经济性等因素，在满足安全要求的前提下，若船舶资源充足优先选择直航方案；同时，运输蒸汽发生器等大件设备时需提前评估重吊船的起吊能力，做好租用浮吊的准备。

3.方案实施

选用符合多项要求的船舶，提前与发货人沟通电放提单事宜，明确接口，争取船代积极配合提前输舱单，提前与各部门沟通并办理船舶内外贸转换手续，做好充分准备。

（五）教学讨论与拓展

1.问题设计

（1）在大件物流方案策划中，如何平衡安全、进度和经济性三者的关系？

（2）当运输方案的优缺点都很明显时，应如何进行决策？

（3）结合本案例，谈谈在物流项目中协调各部门工作的重要性和有效方法。

2.实践任务

（1）大件物流方案评价与选择要考虑哪些因素？当这些因素之间相互制约时如何处理？

（2）调查一个国内大件运输的案例，总结其攻克难点的方法，在课堂上讨论并与同学们分享。

（六）教学目标

1.知识整合

学生能够整合大件货物分类、物流特征、运输管理模式、运输方案设计、项目管理等相关知识，理解它们在大件物流方案策划与实施过程中的相互关系和应用。

2.技能提升

培养学生分析和解决实际物流问题的能力，包括运输方案决策、船舶选择、电放提单操作、多部门协调等技能,提高学生的项目管理能力和组织协调能力。

3.价值观塑造

使学生树立安全第一、科学决策、注重协调合作的价值观,让学生认识到物流工作对国家重点工程项目和经济发展的重要性,增强学生的责任感和使命感。

资料来源:陈俊懿. 核电项目日韩进口大件设备运输方案策划与实施[J].物流工程与管理,2018,40(9):83-84.

参考文献

［1］KIMBALL B A. The emergence of case method teaching,1879s-1990s：A search for legitimate pedagogy［D］. Bloomington：Indiana University,1995：22.

［2］CAREAGA M, RUBAII N, LEYVA S. Beyond the case method in public affairs education：Unexpected benefits of student-written cases［J］. Journal of Public Affairs Education, 2017, 23(1)：571-590.

［3］FOSTER R H, MCBETH M K, CLEMONS R S. Public policy pedagogy：Mixing methodologies using cases［J］. Journal of Public Affairs Education, 2010, 16(4)：517-540.

［4］陈立群,常颖.对 MBA 案例教学"困境"的断想［J］.学位与研究生教育,2003(8)：24-26.

［5］郑晓齐,马小燕.专业学位研究生案例教学的相关问题辨析［J］.北京航空航天大学学报（社会科学版）,2021, 34(2)：147-153.

［6］高楠,邬超.基于 CiteSpace 的国内外案例教学研究可视化分析［J］.管理案例研究与评论.2021,14(5)：559-572.

［7］欧阳桃花.试论工商管理学科的案例研究方法［J］.南开管理评论,2004,7(2)：100-105.

［8］张新平,冯晓敏.专业学位教学案例库建设：内涵、价值与要点［J］.现代大学教育,2020, 36(4)：100-104,112.

［9］钱明辉,李天明,舒诗雅,等.教学案例开发框架模型的构建及其应用［J］.管理案例研究与评论,2018,11(2)：210-220.

［10］陈学军.什么是教育专业学位教学案例：概念框架与问题分析［J］.教育学报,2023,19(1)：75-89.

［11］孙建渊,涂坤凯.专业学位研究生案例库全过程建设研究［J］.教育探索,2016(12)：76-79.

［12］张新平.教育专业学位案例库建设的中国探索［J］.教育学报,2023,19(1)：67-74.

［13］孙建春,曹献龙,邓洪达,等.依托行业背景的工程硕士专业学位研究生教学案例库建设［J］.中国冶金教育,2019(4)：62-65.

[14] 郑德乾,吴梅梅,黄海荣,等.土木水利专业学位研究生特色教学案例库构建:以河南工业大学为例[J].科教导刊,2023(35):20-23.

[15] 宋克志,苑宏宪.课程思政视域下校企合作教学案例库建设研究:以鲁东大学土木水利专业硕士课程教学为例[J].高等建筑教育,2024,33(1):134-141.

[16] 胡俊山,方金荣,田威.项目驱动的研究生实践教学案例库建设:以航空智能制造专业学位培养为例[J].教育教学论坛,2023(26):132-135.

[17] 王家忠,弋景刚,王泽河.基于职业特征和CDIO的机械工程专业学位研究生案例库教学与实践[J].高教学刊,2022,8(11):1-4,8.

[18] 郑玲.全日制工程硕士案例教学资源库建设:以车辆工程专业案例库建设为例[J].高等建筑教育,2019,28(6):132-138.

[19] 赵鲁华,张俊友,任传祥.研究生课程交通运输规划理论与方法教学案例库建设研究[J].教育现代化,2020,7(27):68-70.

[20] 吐尔逊·买买提,谢海巍,刘尊青,等.面向研究生教学的交通系统仿真案例库建设[J].科教导刊,2022(22):34-37.

[21] 郜运超.R公司零担货物配载优化研究[D].大连:大连海事大学,2018.

[22] 孙菊.汽车零部件库存运输集成优化研究[D].大连:大连海事大学,2019.

[23] 张瑾阳.LY公司汽车零部件供应链管理研究[D].西安:西安科技大学,2018.

[24] 王立华.爱姆意:上海物流因你而精彩:上海爱姆意供应链管理有限公司的"工业品电商"之路[J].上海企业,2014(9):79-80.

[25] 王立华.构筑工业品流通新模式:网上北京路:记上海爱姆意供应链管理有限公司董事长戴佩华[J].上海企业,2015(7):22-25.

[26] 高石.看世界各国如何唤醒沉睡的电子垃圾宝藏[N].人民日报,2017-6-16.

[27] 李文军,郑艳玲.中国废弃电器电子产品行业发展及EPR制度效应[J].数量经济技术经济研究,2021,38(1):98-116.

[28] 陈俊懿.核电项目日韩进口大件设备运输方案策划与实施[J].物流工程与管理,2018,40(9):83-84.